清华
汇智文库
QINGHUA
HUIZHI WENKU

聚学术精粹·汇天下智慧

清华汇智文库

数学精粹·汇天下智慧

金融支持科技自立自强
历史演进、创新路径与战略举措

Financial Support for Technological Self-Reliance
Historical Evolution, Innovation Pathways, and Strategic Initiatives

孙 早　宋效军　等⊙编著

清华大学出版社
北京

内 容 简 介

本书借助实践调研、专家访谈、政策梳理、案例分析、仿真优化等方法，以科技自立自强为目标，以金融支持为路径，重点研究金融支持与科技自立自强战略的历史政策、国内外经验，以及金融支持科技自立自强战略的理论探索与总体框架构建、金融支持科技自立自强战略的业务制度及政策创新、金融支持科技自立自强战略的战略举措等内容。通过对上述问题的研究，阐明金融支持科技活动过程中的历史演进、经验启示、理论解构、金融创新、制度政策优化等核心关键，形成以"理论辨识—逻辑框架—创新突破—政策改进—战略举措"为路径的战略体系，为金融支持科技自立自强战略实施提供坚实理论基础和有力现实依据。

本书读者范围广泛，适合我国高校财经类专业的教学科研人员和学生（高年级本科生和硕博生）、我国科研院所从事经济研究和管理研究的人员、政府部门从事经济管理相关工作的政策研究者和公务员，以及研究中国经济问题的海外读者。

本书封面贴有清华大学出版社防伪标签，无标签者不得销售。
版权所有，侵权必究。举报：010-62782989，beiqinquan@tup.tsinghua.edu.cn。

图书在版编目（CIP）数据

金融支持科技自立自强：历史演进、创新路径与战略举措 / 孙早等编著.
北京：清华大学出版社，2025.6. -- (清华汇智文库).
ISBN 978-7-302-69352-9

Ⅰ. F124.3
中国国家版本馆 CIP 数据核字第 2025SU6357 号

责任编辑：付潭蛟
封面设计：汉风唐韵
责任校对：宋玉莲
责任印制：沈　露
出版发行：清华大学出版社
　　　　　网　　址：https://www.tup.com.cn，https://www.wqxuetang.com
　　　　　地　　址：北京清华大学学研大厦 A 座　　邮　编：100084
　　　　　社 总 机：010-83470000　　　　　　　　　邮　购：010-62786544
　　　　　投稿与读者服务：010-62776969，c-service@tup.tsinghua.edu.cn
　　　　　质 量 反 馈：010-62772015，zhiliang@tup.tsinghua.edu.cn
印 装 者：北京鑫海金澳胶印有限公司
经　　销：全国新华书店
开　　本：170mm×240mm　印张：17.25　插页：1　字　数：305 千字
版　　次：2025 年 6 月第 1 版　　　　　　　　　　印　次：2025 年 6 月第 1 次印刷
定　　价：159.00 元

产品编号：105155-01

序

自古至今，从钻木取火到铁器的应用，再到三次产业革命，一部人类发展史，通篇皆由科技进步所书写。追本溯源，"科技"一词其实为舶来品，国内最早翻译为"科学（Science）"，源自康有为编著的《日本书目志》，后随着其内涵的不断明晰，渐渐扩充为"科技"，即"科学（Science）"和"技术（Technology）"两个词的合并简化。尽管日常中我们把科技视为一体，但"科学"和"技术"是两个相关但不同的事物。从定义来看，科技包含两个层次：一是指科学的理论原理，二是指科学理论的实践应用转化。

新中国成立之后，尤其是改革开放以来，随着对外开放程度的不断提升和国际关系的逐步改善，国外科技发展的先进成果和经验逐渐进入国内。我国早期的科技发展多以学习国外先进科学理论为主，随着经济快速增长和研发投入不断增加，我国科技实力和创新能力显著增强。如今我国已成为全球具有重要影响力的科技大国，在航空航天、信息技术、生物技术等领域取得了许多世界一流的创新成果，站在了世界科技发展的前沿。

中国科技赶超的进程并非一帆风顺，难免会遭遇到各种制约和掣肘。近年来，世界格局加速演变，保护主义和单边主义抬头，原有的国际秩序受到严重冲击。在科技领域，以美国为首的部分西方国家对我国实行关键技术封堵，阻挠高新技术和知识产权流向我国。为了打破国外科技垄断，突破"卡脖子"的技术难题，2015 年以来，我国相继出台了《国家创新驱动发展战略纲要》《中国制造 2025》以及"科技创新 2030——重大项目"和高层次人才政策等一系列关于科技发展的重要政策举措，对科技创新重视程度之高、推动力度之强都是前所未有的。可以说，以新型举国体制统筹资源、集中力量，推动科技高质量发展已成为我国科技领域顶层设计的基本逻辑，而"科技自立自强"也成为应对百年未有之大变局、实现中华民族伟大复兴的必要条件。

毋庸讳言，当前我国科技自立自强战略的推进还面临着很多困难。比如，自主创新能力相对薄弱，人才队伍建设亟须加强；研发投入结构不合理，金融和社会资本的支持不足；科研评价机制和管理体制有待完善；等等。这些问题的成因很多，但缺乏成熟的、能有效支撑科技快速发展的金融生态和体系，是制约我国科技高质量发展、影响科技自立自强战略实施的重要原因。主要表现在：以间接融资为主的金融市场结构不适宜科技类企业的融资；金融机构受逐利性驱动，容易偏离支持科技发展的初衷；科技研发的金融风险分摊与管理机制尚不完善等多个方面。在此背景下，厘清金融与科技的内在逻辑关系，探索优化当前金融生态，破除科技创新的资本制约，发挥金融内在的资源配置引导功能，对我国建设世界科技强国的战略目标具有重大的现实意义。

西安交通大学孙早教授带领团队完成的《金融支持科技自立自强：历史演进、创新路径与战略举措》便是一部破解"金融支持科技发展"难题的倾心力作。该书在分析我国当前科技发展时代背景的基础上，归纳了我国金融支持科技创新的政策演进，以及国内外的经验与启示，分析了当前我国金融支持科技自立自强面临的堵点和困境，刻画了我国金融支持科技自立自强的路径和机制，进而提出了战略举措和对策建议。全书将理论研究与实践案例紧密结合，通过模型的构建与实证分析，深刻揭示了金融生态与科技创新的内在逻辑关系，具有很强的学术价值和实践意义。总体来说，该书有以下特色：

第一，内容翔实深入。该书从当前宏观战略背景出发，详细阐述了金融支持科技自立自强的必要性及战略意义。在此基础上沿着金融支持科技自立自强的政策变迁与国外经验、影响因素与理论机制、业务创新与制度变革、战略方向与对策建议的逻辑主线，全面刻画了我国金融支持科技自立自强战略的推进路径，逻辑科学严密，数据全面翔实，政策切实可行。

第二，理论基础坚实。该书构建了严密的理论分析框架，在系统分析科技自立自强的时代内涵以及多元化金融支持体系的基础上，依照"顶层—专项"的逻辑思路梳理了金融支持科技自立自强的关键制度，揭示了政策演进背后的理论逻辑，进而从参与主体行为及效果的评价层面引出战略目标，对其战略的逻辑体系进行深度解析，从理论上明晰了当前战略的关键突破点、制度支撑的着力点及政策创新的聚焦点。

第三，紧密贴合实践。该书通过对美、日、德三个发达经济体的深入剖析，梳理对比了金融支持科技创新发展的四种模式——市场主导型、银行主导型、政府主导型、社会主导型；通过对国内外不同行业、不同地区金融支持科技创新案例的深度挖掘，充分总结了已有政策的经验与不足；通过对投贷联动、知识产权质押融资、风险投资等当前金融支持科技的业务模式进行量化分析及仿真研究，为业务改进和优化提供了可靠的实证依据。这种紧密联系实际、让事实说话、让数据说话的研究方法赋予了该书深刻的实践意义和应用价值。

我相信，该书不仅能为相关领域的学术研究提供有益的理论参考，更能为加快推进金融支持科技自立自强战略提供可行的实践范例和政策依据。我也相信，只要我们不忘初心、砥砺前行，通过适当的制度安排统筹金融体系和实体经济协同发力，科技强国战略一定会实现，中华民族伟大复兴也一定会实现。

前路蓬山一万重，掉头不顾吾其东。未来已来，吾辈当自强不息。谨作此序与诸君共勉。

2024 年 1 月 8 日

前言

习近平总书记指出,"科技立则民族立,科技强则国家强"。当前,新一轮科技革命加速演进,以人工智能、互联网、大数据等为代表的新一代信息技术日新月异,不仅推动了传统产业的深刻变革,也驱动了全球政治经济格局的剧变及创新版图的重构。科技创新在百年未有之大变局中发挥着关键变量作用。面对前所未有的挑战和机遇,唯有自强奋进、矢志不渝地推进自主科技创新,才能在新一轮科技革命和产业变革中抢占战略制高点,为全面建成社会主义现代化强国提供战略支撑。

加快推动科技创新,离不开金融的作用。2021 年第十三届全国人民代表大会第四次会议通过的《中华人民共和国国民经济和社会发展第十四个五年规划和 2035 年远景目标纲要》明确指出要"完善金融支持创新体系,鼓励金融机构发展知识产权质押融资、科技保险等科技金融产品",为新时代金融支持国家科技自立自强战略的实施指明了方向。2023 年 10 月召开的中央金融工作会议强调"做好科技金融、绿色金融、普惠金融、养老金融、数字金融五篇大文章",将科技金融放在首位,充分体现了党中央对金融支持科技创新的高度重视和期待。

2021 年 7 月,由科学技术部牵头,中国建设银行与西安交通大学联合成立了重大攻关项目"金融支持科技自立自强战略研究"课题组。课题组负责人由西安交通大学经济与金融学院孙早教授担任,课题组成员由西安交通大学经济与金融学院的中青年教师、科研骨干和建行研修中心(研究院)的研究人员组成。在中国建设银行总行、建行研修中心(研究院)及建行研修中心西北研修院相关领导的大力支持下,课题研究顺利开展,最终形成了主题报告、学术论文、报刊文章、决策建言等一系列重要成果。

本书是在项目主题报告的基础上进一步完善编写而成的。孙早教授和建行研修中心(研究院)宋效军副院长负责本书的总体设计、研究规划、修改校订及前言编写工作,其余章节分工如下:第一章由沈灏执笔,第二章由王乐执笔,第三章由程茂勇执笔,第四章由沈悦执笔,第五章由侯晓辉执笔,第六章由马贵元执笔,第七、八章由蒋仁爱执笔,第九章由沈灏、马草原执笔。写作过程中的资料查询汇总、数据收集整理、图表绘制分析等工作也得到了博士生张希、赵婧雯、杨蕊、孙雪丽、郑金麟、杨圣豪，以及硕士生刘金文、王海霞、田延菁、童鸿博、杨笑玥、熊妮、赵金滢、高怡玮、刘文昭、赵欣悦、刘家辉、周彤、徐思琪、翟子薇、陈沐青、杨永全的重要协助。

在本书的编著过程中，编著者参阅了大量文献书籍、研究报告、新闻报道、智库观点等各类成果，在此对相关作者一并表示感谢。由于编著者水平所限，书中如有疏漏之处，恳请读者见谅并指正。

编著者

2024 年 3 月

目 录

第一章　绪论 ………………………………………………………………… 1
 一、国际战略博弈与科技自立自强战略 ………………………………… 1
 二、科技自立自强是国家重要战略支撑 ………………………………… 3
 三、金融支持助力破解科技自立自强难题 ……………………………… 5

第二章　金融支持科技创新政策演进 …………………………………… 9
 一、金融支持科技创新的政策演进 ……………………………………… 9
 二、金融支持科技创新的政策效果 ……………………………………… 21
 三、金融支持科技创新政策的演进特点与局限 ………………………… 28
 四、支持科技创新的金融政策优化改进启示 …………………………… 32

第三章　国内外金融支持科技创新的经验与启示 ……………………… 34
 一、国外金融支持科技创新的经验分析 ………………………………… 34
 二、国内金融支持科技创新的实践探索 ………………………………… 48
 三、金融支持科技创新的典型行业案例 ………………………………… 64

第四章　金融支持科技自立自强战略的理论探索 ……………………… 81
 一、金融支持科技自立自强的理论解构 ………………………………… 81
 二、金融支持科技自立自强的关键制度与政策解构 …………………… 91
 三、金融支持科技自立自强战略的逻辑体系 …………………………… 95
 四、金融支持科技自立自强战略的关键突破点 ………………………… 108

第五章　支持科技自立自强战略的金融创新 …………………………… 116
 一、金融支持科技自立自强的产品与方法创新 ………………………… 116
 二、商业银行支持企业科技创新的模式与相关政策 …………………… 133
 三、其他金融机构支持科技自立自强的产品创新 ……………………… 149

第六章 金融支持科技自立自强战略的制度创新 ······ 163
 一、金融支持科技自立自强战略的制度约束 ······ 163
 二、现有制度制约的底层逻辑解析 ······ 174
 三、金融支持科技自立自强战略的制度创新思路 ······ 178

第七章 支持科技创新的金融政策工具效果评价 ······ 183
 一、科技型企业融资现状 ······ 183
 二、投贷联动与企业创新 ······ 197
 三、知识产权质押融资与企业创新 ······ 203
 四、风险投资与企业创新 ······ 215

第八章 金融支持科技创新的系统模型与政策仿真 ······ 232
 一、金融支持科技创新的系统仿真模型 ······ 232
 二、金融支持科技创新的政策仿真 ······ 238
 三、仿真结论与政策启示 ······ 247

第九章 金融支持科技自立自强的战略举措 ······ 249
 一、组织机构与管理模式 ······ 249
 二、金融产品与服务创新 ······ 251
 三、风险管理模式与机制 ······ 253
 四、基础设施与市场体系 ······ 255
 五、政府支持与宏观管理 ······ 257
 六、科技金融生态化建设 ······ 259

参考文献 ······ 261

第一章

绪　论

中国共产党自 1921 年成立以来，始终"不忘初心、牢记使命"，带领中国人民走上了追求中华民族伟大复兴的征程，确立了中国特色社会主义事业的发展道路。党的十八大以来，在以习近平同志为核心的党中央带领下中国经济社会发展进入了新时代。无论从经济发展、科技发展、军事发展还是社会发展来说，中国共产党领导下的中国均取得了举世瞩目的发展成就，综合国力进一步加强，全球竞争力显著提升。在新时代的历史发展方位指引下，我国开启了建设世界科技强国的新征程。

2017 年 10 月 24 日通过的《中国共产党章程（修正案）》总纲中明确增加了"建设世界科技强国"的内容，面对新一轮科技革命和百年未有之大变局，中国实现"世界科技强国"的伟大目标将面临诸多机遇和挑战。

一、国际战略博弈与科技自立自强战略

"当今世界百年未有之大变局加速演进……科技创新成为国际战略博弈的主要战场，围绕科技制高点的竞争空前激烈。"[1]党的十九届五中全会提出，"坚持创新在我国现代化建设全局中的核心地位，把科技自立自强作为国家发展的战略支撑"。然而，逆全球化、单边主义、保护主义思潮等逐渐显现，对我国经济社会发展形成较大挑战，也为我国实现科技自立自强、真正掌握竞争和发展主动权提供了重要战略机遇。

从国际秩序来看，世界格局由"两极格局"进入"一超多强"。国际秩序从"中心—边缘"秩序向"节点—网格"秩序明显转变，新兴市场国家和发展中国家群

---

[1] 2021 年 5 月 28 日，习近平总书记在中国科学院第二十次院士大会、中国工程院第十五次院士大会、中国科协第十次全国代表大会上的讲话。

体正在崛起，将在全球发展版图中扮演更加重要的均衡性力量。在此趋势下，以"对抗"思维为主的西方国家开始动用军事、政治、经济、技术等多样手段制衡新兴市场国家的发展，试图利用全球规则、贸易体系、金融体系等方式掌控全球发展资源，遏制以中国为代表的发展中国家的群体性崛起。在这种国际秩序和竞争对抗的环境下，我国科技创新活动常常受制于人，面临一系列"卡脖子"技术突破问题，更让我们清醒地认识到"关键核心技术是要不来、买不来、讨不来的"[①]。关键核心技术只有牢牢掌握在自己手里才能真正掌握国家发展的主动权、参与国际竞争的话语权。

从全球经济来看，以西方发达国家为主的经济体增长乏力，经济重心开始加速东移，以中国为代表的新兴经济体成为全球经济增长的重要引擎。同时，过去全球化所形成的多层次、跨区域合作效果不佳，国家间经贸发展不平衡和相互依赖程度导致的贸易摩擦、合作冲突正在加剧。随着中国国内生产总值（Gross Domestic Product，GDP）在全球的比重越来越高，中国科技发展也正在实现"追赶超越"。在经济增长的支撑下，过去"引进—吸收—消化"的科技创新方式帮助我国积累了良好的科技资源和创新基础，中国科技进步正在接近世界前沿水平。在此背景下，发达国家开始利用技术封锁、贸易制裁、打压中国高科技企业等手段遏制中国的快速追赶，这凸显了国家科技创新能力在世界竞争格局中的决定性作用，我国只有实施科技创新自立自强战略才能保持经济社会可持续发展。

从世界分工来看，国际产业分工与格局发生明显更迭。新一轮科技革命和产业变革兴起，人类已进入第四次工业革命时代，即"智能时代"。新一轮科技革命和产业变革促使生产资源、生产方式、生产关系发生变化，也加速了全球生产、贸易、投资、金融等领域的巨大变化。主要国家纷纷追求从"生产制造"到"科技服务"的价值升级，围绕科技制高点的竞争日益激烈。然而，受制于美元体系、贸易规则及创新路径依赖等问题，以美国为代表的西方发达国家长期处于全球产业链"高端环节"，发展中国家被牢牢锁定在"中低端环节"。尽管我国已经是世界第二大经济体，全球最大的"制造大国"，但是"大而不强"的局面一直没有得到彻底改善。面对新一轮科技革命的机遇与挑战，紧抓历史机遇，突破现有全球产业链位势，打破国际产业分工格局，是推动我国实现制造强国、科技强国的关键战略，而实施此战略的必由路径则是加快实现科技自立自强。

面对当前十分复杂的国际局势和多重挑战，科技自立自强无疑是在新发展形势下的一项长期战略。实现科技自立自强既要自力更生，又要开放融通，必须处

---

① 资料来源：习近平. 努力成为世界主要科学中心和创新高地[J]. 求是，2021(6)：4-11.

理好自立自强与开放创新的关系,更加主动地融入全球创新网络,促进创新链与产业链深度融合,畅通国内大循环,推动形成国内国际双循环相互促进的新发展格局。

二、科技自立自强是国家重要战略支撑

党的十九届五中全会强调,"坚持创新在我国现代化建设全局中的核心地位,把科技自立自强作为国家发展的战略支撑"。习近平总书记指出:"推动国内大循环,必须坚持供给侧结构性改革这一主线,提高供给体系质量和水平,以新供给创造新需求,科技创新是关键。畅通国内国际双循环,也需要科技实力,保障产业链供应链安全稳定。"[①]这既指明了科技创新在新时期构建发展新格局的战略重要性,也明确了科技自立自强在未来国家发展和全球竞争中的核心地位。"十三五"期间我国全面建成小康社会,进入了第二个百年奋斗目标的新征程,经济社会发展也迈入高质量发展阶段。在"百年未有之大变局"时代,加快构建"以国内大循环为主体,国内国际双循环相互促进的新发展格局"的战略部署进一步凸显强调了科技自立自强对新发展格局的战略支撑意义(见图 1-1)。立足新发展阶段、贯彻新发展理念、构建新发展格局,我国经济社会的持续稳定发展比任何时候都需要增强创新动力,比以往任何时候都离不开科技自立自强。

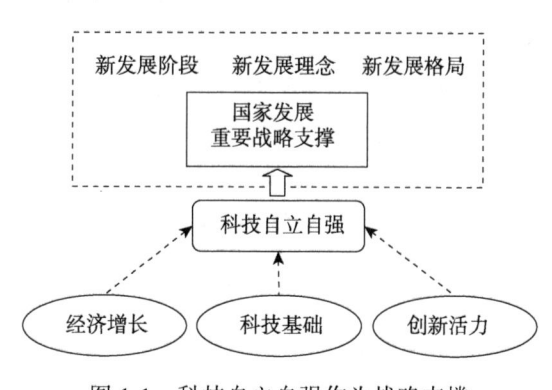

图 1-1 科技自立自强作为战略支撑

从经济增长来看,"十三五"期间,我国经济社会发展取得了全方位、开创性历史成就。国内生产总值保持在年均 6.7%左右的增速,2019 年国内生产总值占全球经济比重达 16%,对世界经济增长的贡献率达到 30%左右,成为世界第二大、

---

① 2020 年 9 月,习近平总书记科学家座谈会上的讲话。

全球增速最快的经济体。2020年受新冠疫情冲击，国内生产总值下降明显，但是，在坚决果断抗击新冠疫情严重冲击的同时，我国经济在2020年第三季度末同比恢复增长至0.7%[①]，成为疫情冲击下全球唯一同期实现经济正增长的主要经济体，呈现出良好的经济韧性和增长潜力，这也为我国科技创新活动提供了优越的社会基础。

从科研基础来看，我国人才队伍不断壮大，结构合理、素质优良的创新型科技人才队伍初步形成，已经形成人才快速发展"新态势"。"十三五"期间，我国研发投入占国内生产总值比重持续加大，2020年达到2.4万亿元人民币，位居世界第二；基础研究占研发投入比重首次超过6%，增长近一倍，科技进步贡献率超过60%[②]。同时，一批科技领军人才和创新团队加快涌现，建成了一批重大科技基础设施、国家级重点及工程实验室、国家企业技术中心等创新平台。随着科学研究投入的增加，科研基础的"软硬件"环境得到了进一步改善和提升，将大大促进我国面向世界技术前沿的从"技术跟随"到"技术领先"的战略突破。

从创新活力来看，"十三五"期间，科技与经济社会深度融合，创新活力进一步释放，形成了创新驱动的高质量发展"新动能"。21个国家自创区和169个高新区成为地方创新发展"领头雁"，高新区生产总值五年增长超过50%，高新技术企业从7.9万家增长到22.5万家[③]；高新技术企业营业收入达到34万亿元，一批具有国际竞争力的创新型企业加快发展壮大。党的十八大以来，我国青年科技人才规模快速增长，研发人员数量由2012年的416.7万人增长到2021年的858.1万人，科技人才规模翻一番。《2023年中国科技论文统计报告》显示，2023年，中国在各学科最具影响力期刊上发表的论文数首次超过美国，占世界总量的30.3%，以高被引论文数量为代表的科研成果国际影响力不断提升[④]。中国通过世界知识产权组织《专利合作条约》（PCT）途径提交的高质量专利申请在2019年就超越美国，达到世界第一[⑤]；全国技术合同成交金额达到2万亿元。此外，经过一系列科技体制改革，科技创新的体制机制难题得到部分解决，将进一步激发社会创新活力，释放科技作为第一生产力的巨大潜能，也为实现高水平科技自立自强提供重要的制度保障。

审视过去，尽管我国科技创新取得了一系列成就，全球创新指数排名从2017

---

① 高歌，苏缨翔，张信凤，等.中国经济三季度在增长 外资持续看好中国市场[EB/OL]. (2020-10-20) [2024-05-10]. http://world.people.com.cn/n1/2020/1020/c100Z-31899261.html.
② 国家统计局，科学技术部，财政部. 2020年全国科技经费投入统计公报[EB/OL]. (2021-09-22) [2024-05-10]. https://www.stats.gov.cn/sj/tjgb/rdpcgb/qgkjjftrtjgb/202302/t20230206_1902130.html.
③ 2020年10月21日，科技部部长王志刚在国务院新闻办公室举行的发布会上的讲话。
④ 中国科学技术信息研究所. 2023年中国科技论文统计报告[R]. 2023.
⑤ 2020年4月7日，世界知识产权组织（WIPO）在瑞士日内瓦举行发布会，公布了2019年专利、商标和工业品外观设计国际注册数据。

年的第 22 位跃升至 2021 年的第 12 位[①]。然而，在新时代，经济转向高质量发展的新阶段，与欧美等发达国家相比，我国科技创新还存在一些亟待解决的关键性问题，例如自主创新能力薄弱、研发经费投入结构不完善、科技人才队伍建设需要加强、科技管理方式有待优化、科技评价体制亟须深入改革等，这也对我国实现科技自立自强、建设世界科技强国的战略实施提出了挑战。

三、金融支持助力破解科技自立自强难题

《中华人民共和国国民经济和社会发展第十四个五年规划和 2035 年远景目标纲要》强调，要"完善金融支持创新体系，鼓励金融机构发展知识产权质押融资、科技保险等科技金融产品，开展科技成果转化贷款风险补偿试点"，不仅明确了建设科技强国的行动纲领，也为新时代金融支持国家"科技自强"战略实施指明了前进方向。创新是现代化建设全局的核心，而金融则是现代经济的核心。从发展进程来看，金融市场、产品、工具等为我国以企业为核心的科技创新活动发挥了重要支持和促进作用。

然而，在科技革命和产业变革突飞猛进、科学研究范式深刻变革、知识领域不断交叉融合、技术与社会加速渗透的新时代背景下，科技自立自强战略是以"解决卡脖子关键技术"为基础、以"实现基础前沿研究引领"为目标的系统性任务。不同于一般性技术创新，科技自立自强涉及的创新过程具有周期长、风险大、难度高、短期市场效应弱等特点，其技术市场化过程则面临资源需求大、成果转化慢、产业化程度低等挑战，这对支持科技自立自强战略实施的金融体系提出了更创新、更高效、更务实的新要求。一方面，以关键技术、基础前沿研究等为代表的创新往往是大工程、大项目、原创探索性工作，不仅在前期研究阶段需要长期稳定的资金支持，在后期成果转化和产业化阶段也需要大量的社会资源投入。科技创新必须依赖于更加高效务实的金融资源支持。另一方面，以"卡脖子"技术为代表的长周期科技创新活动可能面临技术失败、市场失败等挑战，这要求在金融支持科技创新的过程中，金融机构或社会主体必须在风险可控、商业可持续的前提下加快创新变革，提供更加多样化的金融工具、采取更加有效率的金融方法，应积极探索适合中国科技自立自强战略的金融服务手段与策略体系。因此，面对新时代新要求，金融支持成为破解科技自立自强战略实施的关键抓手，金融如何支持科技自立自强战略也成为亟待解决的重大理论与实践问题。

目前，我国的科技创新呈现出"原始创新能力还不强，创新体系整体效能还

---

① 世界知识产权组织. 2021 年全球创新指数报告[R]. 2021.

不高，科技创新资源整合还不够，科技创新力量布局有待优化，科技投入产出效益较低，科技人才队伍结构有待优化，科技评价体系还不适应科技发展要求，科技生态需要进一步完善"①等特征，发挥金融市场、产品、工具等对科技创新短板问题解决的"催化"作用显得尤为关键。然而，面向新时代的科技自强战略问题，金融手段发挥的功能作用依然具有局限性，在支持科技自立自强战略方面仍然存在"鸿沟"问题。

第一，以直接融资模式为主的融资渠道难以满足科技创新主体的金融需求。目前，我国从事新兴技术研究的科创企业的融资渠道仍以股权直接融资为主，以银行业间接融资为辅。股权融资到了一定阶段后，企业对间接融资需求则较强烈。但是，科创企业的自身特点与银行信贷准入标准匹配度低，与技术攻关和新兴技术探索阶段的金融需求不匹配。一方面，许多处于技术攻关，甚至技术引领阶段的企业由于轻资产（技术、专利、商誉等）特点，缺乏"硬"抵押而难以获得充足的信贷资金支持。同时，由于信息不对称，许多从事或开展关键技术攻关和前沿技术探索的科创企业无法与金融机构实现有效对接。另一方面，银行业相对集中度高，大多数银行的信贷模式和对象呈现出同质化特征，对于具有高度不确定性的科技创新项目采取"风险规避"，系统内部缺乏有效的创新激励，使得具备潜力的科技型企业难以通过银行渠道缓解融资约束压力。

第二，欠发达的资本市场对科技创新活动的支持动机不强，力度较弱。重大竞争性、引领性技术往往需要经历初创期、成长期、发展期和成熟期等阶段，尤其在基础前沿领域的长期探索过程中，主导机构或企业往往没有收益来源，主要依靠自有资金或者其他资金的投入。而我国当前的风险投资市场还不发达，尤其缺乏专业化复合型人才队伍，制约了金融手段推动战略性、关键性、引领性的科技创新活动。以资本市场"上市"为目标的金融支持导向，使得资本市场更加关注企业的利润、营收、股本结构等实质性条件，评价标准具有短视特点。同时，机构投资者数量少也使得资本市场的长期资金支持力度不足，融资功能发挥成效不佳。债权市场主要偏好以低风险特征为主的政府债券，而且其高发行成本及严准入条件也使得企业面临较高的交易成本，难以成为有效支撑战略性新兴产业的主要金融业务产品。

第三，鼓励金融创新的制度和政策环境还有待完善。我国科创企业获取金融资源的渠道相对单一；金融机构尤其是银行在现有金融工具、产品政策集合下，难以形成更加多元化的支持通道，部分已经获得金融支持的科创企业也仅仅是短期、小额支持，无法获取更富效率的金融政策或产品工具支持。在严格的微宏观

---

① 习近平总书记在 2021 年 5 月 28 日两院院士大会及第十届全国科技工作者会议上的讲话。

审慎监管制度下，金融机构风险容忍度较低，缺乏适配新兴科技、前沿科技、关键"卡脖子"技术等属性的金融产品创新激励。同时，不同部门的金融监管政策也存在不一致情况，跨市场、跨机构的系统性、综合性金融服务创新难以协调。因而，当前金融市场中的主体亟须扭转传统经营或政策设计理念，加快在信用评估、担保制度、风险控制等方面进行创新，定向研发金融工具产品、制度机制和适配政策，提升金融对科技活动的支持精准性和效率性。

第四，支持科技自立自强的风险分摊与管理机制还不健全。由于以解决"卡脖子"为核心的科技自立自强战略实施伴随着高复杂度、不确定性等特点，金融支持科技自立自强的过程也面临金融风险防范等重大问题。当前，我国还缺乏适合战略性、关键性、前沿性技术创新活动的金融风险监测预警机制。同时，支持科技自立自强相关的产业政策缺少配套政策，如风险补偿、信贷补贴或激励等；不同地方政府整合银行、保险、企业及评估中介机构等资源的能力存在较大差异，未能建立起多元主体合作的科技创新与金融支持的风险分担机制。因此，支持科技创新不仅需要改进优化风险管理体系，还需要加强不同利益相关者间的协作协同水平，推动金融支持科技创新活动的生态系统建设，全面夯实金融支持科技自立自强战略的资源能力基础。

解决上述重大实践问题，需要理论上首先识别金融支持和科技自立自强的基本内容、维度特性、目标方向、领域特征及两者之间的理论互动机理，借助技术方法及理论方法，以科技自立自强为目标，以金融支持为过程途径，重点借鉴国内外成功经验，适应我国市场经济转型情况，构建金融支持科技自立自强的战略逻辑。

一是从历史唯物主义角度出发，厘清辨清我国科技创新过程中金融支持相关政策的渊源、导向、特征、效果。明确我国在发挥金融功能支持科技创新活动中的宏观调整及微观演化特点，凝练不同时期金融支持科技创新活动的困难及关键应对方法，有助于我们面对新时期新要求更好地深化改革、设计制度机制、落实政策保障等。

二是立足辩证看问题的思维，借鉴学习国外金融创新支持科技发展的成功经验与案例的同时，结合我国近年来的实践情况及问题，剖析明确面向科技自立自强战略的金融支持过程中的"鸿沟"或"顽症"，建立破解这些难题的系统性理论逻辑和思维框架。通过学习吸收消化，唯物辩证使用成功案例经验，形成具有中国特色的实践路径及经验总结，是在当前我国科技发展阶段及自立自强要求下有效破解科技金融资源约束，推动关键技术突破，实现科技自立自强的认知基础。

三是从宏观视角来看，融合树立跨领域协作的系统化战略思维是金融支持科技创新的关键所在。要解决科技自立自强战略实施过程中的科学研究周期较长、环境变化的挑战较大、技术突破的困难较多、产业化应用短期难见效等问题，不仅需要强有力的政府政策支持，也需要长期大量的金融资源支撑。而市场化的金融资源又有其自身的内在规律和特征，与高度不确定性的科技创新活动存在目标冲突。如何既不违背金融发展的内在要求和本质特征，又能有效支持科技创新则需要系统化思维、战略性思维。

四是找准关键问题，把握关键突破点是破解难题的重中之重。从现实情况来看，资源不能流入前沿技术科创企业等现象归根结底在于"政策壁垒"无法逾越。尽管对金融机构的业务、产品、服务等方面的创新给予了一定的补充和支持，但是"通道容量"依然受到体制机制等方面的"硬约束"。因而，破解难题的关键在于如何创新制度，如何协同产品服务等。

五是持续迭代改进政策，善于打出政策"组合拳"。现有科技活动、金融活动所涉及的国家部门、地方政府部门较多，由于分管业务侧重不同及领域发展要求不同，不同部门制定的科技金融类政策多且散，不利于精准、协同、高效地推动金融资源在科技创新行业的输入或流动。同时，政策不能实现"用户中心化"的持续迭代效果，则难以满足市场化科技创新过程中的动态需求；多类政策间不能实现"壁垒破除化"的互补协同效果，则难以有效打破约束、降低交易成本，从而满足科技自立自强过程中的长期需求。

第二章

金融支持科技创新政策演进

科技创新与金融创新融合发展的过程是加快科技成果转化和培育战略性新兴产业的过程,这既是基于宏观经济环境的判断,也与我国金融支持科技创新的改革进程紧密相关[①]。从新中国成立初期"大一统"的金融体系完全服从于计划经济体制的集中管理,到改革开放后金融服务于科技创新,再到现阶段科技创新与金融支持构成复合系统,发挥协同效应,金融支持科技创新在不同的生产力水平阶段呈现出不同的特点。由于历史局限性,我国科技型企业的融资问题仍比较突出,还需探索更多金融赋能科技的新模式。

本章节通过梳理我国金融支持科技创新的政策演进,探究不同历史阶段金融支持科技创新政策的导向变迁,概述各阶段政策呈现的特征与效果,分析现阶段我国金融支持科技创新中存在的难点和困境,为我国金融支持科技创新的政策提供重要参考依据。

一、金融支持科技创新的政策演进

1949年新中国成立后,我国科技事业在薄弱的工业环境中起步,在改革和创新中螺旋式上升,现在已有部分重要领域走在世界前列。我国的金融体系始终以服务实体经济为核心开展业务运作,实现从计划型到市场主导型的转变,正在向精准化、多元化、国际化发展。科技创新作为实体经济发展的关键,金融对其的支持不可或缺。70多年来,中央出台了众多有关金融政策的文件,尤为重视增强金融服务与支持科技创新两个方面,对金融市场结构、金融产品、监管机制等不断优化,搭建全面稳定高效的金融市场体系,畅通投融资循环,适应科技创新的发展需求和市场结构的变化,更好地为我国的科技创新事业服务。

---

① 由于发展历程存在明显差异,全文涉及的研究范围不包括我国港澳台地区。

在 1949—2021 年有以下关键节点性事件：1955 年，"一五计划"出台，初建高度集中的金融体系，服务于重工业优先的有计划的经济建设；1956 年，我国基本完成三大改造，在"向科学进军"的号召下，我国科技事业活力迸发，开启蓬勃发展新局面；1978 年，党的十一届三中全会召开，金融开始替代财政成为资源配置的核心，改革开放政策在我国也开始实行，现代化进程中科学技术发展变得越来越重要，邓小平同志明确提出"现代化的关键是科学技术现代化"，科技的春天开启；1992 年，中共十四大召开，确立社会主义市场经济体制改革目标，出台深化科技体制改革相关文件，强调科技与经济的互赖关系，拉开金融支持科技的序幕；2005 年，《国家中长期科学和技术发展规划纲要（2006—2020 年）》及配套措施出台，"自主创新战略"被置于国家战略的高度，大力推动科技工作开展，同年，科技保险试点工作正式开启，完善金融支持科技创新举措；2012 年，随着党的十八大的召开，科技创新被置于重要位置，创新驱动发展已经成为发展核心，因此科技创新至关重要，"促进科技和金融结合"试点工作展开后，涌现出众多成功经验，成效显著。

在上述节点，一系列的重大战略与政策相继在国家层面上出台，极大地推动了金融对科技创新的支持。本章节从初探摸索阶段（1949—1977 年）、加大转型阶段（1978—1991 年）、深化改革阶段（1992—2005 年）、全面改革阶段（2006—2011 年）和战略提升阶段（2012 年至今）五个阶段对金融支持科技创新的演变过程进行归纳阐述，梳理金融支持科技创新的政策演进（见图 2-1）。

初探摸索阶段	加大转型阶段	深化改革阶段	全面改革阶段	战略提升阶段
• 1955年出台的"一五计划"	• 1978年中共中央召开的十一届三中全会；1985年实行"拨改贷"政策	• 1992年中共十四大；1993年中国科技金融促进会正式提出"科技金融"一词	• 2005年颁布的《国家中长期科学和技术发展规划纲要（2006—2020年）》及配套措施	• 2012年中共十八大；"促进科技和金融结合"试点工作展开
◆ 初建高度集中的金融体系，服务于以重工业优先的有计划的经济建设	◆ 伴随着向市场经济过渡，金融开始代替财政成为资源配置的核心，服务于实体企业	◆ 金融体系市场化改革，科技金融概念诞生	◆ 推进金融体系国际化，完善科技创新配套措施	◆ 科技金融深度融合，逐步搭建支持科技创新的金融服务平台
1949—1977年	1978—1991年	1992—2005年	2006—2011年	2012年至今

• 标志性事件　◆ 重要观点

图 2-1　1949 年以来中国金融支持科技创新的政策演进和导向阶段划分

（一）初探摸索阶段（1949—1977 年）

新中国成立初期，国内外局势动荡不安，城市社会中也存在诸多亟待解决的问题。由于"国统区"物资匮乏，长期滥发纸币、肆意压榨工人阶级，投机商兴风作浪、恶性通货膨胀等金融乱象频出，严重威胁着人民群众生活和民族工商业的经营与再生产。此时的金融政策（见表2-1）围绕着国民经济的恢复展开，行政手段和经济手段并行。在初探摸索阶段，金融支持科技创新的政策演变（见图2-2）呈现以下特征：

1. "大一统"的计划金融体制

1953 年三大改造开始，金融业实行统一管理。全国唯一的为各经济主体承担金融业务的中国人民银行成立，它主要负责国家经济、金融管理以及货币发行的工作。在实行"统存统贷"的信用管理体系中，通过信用规划和现金管理计划，将储蓄和贷款额度标准分配给下级银行，调控公私合营银行的贷款利率、贷款额度和贷款期限等，对现金进行严格管理，金融功能单一，具有明显的计划经济特征，为三大改造提供资金支持，为我国工业化发展开辟道路。

2. 着力服务经济重建

新中国成立初期，整治金融乱象、稳定经济秩序是首要任务。自 1949 年 10 月以来，中央政府在上海、北京、天津等地区先后进行了一系列整顿市场的斗争，例如打击洋钱黑市、棉花投机和粮食投机等重大事件。与此同时，央行积极调拨粮油、食盐、棉花等各种商品支援国有商业、合作社等，以保证市场供应的连续性和稳定性。此外，人民银行通过低息或无息贷款协助建立各种合作事业，为实体经济的恢复发展提供了金融支持。在"一五"计划期间，人民银行通过对银行体系的集中垂直管理，发展储蓄事业，建立银行信贷基金，重点支持了国营经济尤其是国营工业的发展。该阶段，我国的金融政策主要以完成规划任务为核心，利用高度集中的金融系统的优势，聚集资金和稀缺资源，积极全面支持全民所有制经济的增长，特别是支持重工业的复苏和发展。

3. 后期的停滞与整顿

1958—1976 年，我国金融体系陷入混乱，金融业基本瘫痪，支持实体经济的作用较小。货币增发过多，导致严重通货膨胀，金融计划和金融规章制度被打破，弄虚作假问题层出不穷。经过 1978—1981 年的初步整改，经济得到恢复。

表 2-1　1955—1977 年不同聚焦点下金融支持科技创新的代表性政策演进

阶段	聚焦点	代表性政策文件	时间	主要内容及表述
初探摸索阶段	工业建设	"一五"计划	1955年	集中主要力量进行 156 个建设项目为中心、由 694 个大中型建设项目组成的工业建设，建立我国社会主义工业化的初步基础
	"大一统"的计划金融体制	《关于切实加强银行工作的集中统一，严格控制货币发行的决定》	1962年	采取措施实行银行工作的高度集中统一，把货币发行权真正集中于中国人民银行
	短暂的停滞与整顿	《关于整顿和加强银行工作的几项规定》	1977年	确保货币发行权的集中统一，保障人民银行货币发行、信贷管理、工资基金管理等一整套基本制度的贯彻执行

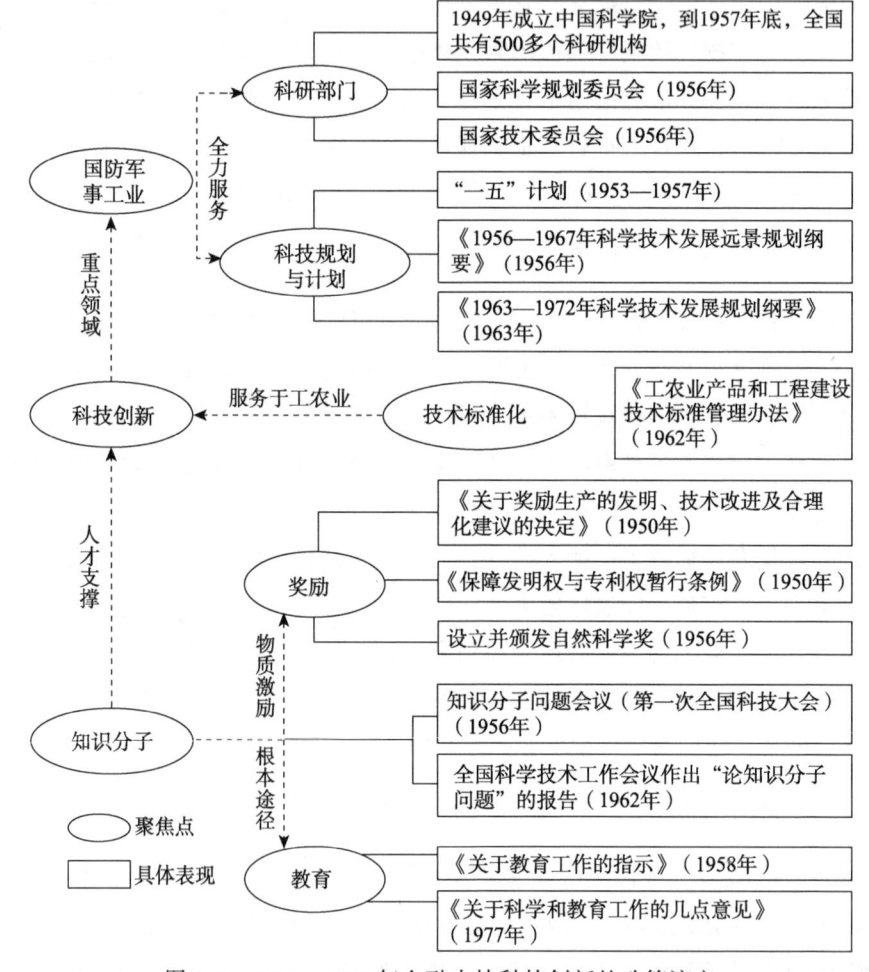

图 2-2　1949—1977 年金融支持科技创新的政策演变

（二）加大转型阶段（1978—1991年）

1978年是具有里程碑意义的一年。经过十年的停滞与整顿，原有的计划金融体系已经不能适应新历史阶段的生产力水平需要，必须打破"大一统"模式。在十一届三中全会提出实行改革开放的宏观经济背景下，我国的金融体系也发生了变化，由原来旧的计划金融体系阶段逐渐过渡到市场化的金融体系阶段（见表2-2）。在加大转型阶段，金融支持科技创新的政策演变（见图2-3）呈现出以下特征：

1. 金融体系的重建

为支持农业、工业和对外开放等领域的发展，我国于1979年至1984年先后恢复成立了现在的中国四大银行，分别为中国工商银行、中国银行、中国建设银行、中国农业银行等一系列专业银行，初步建立以中国人民银行为主、工农中建四家专营银行及中国人保、中信集团为补充的金融体制，银行的股份制改革也逐渐完成。在探索构建社会主义市场经济金融体系的进程中，我国相继成立信托公司、保险投资公司，同时突破了长期存在的"既无内债又无外债"的观念束缚，专门从事国债或股票承销和交易业务的证券公司初现。1981年，用以筹集国家建设资金的国债正式发行。1990年，上海证券交易所和深圳证券交易所先后成立。这一时期，我国已经初步形成了票据承兑贴现市场、同业拆借市场、外汇市场、资本市场等多种形式的金融市场，市场主体开始走向多元化。

2. 财政资金支持创新活动

我国积极发挥财政集聚作用，通过财政技术拨款、设立专项基金等方式，为科技创新提供充足的资金支持，服务实体经济发展。1983年，人民银行针对不同的行业、企业和产品设置差别利率，为国家重点支持的高新技术产业以及一些传统行业的技术改造项目提供优惠。1991年，我国设立27个高新区为首批国家级高新技术产业开发区，为区内中小型科技企业提供初始资金、引进风险投资，积极引导产权交易、优惠政策和基金支持，促进了高新技术产业化。

3. 金融产品与工具出现

1985年，"拨改贷""投改贷"政策实行，拉开科技信贷的序幕。1990年，中国工商银行和中国农业银行开启科技信贷业务。1991年，中国人民银行也设立了科技信贷项目。同时，股票交易的试点工作启动，国债、证券、期货等金融产品更加丰富，拓宽了企业和科研机构融资渠道，推动各类科技主体逐步走向市场化。

4. 金融领域的对外开放关注技术引进等科技创新活动

此时，我国科技发展处于追赶阶段，重点在于技术引进、消化、再创新，金融支持政策也向引进外资和外国先进技术倾斜。1979年3月，国家外汇管理局设立。同年，为了促进对外来资产的引进，学习更为先进的技术与管理模式，中国国际信

表2-2　1980—1991年不同聚焦点下金融支持科技创新的代表性政策演进

阶段	聚焦点	代表性政策文件	时间	主要内容及表述
加大转型阶段	外资技术引进	《关于企业引进制造技术所需费用开支问题的规定》	1980年	关注引进技术贷款或专项资金的使用管理，重点支持企业引进技术设备
	金融体系重建	《关于中国人民银行专门行使中央银行职能的决定》	1983年	明确了人民银行"发行的银行、政府的银行、银行的银行"的职能定位，改革重点从农村转向城市，以搞活国有企业为中心环节深入开展
		《关于经济体制改革的决定》	1984年	
	科技贷款	《关于积极开发科技信贷的联合通知》	1985年	从科技贷款金额、对象及利息等方面提出具体要求
	财政支持创新	《新产品新技术开发推广基金管理办法（试行）》	1989年	设立专项基金，保证企业、科研机构有稳定的资金来源

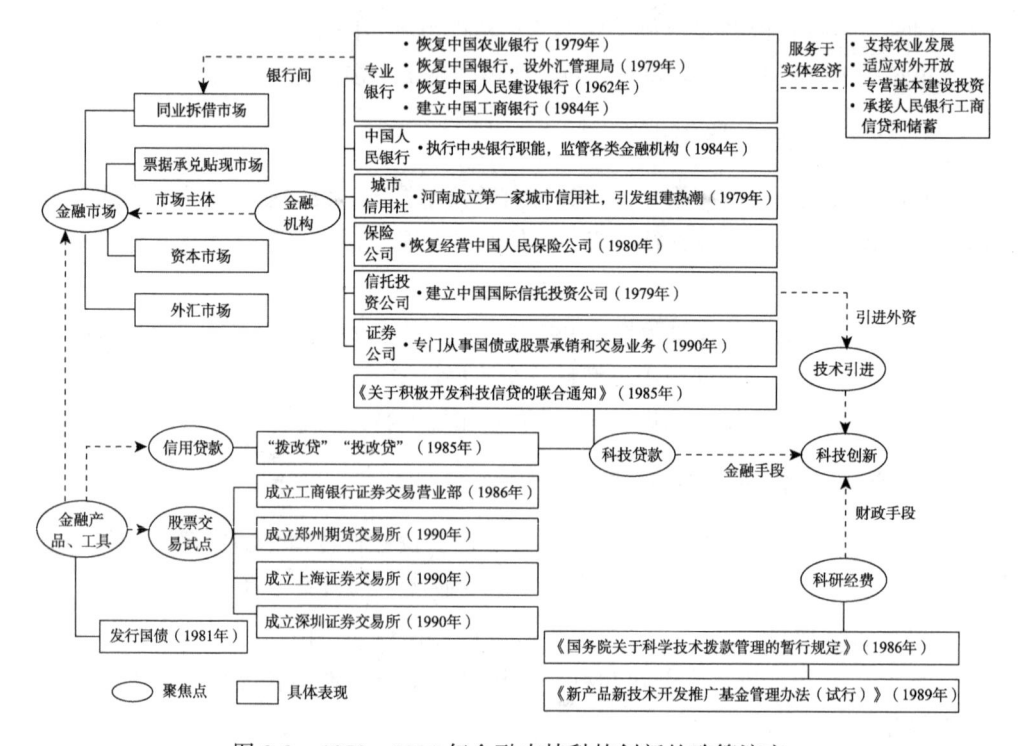

图2-3　1979—1991年金融支持科技创新的政策演变

托投资公司注册成立，主要在金融、实业等领域开展业务。发展信托投资公司和持续的人民币贬值支持了出口创汇和引进外资。

（三）深化改革阶段（1992—2005年）

1992年，随着党的十四大提出社会主义市场经济体制，我国已经迈入改革开放的新阶段，科技体制改革与金融领域市场化改革并行，为金融与科技创新融合创造了有利条件（见表2-3）。

表2-3 1993—2005年不同聚焦点下金融支持科技创新的代表性政策演进

阶段	聚焦点	代表性政策文件	时间	主要内容及表述
深化改革阶段	金融市场化	《关于金融体制改革的决定》	1993年	建立央行的宏观控制制度，独立实施货币政策；应构建以国有商业银行为主、多元金融机构并存的金融组织结构；建立统一开放、有序竞争、严格监管的金融市场体制
	科技金融	《关于以高新技术成果出资入股若干问题的规定》	1997年	为了更好地规范高科技企业的投资，对高科技企业的认定范围及具体条件进行了详细的规定
	国际化	《外资参股证券公司设立规则》与《外资参股基金管理公司设立规则》	2002年	履行加入WTO的承诺，出台政策取消外资参股中资证券经营机构的行政管制，通过外资带入促进资本对外开放
	资金管理监督	《关于加强科技专项经费管理的通知》	2005年	对科技专项经费的使用和管理提出规范性要求，涉及经费的使用途径、申请程序和后期监督等

在深化改革阶段，金融支持科技创新的政策演变（见图2-4）体现在以下几个方面。

1. 金融市场化改革与科技金融

在深化改革进程中，直接投资与股权投资的投资结构已经成为金融领域市场化改革的方向，科技创新得到金融业的大力支持，银行融资服务已成为科技成果转化的主渠道。我国认识到建立风险投资体系的重要性以及它在高新技术发展的进程中发挥的关键作用，科技金融应运而生。1996年，银行间同业拆借利率正式放开，拉开了利率市场化改革的序幕；截至2003年，央行已经逐步放开、合并或取消114种本币和外币利率管理类型。随着1995年"科教兴国"战略的提出，国家以政策性贷款为主要资助方式，为一些专项计划与企业提供资金支持，如"863计划"、重大科技专项及科技中小企业等。2004年，中小企业板的推出更是为未来发展风险投资、探索金融支持科技创新的新途径提供了更为广阔的空间。

2. 加强资金使用管理和监督

改革金融监管体制机制，设立专业化金融监管部门并出台配套金融法规，构

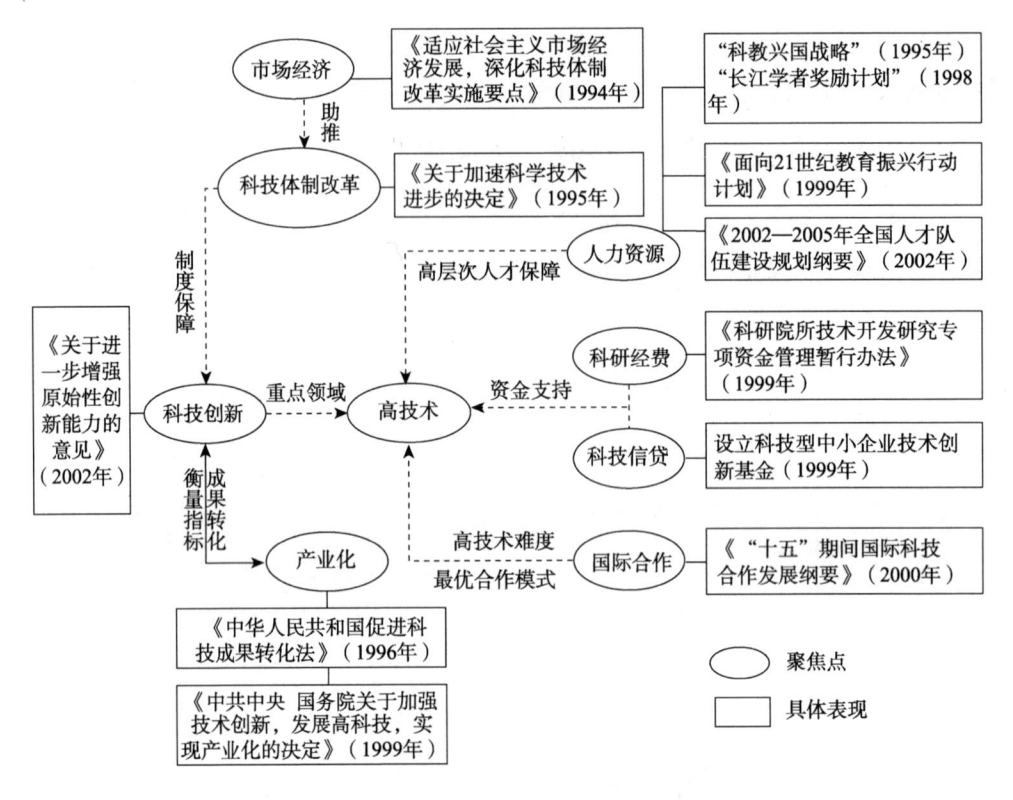

图 2-4　1994—2005 年金融支持科技创新的政策演变

成"一行三会"的金融监管格局，稳定金融市场秩序。1992 年、1998 年相继设立中国证券、中国保险监督管理委员会，1995 年以后相继颁布了《保险法》《证券法》和《票据法》等一系列法律法规，对银行不良资产进行了清理，对科技金融行业中存在的违规现象进行了矫正，体现出国家完善经济法制、维护财经纪律、强化金融监管的重要理念。

3. 金融体系的国际化改革

2001 年中国加入 WTO 后，国有商业银行进行股改上市，2005 年人民币汇率制度改革。在这一阶段，我国开始实施有管理的浮动汇率制度，以市场供求为依据，参考一篮子货币进行调整，维护外汇市场平稳运行。在国际化进程中，我国逐步拓宽外国投资者在国内金融市场的准入范围，允许外资机构投资中国股市和债市，积极推出了人民币离岸债券、金融衍生品等各种金融产品，积累了大规模的外汇储备。例如，两家风投公司于 1998 年 8 月在深圳市同时成立，加速金融体系的对外开放，促进了资本在境内外有序流动。

（四）全面改革阶段（2006—2011年）

《国家中长期科学和技术发展规划纲要（2006—2020年）》配套措施中提出，创新是国家经济发展必不可少的要素，为了提高国家创新能力，要创新科技投入方式，促进创新创业的财政金融政策[①]。在推进过程中，金融支持科技创新不再停留在理论层面，而是相继开展科技金融地区试点工作，政府与金融机构共同参与，但政府依旧是金融支持科技的主导者（见表2-4）。

表2-4　2006—2011年不同聚焦点下金融支持科技创新的代表性政策演进

阶段	聚焦点	代表性政策文件	时间	主要内容及表述
全面改革阶段	财政投入	《科技部科技计划课题经费国库支付管理暂行办法》	2006年	为保障财政科技资金的安全，对科技部部门预算内的科技计划课题经费进行规范
	科技金融工具与中介机构	《关于进一步加大对科技型中小企业信贷支持的指导意见》	2009年	对科技型中小企业做出规定，指导各银行加大对这类企业的信贷支持和金融服务力度
	金融监督资金管理	《新兴产业创投计划参股创业投资基金管理暂行办法》	2011年	参股基金管理遵循"政府引导、规范管理、市场运作、鼓励创新"原则对受托管理机构进行业绩考核和监督

在全面改革阶段，金融支持科技创新的政策演变呈现以下特征：

1. 层出不穷的科技金融工具与中介机构

在股权分置改革的影响下，中国股市在2006—2007年快速上行，推动国有控股上市公司，尤其是商业银行更快建立现代公司治理机制，为科技创新活动提供更有力的支持。2006年，在代办股份转让系统中非上市高技术企业转让股份的试点启动。同年，科技部与国家开发银行签署《开发性金融合作协议》，截至2010年底，国家开发银行已累计发放科技贷款2000亿元。2008年，天津股权交易中心的成立拉开了区域性股权交易市场的序幕。同年，实体企业债券的发行丰富了债券市场的产品类型，加速了债券市场规模的扩张。中小企业作为市场经济和创新创业活动的产物，实力不断增强，逐渐成为科技创新的参与主体之一。2010年，原银监会宣布要实现"两个不低于"小企业信贷目标，银行业对小微企业的贷款支持力度加大。

[①] 资料来源：国务院发布《实施〈国家中长期科学和技术发展规划纲要（2006—2020年）〉的若干配套政策》。

2. 财政资金支持方式多样化

在全面改革阶段，各级政府使用财政专项资金建设科技园区，通过科研拨款、风险补偿、贴息、设立科技创新基金和引导基金、开展创新券计划等多种金融手段，支撑科研资金持续注入，形成鼓励科技创新和成果转化的社会氛围，激发了科技创新的活力，有效优化了科技资源的配置。2007 年，科技部和财政部联合成立了我国第一个国家级创业投资引导基金，主要通过四种方式支持创业投资，分别为阶段参股、跟进投资、风险补助、投资保障。[①]2011 年，中央财政设立了国家科技成果转化引导基金，通过中央财政拨款、投资收益及社会捐助，利用风险投资基金、贷款风险补偿、绩效激励等多种形式，对财政资金所形成的科技成果进行转化。

3. 强化金融监管与资金管理

为符合国家审计监督、财政预算管理改革的要求，《国际科技合作与交流专项经费管理办法》于 2007 年出台，进一步规范了科技经费预算管理工作，强化了科技经费的督查，促使资金配置落到实处。在"一行三会"的金融监管模式下，在监管主体的相互配合下，在防范金融系统风险、促进金融监管标准国际化、促进科技创新等方面取得了明显成效。在实际监管中更加重视金融的内生性风险，对金融行业的风险的检测从不同角度去核查，有效规范了科技创新领域的投融资活动，推动了金融支持科技创新工作的良性发展。

（五）战略提升阶段（2012 年至今）

2012 年，中共十八大召开，明确实施创新驱动发展战略。金融已经是现代各项科技创新与发展中必不可少的要素。为深入贯彻落实党的十八大和全国科技创新大会精神，促进科技和金融结合试点工作展开（见表 2-5）。在战略提升阶段，金融支持科技创新的政策演变（见图 2-5）呈现以下特征：

表 2-5　2016—2022 年不同聚焦点下金融支持科技创新的代表性政策演进

阶段	聚焦点	代表性政策文件	时间	主要内容及表述
战略提升阶段	普惠金融	《推进普惠金融发展规划（2016—2020 年）》	2016 年	第一个国家级普惠金融战略为推动普惠金融发展提供指导思想、基本原则和发展目标，并提出了一系列政策措施，涵盖了普惠金融服务机构、产品创新、基础设施等多个方面

---

① 资料来源：国家发展和改革委员会、科技部、财政部、商务部等十部门 2005 年 11 月联合发布《创业投资企业管理暂行办法》。

续表

阶段	聚焦点	代表性政策文件	时间	主要内容及表述
战略提升阶段	金融监管	《宏观审慎政策指引（试行）》	2021年	明确了建立健全我国宏观审慎政策框架的要素，推动建立一个全面、协调的金融风险预防与化解系统，推动金融系统的良性发展
	对外开放	《全面深化前海深港现代服务合作区改革开放方案》	2021年	扩大金融业对外开放，开展本外币合一银行账户试点，方便开展大宗商品现货交易
	多层次的金融服务体系	《关于加强信用信息共享应用推进融资信用服务平台网络建设的通知》	2022年	建立健全融资信用服务平台，加强信用信息共享，推动社会信用体系建设高质量发展，促进企业融资

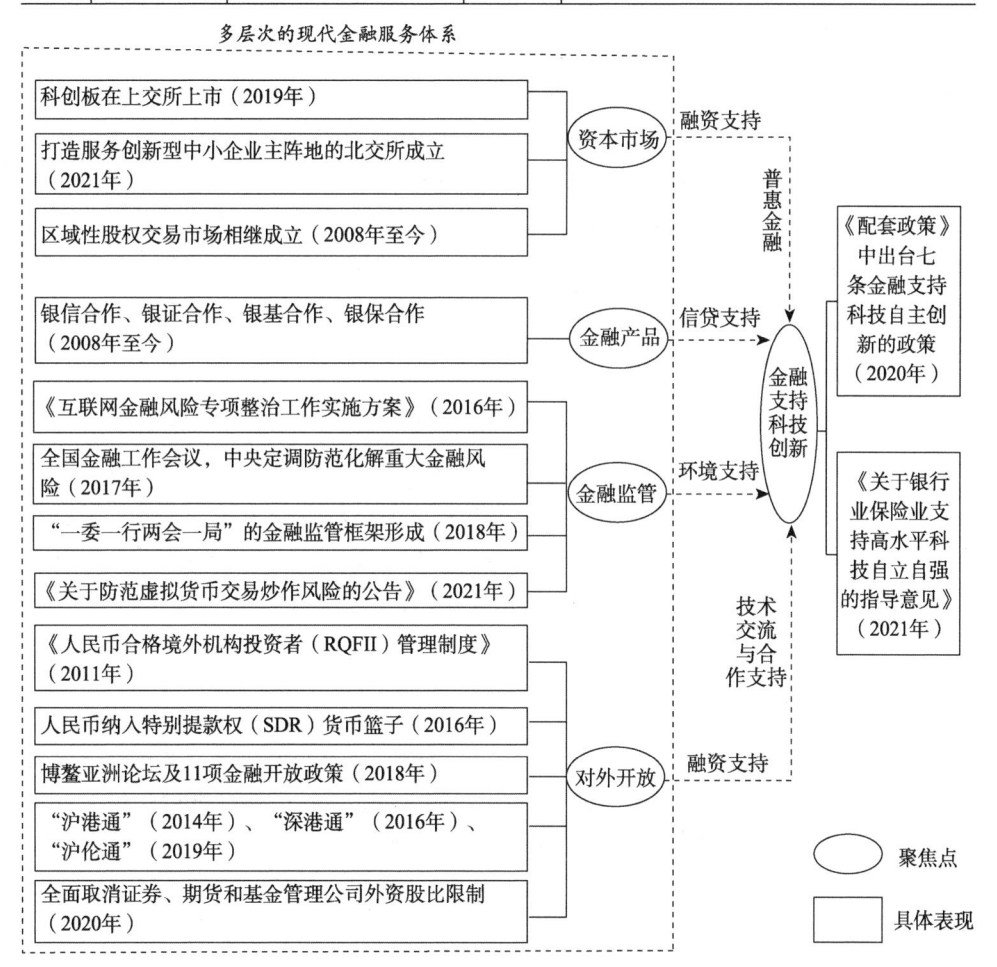

图 2-5　2008—2022 年金融支持科技创新的政策演变

1. 多层次的金融服务体系

建立多元化和全面的金融服务体系，创新资金投入机制，有效满足各种同类型企业在不同发展阶段的科技创新需求。习近平总书记指出，要对金融的性质有一个准确的认识，需进一步推进金融供给侧的改革，要建立起风险投资、银行信贷、债券市场、股票市场等多层次的金融支持服务体系，推动金融高质量发展[①]。2018年、2021年相继设立科创板和北交所，为科创型企业创造友好的融资环境。遵循负面清单准则，政府明确列出不允许或限制市场准入条件，未在清单上的金融活动行政审批通畅，更加强调了市场在金融资源配置中的决定性作用。同时，引入银信合作、银证合作和银基合作等金融产品和衍生品，扩宽了科技金融的支持手段。

2. 金融监管持续发力

金融活动存在种种风险，习近平总书记在党的十九大报告中明确提出要完善金融监督管理制度，确保不发生系统性金融风险[②]。在金融工作中，"服务实体经济""防控金融风险""深化金融改革"是金融工作的三大主线，"防范系统性金融风险"是金融工作的永恒主题。2017年，中国银监会开展"三三四"专项检查，重点解决高企风险和实体经济虚化问题，以提高银行业对实体经济的服务水平。经过2018年的金融监管机构变革，我国形成了"一委一行两会"的金融监管框架体系。

3. 发展普惠金融

科技与金融结合的趋势不可逆转，我国积极开展科技保险试点等各类科技金融试点工作。2011年、2016年中央先后确定了25个科技与金融结合试点城市，通过重点城市科技金融发展拉动所在城市的省份的科技金融发展，实现"以点带面"的发展趋势。2021年，国家"十四五"规划中要求建立支持实体经济的有效金融体制机制，提升金融科技水平，增强金融的普惠性。

4. 扩大金融体系对外开放

人民币自2016年"入篮"后，其国际化势头良好。2017年，金融业的外资市场准入限制开始大幅放宽；在2018年4月的博鳌亚洲论坛上，习近平总书记提出要提高外资在银行、证券、保险各个行业的持股比例，减少外资机构在华设立金融机构的障碍，减少政策限制、拓宽业务范围、加深中外在金融市场的合作。[③]而

---

① 资料来源：习近平总书记在2019年2月22日中共中央政治局第十三次集体学习上的讲话。
② 资料来源：习近平总书记在2017年10月18日中国共产党第十九次全国代表大会上作的报告。
③ 资料来源：习近平总书记在2018年4月10日博鳌亚洲论坛上的讲话。

后央行发布 11 项金融开放举措，放宽准入限制，涉及银行、券商等多个领域，2018—2021 年银保监会（现国家金融监督管理总局，下同）等先后宣布并推动了超过 50 条具体配套开放措施，金融业对外开放步伐明显加快。2020 年出台的自由贸易试验区方案成为我国金融业新一轮开放高地。

二、金融支持科技创新的政策效果

（一）初探摸索阶段（1949—1977 年）

新中国成立初期，面临战争过后的残垣断壁，党和人民并肩迅速投入生产生活的恢复重建工作中。在"努力发展自然科学，以服务于工业、农业和国防建设。奖励科学的发明和发现，普及科学知识"的方针引领下，我国金融支持科技创新特别是财政支持科技创新成绩斐然，政策效果显著，主要体现在以下几个方面。

1. 国防尖端技术和工业建设取得突破性进展

1960 年我国第一枚导弹"东风一号"在酒泉发射成功，1964 年以激光发射、分子生物等为代表的第一批国家重点科学技术项目公开，1964—1970 年陆续成功研制"两弹一星"，1970 年我国自主研制的第一艘核潜艇成功下水，国防尖端技术取得了突破性进展。同时，在全国范围内推行技术标准化，实现了从产品和工程的设计到试制阶段对原材料、半成品、成品的验收最终到投入生产各个流程环节的标准化，为全国协作和规模化生产提供了条件，大大促进了基础工业的发展。1968 年，中国首艘自行设计建造的万吨级远洋船"东风号"宣告建成，被誉为"中国十大名船"之首，为后续建造同类型船舶积累了丰富的经验。1973 年，袁隆平带领团队培育出第一代籼型杂交水稻，促进了粮食增产。

2. 国家银行体系下经济运行良好

随着生产的恢复和发展，我国也稳步落实统一国家财政经济的决定。1952 年，首次实现财政收支平衡，标志着我国的经济情况已经根本好转，物价趋于稳定，遏制了通货膨胀，创造了经济史上的奇迹。国家银行体系虽经历了多次波动，但总体也是稳中向好，取得了显著的成绩。1978 年，各类储蓄余额相较于 1950 年增长 1100 亿元，增长了 43 倍；所有贷款余额也快速增长，由 1950 年的 18 亿元增长到将近 1900 亿元，增长了百倍有余[①]。这些资金供给为三大改造和"一五"计

---

① 资料来源：刘康明. 中国银行业改革开放 30 年[M]. 北京：中国金融出版社，2009.

划顺利完成、各行业稳定发展提供了物质基础，极大地推动了尖端技术成果的产出。后来一段时间，以国家银行为核心的金融体系遭到破坏，到1977年，经过初步整顿，金融业秩序基本恢复。

3. 科学文化事业全面开花

新中国成立后的16年里，全国范围内先后开展了四次大规模的扫盲运动，同时大力发展基础教育事业，取得了显著的成效。在这段时期内，适龄儿童入学人数也有了大幅提高，为国家的文化普及和教育发展奠定了坚实的基础。在"百花齐放、百家争鸣"方针指导下，我国科技领域学术思想开始活跃，到1957年，全国成立了500多个科学院，通过奖励、保障专利等方式，激发了科技工作者的研发创新积极性，高校科学研究进入新中国成立后的第一个发展的春天。1952年10月，首届全国戏曲观摩演出大会在北京召开，来自全国各地37个艺术院团演出了23个剧种、82台节目，全面完整地展示了新中国成立初期革新的成就。

（二）加大转型阶段（1978—1991年）

1978—1991年是社会主义市场经济体制建立前的过渡时期，改革开放事业阔步前进。科技领域开始落实知识分子政策，是科技界的重要阶段。在"坚持以经济建设为中心，把全党工作的中心转移到社会主义现代化建设上来"的战略决策下，我国推行放权改革与开放政策，促进了科技合作交流与创新。在加大转型阶段，金融支持科技创新的政策效果体现在以下几个方面。

1. 高技术研发硕果累累

1979年，北大汉字信息处理技术研究室利用自主开发的汉字激光排版系统，成功完成了中文报刊的印刷工作。1980年，"东风五号"洲际导弹完成了第一个完整的试验。1983年，国防科技大学计算机研究所制造出中国第一台亿次巨型电子计算机"银河一号"。1988年，我国首座高能加速器——北京正负电子对撞机建成运行。1991年，秦山核电站正式并网发电，年发电量17亿千瓦时，是我国自主建造的第一座核电站，实现了我国大陆核电"零的突破"，标志着中国成为第七个能够独立设计制造核电站的国家。

2. 金融支持科技创新初见成效

1980年，中国人民银行发放20亿元的轻工、纺织工业中短期专项贷款。中国工商银行在1979年突破第一个银行信贷"禁区"，开办技术改造贷款业务，并在1980年投入上百亿元支持产业结构的调整，支持手表、缝纫机、自行车等耐用消费品的生产活动。1985年首笔科技贷款出现，开启了科技信贷的历史。与1979年相比，1991年末全国银行实际贷款余额增加了16729.5亿元，资金规模翻了9倍，年平均增长率超过60%[①]，其中国有银行累计发放近千亿元科技贷款。1987年，在武汉东湖诞生了我国第一家科技企业孵化器，其运营模式至今仍被广泛运用。银行信贷逐渐成为工业尤其是制造业发展所需资金流的重要渠道，是该阶段经济体制改革的润滑剂，极大地推动了工业领域的科技创新。

3. 社会生活丰富多彩

在改革开放的时代浪潮中，各行各业激情迸发，人民生活水平和质量普遍提高。20世纪80年代的人民生活尤其在邮电通信领域发生了翻天覆地的变化，如1984年广州市首次开通150 MHz频段的数字寻呼系统，是中国首座开通的城市，中国最早的移动电话局于1987年在广州成立。同年，北京计算机应用技术研究所建立了国内首个互联网邮箱，中国进入了互联网的新纪元。

（三）深化改革阶段（1992—2005年）

1992年，中共十四大明确提出建立社会主义市场经济体制的目标后，我国改革进入新阶段。在深化科技体制改革和经济结构调整的政策引导下，我国的经济出现新一轮的快速增长，科技创新成果的涌现达到新的高潮。在深化改革阶段，金融支持科技创新的政策效果体现在以下几个方面。

1. 高精尖技术持续突破

自20世纪90年代以来，我国科技水平发展迅速，在多项高精尖技术领域持续取得突破。1998年，我国自主研制的多功能、超音速、全天候第三代战斗机歼-10首飞成功，实现了我国航空工业研制能力的历史性跨越。1999年，中国加入人类基因组计划，是参与这一研究计划的唯一发展中国家；我国自主研发的首颗北斗导航试验卫星在2000年成功发射。2002年，我国在集成电路芯片领域取得了重大突破，研制出首款基于"龙芯1号"的低功耗、高性能微处理器，极大地满足了政府部门和企业事业单位对信息系统的安全性要求。2003年，中国完成了神舟五号载人航天任务，一跃成为全球第三大载人航天强国。

2. 科技金融与成果转化深度融合

以1999年为例，全国各类银行提供给支持科技进步的贷款总额达到1.7万亿

[①] 资料来源：王国刚. 中国银行业70年：简要历程、主要特点和历史经验[J]. 管理世界，2019，35(7): 15-25.

元。2004年，深圳证券交易所专门设立中小企业板，为日后风险投资的发展、探索金融支持科技提供了广阔的空间。2005年，在促进成果转化政策引领与工农中建四大国有银行的扶持下，科技部共推荐了1246个高科技项目，获得229亿元贷款。在各个产业项目中，银行贷款是继企业自筹之后的第二大融资渠道。中国的R&D经费逐年增加，2005年已经达到2450亿元，占当年GDP的1.34%，相较于世界上中等收入国家0.7%的水平已经高出不少，占世界R&D总经费比例达到2.4%[①]。高校的社会服务作用不断增强，岗位聘任制全面推行实施，产学研合作的热情高涨，从1992年开始实施产学研联合开发的十年间，520多项国家级重点项目被公布。在全国范围内，已经建立了8200多个产学研联合研究开放机构和经济实体，新增销售收入达千亿元，推动了科技成果走向产业化[②]。

3. 金融支持科技创新出现国际合作

在持续推进国际技术交流与合作的进程中，我国经受住了1997年亚洲金融危机的冲击，打入了国际金融市场。到2005年，政府推行外商直接投资政策，引导国际投资者和风险资本积极参与国内资本市场，实际吸引了6918.97亿美元的外资，为我国科技创新活动注入资金[③]。我国同步引进8万多项国外先进技术和装备，并通过正反研究全面吸收和消化。在这一时期，金融机构和科技公司之间的国际合资和合作项目增多，促使金融机构更好地融入科技创新生态系统，进一步扩大了我国科技公司的国际市场份额。

4. 社会生活步入信息化时代

我国的移动通信行业和交通运输行业迭代升级，发生了翻天覆地的变化。1994年，我国接入第一条64K国际专线，正式迈入互联网时代。1995年，邮电部正式宣布向国内社会开放计算机互联网接入服务，第一代网民开始正式"触网"。2000年，中国电信无线局开始推动预付费GSM业务。QQ、MSN等即时通信软件陆续出现，电子邮件逐渐普及，移动通信真正进入千家万户。在加入WTO后的三年保护期内，我国汽车产量翻倍的同时价格趋于合理，汽车销量高速增长，2003年我国汽车产量首次超过400万辆，成为世界第四大汽车生产国。同时，我国私人购车的比例过半，国内汽车行业从卖方市场转为买方市场，从此中国进入汽车时代。

---

① 资料来源：国家统计局，科学技术部，财政部. 2005年全国科技经费投入统计公报[EB/OL]. (2006-09-14)[2024-06-03]. https://www.stats.gov.cn/sj/tjgb/rdpcgb/qgkjjftrtjgb/202302/t20230206_1902112.html.

② 资料来源：吴寿仁. 中国科技成果转化40年[J]. 中国科技论坛，2018(10)：1-15.

③ 资料来源：刘伟，范旭. 基于中国创新能力演变的科技成果评价政策研究——对改革开放以来127份政策文本分析[J]. 科技管理研究，2021，41(12)：26-34.

（四）全面改革阶段（2006—2011年）

生产力的全面解放，带动我国经济、科技实现飞跃式进步。在"自主创新、重点跨越、支撑发展、引领未来"方针指导下，我国逐步跻身创新型国家行列。在全面改革阶段，我国更加开放、精准的金融支持政策效果体现在以下几个方面。

1. 自主创新成果涌现

2006年5月24日，科学技术部代表我国政府与其他六方共同草签了《国际热核聚变实验堆联合实施协定》，是当前全球最大、影响最深远的国际科研合作项目之一。2008年，我国自行研制的"神舟七号"载人飞船发射升空。2010年，中国具有自主知识产权的世界首台脊柱微创手术机器人系统在新桥医院投入前期临床试验。2011年，中国自行设计、自主集成研制的深海载人潜水器"蛟龙号"下潜试验成功，中国迈入掌握深潜技术的全球先进国家行列。自主创新战略实施以来，随着激励机制的不断完善，我国拥有自主知识产权的科技创新硕果累累。

2. 科技融资环境愈加友好

截至2010年11月，国家已经通过创投引导基金向860家初创期科技中小企业投出了8.14亿元，并重点投资一些初创的科技型中小企业，企业通过阶段参股方式出资4.6亿元设立19家创业投资企业[①]。2011年，我国的财政科技支出达4902.6亿元，比2020年增长19.2%，研发经费支出达8687亿元，增长了23%[②]。同时，自2007年以来，中国的风险投资机构数量和管理资本总额大幅增长，截至2011年末，每家机构平均管理的风险资本规模达6亿元[③]。这一系列积极响应党中央号召的措施丰富了金融支持科技创新的方式，改善了企业信贷服务和投融资环境，有效满足了不同发展阶段和类型企业的创新需求。

3. 社会生活水平全面改善

三次产业在调整中并进发展，2010年人均国内生产总值突破3万元大关。农业的基础地位得到强化，2011年全国粮食总产量达57121万吨，为工业化发展提供保障[④]。工业化发展稳步前进，2010年，我国制造业增加值占世界的比重已达到

[①] 资料来源：新浪财经 https://finance.sina.cn/sa/2010-11-30/detail-ikknscsi8887358.d.html。

[②] 资料来源：国家统计局，科技部，财政部. 2011年全国科技经费投入统计公报[EB/OL]. (2012-10-25) [2024-03-28]. https://www.stats.gov.cn/sj/tjgb/rdpcgb/qgkjjftrtjgb/202302/t20230206_1902121.html.

[③] 资料来源：王元，张晓原，赵明鹏，等. 中国创业风险投资发展报告（2012）[M]. 北京：经济管理出版社，2012.

[④] 资料来源：国家统计局. 关于2011年粮食产量数据的公告[EB/OL]. (2011-12-02)[2024-01-28]. https:// www.gov.cn/gzdt/ 2011-12/02/content_2008844.htm.

17.6%，能源自给率保持较高水平；2011 年，我国能源生产总量达到 31.8 亿吨标准煤。我国城镇化步伐不断加快，到 2011 年，城镇化水平为 51.3%[①]。居民生活质量极大改善，冰箱、空调等耐用品消费逐渐普及，高档耐用品的消费开始出现。随着互联网渗透到通信行业，邮电通信工具更加丰富。截至 2011 年，我国通邮的行政村比重在九成以上，移动电话普及率达到 73.6 部/百人[②]，互联网的产物——微信上线，极大地缩短了人与人之间的通信距离。2011 年，"两基"攻坚任务完成，我国实现了城乡九年义务教育的全覆盖；文化、体育事业全面开花，健身基础设施日趋完善，民间体育快速发展，国民体质明显增强。2008 年，第 29 届夏季奥运会在北京成功举办，提升了我国的国际影响力。

（五）战略提升阶段（2012 年至今）

我国经济总量已位居世界第二，科技实力综合国力稳步提升，跃上新台阶。在战略提升阶段，我国更加多元的金融支持政策效果体现在以下方面：

1. 我国迈入创新型国家行列

2012 年，我国首艘航空母舰"辽宁舰"完成试验试航工作。2016 年，具有自主知识产权、世界最大单口径、高灵敏的射电望远镜在贵州平塘县落成启用，被誉为"中国天眼"。2018 年，历时 14 年的港珠澳大桥正式通车运营。作为通信技术领域核心技术的 5G 技术，已经开始领先全球。我国已建立的 5G 基站超过了 80 万座，以绝对优势占领了七成的全球市场。2019 年，工信部发放 4 张 5G 牌照，中国正式启动 5G 商用，进入 5G 时代。在能源领域，中国掌握的关键技术——特高压输电技术独领世界，由我国牵头制定的"超高压"和"新能源接入"等国际标准已成为世界上有关项目的主要规范。

2. 金融支持科技创新的服务体系不断完善

金融支持科技创新的规模不断扩大，更多科创公司迈入资本市场。截至 2021 年末，在资本市场注册制推动下，共 380 家公司登陆科创板，合计总市值约 5.76 万亿元；253 家公司登陆创业板，合计总市值约 2.33 万亿元；82 家公司登陆北京证券交易所，合计总市值约 2550 亿元[③]。2021 年中国市场的风险投资总额达到 1306

[①] 资料来源：国家统计局. 2010 年国民经济和社会发展统计公报[EB/OL]. https://www.gov.cn/gongbao/content/2003/content_62657.htm, 2010.

[②] 资料来源：工业和信息化部. 2010 年全国电信业统计公报[EB/OL]. (2011-01-26)[2024-03-05]. https://www.gov.cn/gzdt/2011-01/26/content_1793136.htm.

[③] 资料来源：同花顺 iFinD 统计数据。

亿美元，比2020年的867亿美元高出约50%，创下新的纪录[①]。国家开发银行也为支持国家重大科技创新项目、关键核心技术等发放700亿元，为国家科技、金融、产业三者融合发展做出重大贡献[②]。金融的普惠性增强，截至2020年第一季度末，普惠型涉农贷款余额6.75万亿元，普惠型小微企业贷款余额超过12万亿元，同比增速达到历史高点25.93%[③]。金融监管力度加大，遏制了金融乱象。截至2018年底，银行在风险资产的模块也缩减了近12亿元，金融风险整体可控。

3. 经济全球化带来的国际合作新形式

高质量共建"一带一路"成绩斐然。截至2021年底，中国已经同84个国家建立了科技合作，支持了1118项联合研究计划，也建立了53个联合实验室，主要分布在农业、新能源、卫生健康等方面，"创新丝绸之路"的建设快速发展[④]。"一带一路"在金融以及非金融投资方面也有大的进展，在2021年1—11月，中国对"一带一路"国家出口总额达10.43万亿元，较2020年同期增长23.5%，非金融类直接投资为179.9亿美元，较2020年同期增长12.7%。截至2023年末，中欧班列已运行开列1.7万次，通往20多个国家170余座城市，累计发运50000余种类商品[⑤]，对保障产业链和供应链的稳定起到了至关重要的作用。

4. 社会生活迈入物联网时代

数字经济高速发展，电子商务尤为突出。抖音、快手、美团、淘宝、支付宝等App包揽了人们的衣、食、住、行，带动了物流等相关产业的发展。在数字技术的推动下，各类文化资源的"活化"成为新方式，不少非物质文化遗产插上了电商的翅膀，重回大众生活。以抖音为例，非遗内容迎来爆发式增长，2021年抖音上国家级非遗项目相关视频发布数量增长188%，累计播放量增长107%[⑥]。某头部电商平台数据显示，2020年非遗消费规模持续增长，其中14个非遗产业的年成交额破亿，成交规模连续3年上升[⑦]。从国家统计局的资料来看，我国经济发展新动能指标指数不断增长，在2015—2020年五年间，从119.6增长到440.3，每年平

---

① 资料来源：Preqin公司行业统计数据。
② 央广网. 2021年国开行发放700亿专项贷款支持科技创新和基础研究[EB/OL]. (2022-01-10)[2024-03-06]. https://www.cnr.cn/jrpd/mxdj/20220110/t20220110_525711796.shtml.
③ 资料来源：原中国银行保险监督管理委员会。
④ 资料来源：王元，张晓原，赵明鹏，等. 中国创业风险投资发展报告（2012）[M]. 北京：经济管理出版社，2012.
⑤ 资料来源：国家发展改革委一带一路建设促进中心. 高质量共建"一带一路"成绩斐然——二〇二一年共建"一带一路"进展综述[N]. 人民日报，2022-01-25.
⑥ 抖音发布的《截至2021年6月10日非遗数据报告》。
⑦ 文旅产业指数实验室与淘宝联合发布的《2020年非物质文化遗产消费趋势报告》。

均增长达 29.5%，其中，从各个分项来看，增长最快的为网络经济指数，在 2020 年，它的贡献率达到了 81.7%，对整个指数的增幅起到了最大的作用[①]。

三、金融支持科技创新政策的演进特点与局限

（一）金融支持科技创新政策的演进特点

随着生产力水平的不断提高，我国不断深化对科技创新与金融支持的关系的认识，金融支持科技创新政策在支持主体、支持手段、创新方式、目标导向、领域聚焦等方面逐步优化，呈现以下五个演进特点（图 2-6）。

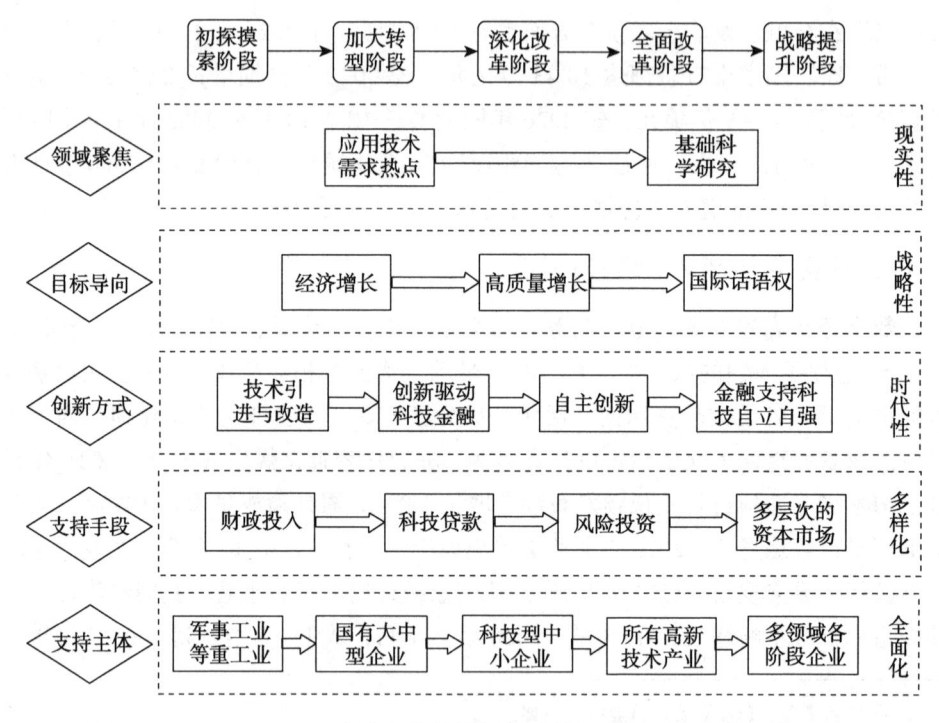

图 2-6 金融支持科技创新政策的演进特点

1. 支持主体从单一领域探索到全面支持与重点突破并行

在新中国成立初期，我国金融以支持军事工业等重工业为主，科技创新集中在国家建设需要的机械制造、冶金、化工、交通运输等领域。改革开放后，金融

---

① 数据来源：国家统计局发布的 2015 年至 2020 年我国经济发展新动能指数测算结果。

支持的产业重心发生了改变，转向大企业技术改造方面。进入 21 世纪，改革开放程度加深，社会主义市场经济体制更加成熟，技术进步在促进经济增长中发挥了至关重要的作用，由此，我国也开始更加注重技术发展，随着政策的偏向，金融部门也慢慢开始转向投资中小企业，中小企业的技术进步与创新也得到了快速发展。在全面改革时期，支持各类科创企业的金融政策体系开始成形。在战略提升阶段，金融支持工具灵活全面，覆盖了各行业基础研究、技术研发、产品化及产业化等创新的不同环节，可满足各领域各阶段科技创新的资金需求。

2. 支持手段从财政投入与科技贷款转向多种金融工具并用

在初步探索时期，我国依赖财政和银行为科技创新注入资金，注重发挥财政投入、科技贷款的作用。迈入改革开放阶段，我们越发意识到要发展高科技产业，必须有一个风险投资体系——一种能够将高科技公司的产品市场化的资金支持系统。中国特色社会主义的实践表明，金融对创新活动的方方面面都有促进作用，不仅解决资金问题，也对科技创新的风险管理、监管机制、信息处理、人才培养和技术吸纳能力的提高都起着推动作用。与此同时，还可以借助创新的金融市场环境，通过设立中小担保基金、扩大担保业务，改善中小企业尤其是小微企业的融资环境。通过各种金融工具，也从本质上推动了科技企业的股权融资和债券融资能力。同时，财税政策作为基本手段仍发挥资金支持和调控作用，形成了财政、税收、金融、知识产权等多种手段并用的政策工具箱。

3. 创新方式从技术引进与逆向研发转为自主创新

我国于 1978 年开启对外开放大门后，意识到与国外先进技术的差距，技术引进和改造成为重点。1985 年，中共中央发布《关于科学技术体制改革的决定》，确立了"经济建设必须依靠科学技术，科学技术必须面向经济建设"的指导方针，与科技领域的拨款制度、组织结构和人事制度的改革同步，政府出台了一系列的法律法规用以规范技术引进合同的管理与监督。在加入世界贸易组织（World Trade Organization，WTO）之后，中国对外资企业的技术依赖程度较高，而西方国家利用"瓦森纳协定"持续严格控制向中国等国家出口高技术产品。在此背景下，我国重视企业与科研机构的技术研发与应用、科技成果转化等活动，鼓励中国的企业在加强自身创新能力上作出更大努力。进入中国特色社会主义新时代，围绕科技制高点的竞争空前激烈，完善科技金融服务体系、创新金融产品和服务，金融支持高水平自立自强成为新的战略方向。

4. 目标导向从经济建设上升到争夺国际话语权

1978 年，改革开放开始，立足于当时的国情，我国意识到人民日益增长的物质文化需要同落后的社会生产之间的矛盾是我国的基本矛盾，它贯穿社会主义初级阶段的整个过程和社会生活的各个方面，这就要求必须将党的工作重心落在提高社会生产水平上，也就是"以经济建设为中心"。因此，国内的科技创新活动紧紧围绕着实现经济质和量两方面的提高。随着改革开放不断推进，我国已经从一个新兴的经济大国逐渐走向世界舞台的中央。国际话语权实质上是一国在世界政治格局中所处的位置与影响，只有夺得国际话语权，才能打破西方话语霸权的压制，才能有效抵挡资本主义意识形态的高态势进攻，维护我国意识形态安全，提高国际社会的认同度和影响力，为中华民族伟大复兴提供良好的外部发展环境和条件。

5. 领域聚焦从应用技术热点转向基础科学研究

改革开放以来，我国始终围绕经济建设开展工作，科技创新活动也必须与经济建设的应用需求紧密结合，因此，早期的金融支持科技创新政策着重强调科学技术成果向现实生产力的转化。长期以来，应用技术研究一直是我国科研领域的热点，科研人员急功近利、缺乏重大原始创新等情况普遍存在。2013年，国家出台《国家重大科技基础设施建设中长期规划（2012—2030年）》，引导创新活动关注重点领域、重大科技基础设施研究。2018年以来，以美国为首的西方国家对我国发起多轮科技制裁，芯片、发动机等领域的关键核心技术的自主攻关、重大装备部件的国产化刻不容缓，科技创新开始更加关注"最先一公里"基础研究和"最后一公里"成果转化与市场应用之间的衔接问题。现阶段我国科技创新领域聚焦两条主线：一是应用技术热点依旧是科技创新和成果转化的产业化方向；二是加大实施政策支持基础研究创新活动，确保我国在全球科技制高点竞争中立于不败之地。

（二）面向科技自立自强的政策局限性

随着科技金融的发展，金融业持续优化金融支持科技创新政策体系，支持科技自立自强进程加快，但随着金融支持科技创新实践的深入，在金融支持效能、金融监管等方面的一些深层次问题开始凸显。

1."卡脖子"技术的金融支持效能仍不理想

与发达国家相比，我国早期的技术产品研发活动处于追赶阶段，其他国家的发展经验可参考性强，创新成本明确，总体风险较低，企业创新回报率稳定。金融机构以债权融资的方式注资足以满足企业科技创新活动的需求。但是，"卡脖子"技术项目的高风险、高度不确定性对我们财政支撑能力提出了更高的需求，金融业需要构建多层次融资体系，确保科技创新融资与风险投资相适应。但是，由于风险投资体系缺乏健全的退出机制，基金投资的中短期周期与科技创新企业长期发展需求之间存在矛盾，容易导致基金无法在既定期限内退出，从而降低了风险投资的积极性。此外，金融支持主要集中在商业经营和能够快速变现的研发项目上，不健全的资本市场也使得科技创新企业仍存在融资难、融资贵的问题。近几年，金融支持政策开始通过"专精特新贷"等模式深化金融供给侧结构性改革，提出建设具有高度适应性、竞争力和普惠性的现代金融体系目标。但扶持性的补贴政策等支持方式在执行过程中存在一些刚性要求，主要涉及政府、科创企业等多个机构主体和金融体制与产品的创新。另外，金融对科技发展的支持还存在一些问题，例如缺乏相应的配套设施和系统的工作指导，如何做好新旧金融支持政策的有效衔接和平稳过渡成为一大难题。

2. 金融监管配套政策设计滞后于科技金融发展

科技产业的评估体系不全面，科技金融的风险监测体系不完善，引发了创新激励机制的扭曲。过去我国维持金融稳定的主要手段是经济增长和政府兜底，但随着金融规模越来越大，结构越来越复杂，经济增速下行，政府很难对所有的金融风险问题采取兜底的做法，且兜底容易引发更大的道德风险。近几年，以虚假宣传、违规修改代币发行融资白皮书等手段吸引资本后，截留、挪用甚至转手套利的假创新、伪创新行为屡屡发生，项目的进展也因为丑闻曝光而中止，造成巨额公共资源的浪费。例如，一些公司借芯片技术的革新骗取经费，严重损害了国家科技项目公信力。此外，为鼓励科技金融产品发展，银保监会推出的"尽职免责"等监管政策的细节并未明确，各地执行尺度不一，而传统金融机构是风险保守偏好者，因此，对科技金融产品的推广存有疑虑。在推进科技自立自强的大背景下，科技金融项目资金规模大，金融监管配套政策与其不协调，或将放大金融风险。

3. 金融监管政策设计在数据安全领域存在空白

在金融支持科技自立自强的进程中，融资约束下的数据披露和国家安全约束下的数据隐私保护的矛盾尖锐，数据隐私安全面临巨大挑战，现有金融监管政策出现盲区。首先，高水平自立自强金融支持"卡脖子"技术的效能发挥最有效、最直接的手段即是金融产品，而金融产品必须与科技企业的信息披露并行，金融机构有规避风险的本质，这就需要投资人仔细评价项目的生存能力以及资本利用，因此，数据披露不可避免。但"卡脖子"技术作为金融支持科技创新的重点领域，其相关技术信息和财务信息是国家的"战略资源"，具有国家安全属性。"卡脖子"技术的数据泄露会危害国家安全，双方的矛盾难以调和。其次，"卡脖子"技术企业由于缺乏资金，与金融企业之间联系紧密，信息流动频繁，为信息泄露带来了不可控制的风险。在申请融资时，"卡脖子"企业的数据将在整个金融产业链上扩散，由于金融链上参与主体众多、数据共享频繁，"卡脖子"技术领域的数据安全问题十分复杂。最后，金融机构和技术公司之间的数据机密程度不同，资料的机密程度一般按照价值、法定需求和重要程度划分。两者进行交互时，必然共享商业信息，因此存在机密数据泄露的风险。我国关于数据隐私安全的监管经验和实践成果匮乏，在"大数据走的每一步路，都得是安全路"的方针指导下，将国外数据安全保护的经验成果引入国内并消化吸收、为己所用仍需时日，填补我国金融监管中数据隐私保护空白，搭建数据全生命周期安全，还有很长的路要走。

四、支持科技创新的金融政策优化改进启示

在构建"双循环"新发展格局的进程中，金融支持科技型企业和科技型项目的功能将进一步增强。为突破前文所述障碍，可以从以下四个方面发力，持续改进优化支持科技创新的金融政策。

1. 创新科技金融产品和服务，实现资金配置精准性

一是要在完善企业内部系统的同时，加强其在知识产权方面的创新。同时，建立一套全面的知识产权评估系统，改进传统信用产品，并在此基础上进行创新，如专利授权费质押等，推广以科技微信贷为代表的"金融+金融"产品，探索"贷款+期权"等新型协助形式。

二是积极探讨银行与投资机构之间的联系方式，鼓励具备条件的商业银行通过设立全资子公司参与股权投资，为一些科技企业提供更为完善的金融服务，债券与股权的结合使其成为促进科技创新企业金融支撑的重要工具，为企业提供更为全面的全链条金融服务，提升金融支持精准性、覆盖面及可获得性。

三是充分发挥政府的引导作用，形成政策协同。在政府转变职能的基础上，进一步完善金融扶持渠道，增加结构性的货币政策扶持，创新融资杠杆的方法。

2. 加快金融基础设施建设，创新科技保险体系

一是要构建科技企业的信用评价体系，持续完善企业信用信息共享机制，加强科研诚信等制度化建设，加快完善知识产权保护等相关法律制度。在此过程中，网络金融诚信系统是发展的重点，加强数字金融建设，以构建围绕科技金融产品、业务模式和利益相关者的大型信息共享平台，确保数据的时效性、统一性、风险可控性。二是要加大对科技保险的扶持力度，拓宽其覆盖面。国内保险公司需要

提高对科技创新产业的承保能力，并根据不同高新技术领域的发展情况进行分类评估。此外，为了满足实际需要，还应创新科技保险产品，保障科技发展的稳定性，可以采取技术交易保险、互联网保险等。

3. 强化金融支持的过程监管，优化风险管理模式

首先，可以利用现代信息技术构建智能的信贷审核机制，降低风险的同时加强对投贷联动业务的交流合作，构建一个信息共享平台，充分利用数字技术对其进行监管，从而提高匹配效率，降低经营风险。其次，政府也需要重新制定相应的制度，通过政策倾斜，对发展过程中存在的"卡脖子"技术问题进行解决，建立多维度的监管政策。同时，政府需联合利益相关者在当地建立金融支持风险管理系统，共同预防与控制风险系统。再次，加快建立特殊类型的风险补偿基金，减少风险发生带来的危害，制定多种风险补偿工具；金融机构也可以开发金融风险缓释产品，通过引入政府的信用担保制度，为科技企业提供更多风险保障。商业银行也应根据不同的科技攻关企业，制定个性化政策，并提供专属服务。最后，要加快构建以信用为核心的市场监管体系、以"政银担企"为主导的全链条激励与约束机制，以及"社会共治"的良性发展格局。

4. 明确数据流转中各方职责，筑牢数据安全屏障

第一，科技企业应着重加固网络安全防御系统，加强对内部资料的管理，对资金进行脱敏、隔离等处理。尤其是针对"卡脖子"技术的企业，特别是上市的军工企业，对企业内部数据范围进行划分，赋予不同层次的员工不同的数据管理权限，对企业的产品数据、财务数据、客户数据等进行界定，明确不同员工的数据管理边界，使数据的开放界限更加清晰。在融资活动中，为保护敏感的机密资料，可申请暂停或豁免业务，延缓其公布时间。第二，金融机构要积极研究和开发能有效缓解风险的金融产品，并与政府建立协作关系，引入政府信用保证系统。针对"卡脖子"技术攻关的企业，可以制定差别化的政策，简化业务程序，对该类行业从服务、组织结构、审核人员、风险控制与技术手段、信贷额度等各个方面均制定专项政策，适当提高不良贷款的风险容忍度。第三，政府应建立明确的数据泄露责任追究制度，并加强监督和担保力度。鉴于"卡脖子"技术的研究涉及国家利益，因此，政府在数据流动中应当发挥牵头作用，加强对数据流动风险的控制。政府可以通过设立"白名单"公司的方式，作为风险评价组织，为这类科技企业提供背书支持。各方应协同合作，在融资的各个环节中实现敏感数据的完整生命周期管理，包括"识别—脱敏—解密—评估—流转"的闭环迭代。

第三章

国内外金融支持科技创新的经验与启示

构建完善的金融体系支持科技自立自强是世界各国高度重视的问题，发达国家在这方面已远远走在了世界的前列，积累了丰富的理论和实践经验。我国一直非常重视金融对科技的支持，取得了一系列成功经验，可为未来金融支持科技自立自强战略提供借鉴。

本章通过分析国内外金融支持科技创新的实践经验，分析总结可供借鉴的国内外典型发展经验和实践探索启示，以此为我国构建金融支持科技自立自强战略体系提供经验借鉴与依据。

一、国外金融支持科技创新的经验分析

金融支持科技创新主要包括四种模式——市场主导型、银行主导型、政府主导型和社会主导型，不同模式的区别主要在于金融资源配置的主导力量不同。具体而言，市场主导型是指市场机制在科技领域的金融资源配置中起着决定性的作用，该模式要求有一个功能完善的资本市场作为支撑，美国是这一模式的典型代表。银行主导型是指在科技创新中金融资源的配置以商业银行的间接融资为主，该模式建立的条件是需要有紧密的银企关系，能够较好地解决借贷双方之间的信息不对称问题，德国和日本均属于此模式。政府主导型是指在科技领域的金融资源配置中主要依靠政府的政策性金融，政府的意志和目的在科技领域的金融资源配置中得到充分体现，该模式较适用于科技发展水平不高、金融市场不发达或不完善的国家和地区，我国目前主要采用此种模式。社会主导型是指在科技领域的金融资源配置中主要靠社会关系网络发挥作用，该模式常常受限于社会关系网络规模，在实践中采用较少，仅适用于一些小型经济体。

从金融支持科技创新的历史来看，科技竞争力强的国家根据自身国情，探索

出了适合自身国情的金融支持科技创新的形式各异的模式，都不同程度地实现了金融资源配置与科技创新步伐的有效对接，从而增强了科技创新的动力，推动了科技水平的提高。本节选择德国、美国、日本三国作为案例，总结发达国家的做法和经验，为我国科技自立自强战略实施中金融支持科技创新提供启示与借鉴。

（一）德国金融支持科技创新的经验分析

在德国，企业是最活跃也最具活力的市场创新主体。德国企业的创新能力在全球很有影响力，这不仅与德国人普遍喜欢在工程技术领域琢磨技术问题有直接关系，也与德国各级政府部门引导科技创新发展有很大关系。进入21世纪，德国政府观察到科技创新步伐不断加快的趋势，作出了不同国家间竞争将主要体现为科技领域竞争的战略预判。德国政府为此制定了一系列鼓励科技创新的政策措施，从不同方面加大力度支持德国的科技创新，不断巩固其在传统制造业方面的优势。值得注意的是，德国政府于2013年提出了"工业4.0"的制造业发展规划，推动传统制造业转型升级、追赶超越、提高科技创新水平。2008年金融危机以后，德国经济率先摆脱衰退并快速恢复，为欧洲经济的复苏和增长发挥了重要作用。

德国金融支持科技创新的模式主要体现在两个方面：一是银行和风险投资基金对中小高科技企业提供了强大的金融支持；二是德国拥有完善的金融支持系统，在科技创新的不同阶段都有国家的支持，如在天使投资阶段政府就介入了研发资助。在科技创新型企业的初创阶段，风险投资就瞄准市场时机，商业银行也及时提供长期低息贷款。当企业进入成熟期后，股权投资和债券融资便及时跟进，形成金融支持动能。具体来看，主要做法包括：

1. 政策性银行提供信贷和股权融资支持

德国金融支持科技创新的主要政策性银行是"复兴信贷银行"，其主要做法是为科技创新提供贴息贷款，从而激励和支持中小企业，尤其是中小科技企业进行科技创新，同时推动更多的商业银行贷款参与科技创新领域。从成立的背景看，复兴信贷银行主要源于1948年德国政府颁布的《德国复兴信贷银行法》，根据该法案在法兰克福市设立了该银行，原始股本10亿马克（当时联邦德国货币），其中德国联邦政府占80%，其余由各州政府出资，由财政部和经济技术部监管。1949年，该行开始从事政策性金融业务，主要包括能源、矿产、农业、住房及基础设施等领域。法案规定，复兴信贷银行的首要任务是支持中小企业开展科技创新，为德国的中小企业在国内外开展科技创新提供优惠的长期信贷。由于德国企业中99%是中小科技企业，由此，在复兴信贷银行下设的六家合并报表子公司中，主要是为中小型企业、科技初创企业、高新技术企业及为科技创新进行投资的风险投资机构，提供低息的中长期贷款和股权投资。在业务实施中，这些子公司的业务在复兴信贷银行总资产中占比最高，业务量约为该行业务总量的三分之一。

经过几十年的不断发展，德国复兴信贷银行已成为一家政策性金融集团。由于业务发展需要，该行先后合并收购了德国的清算银行、投资与开发公司等金融机构，设立了 IPEX-Bank 和复兴信贷银行资本等子公司，重组中小企业银行、私人业务、公共业务等。完成金融集团改组任务后仍然以政策性业务为主，政策性业务占比约 71%。随着业务发展，IPEX-Bank 业务增长快，政策性业务的比重有所下降。尽管如此，政策性业务仍然占最大比重。

1）融资产品

复兴信贷银行的融资产品包括低息贷款、次级贷款和股权融资。低息贷款分为创业贷款和一般性贷款，针对中小企业的融资需求。创业贷款适用于自由职业者和小型企业，条件是入市时间小于或等于 3 年，贷款额度小于或等于 10 万欧元，贷款期限 5～10 年。一般性贷款主要面向中小型企业、自由职业者和企业继任者，条件是入市时间小于或等于 5 年，贷款额度小于或等于 25 万欧元，贷款期限不超过 20 年。除以上贷款外，复兴信贷银行还为客户提供低利率、延迟还款等优惠服务，并承担部分信贷风险。次级贷款用于支持企业的创建或收购，总额不超过 50 万欧元，期限不超过 15 年。股权融资由复兴信贷银行利用专用资产基金提供给新兴创新型企业。以上融资产品有利于企业的发展和创新。参股新兴创新技术企业的比例不超过 50%，主要为成立时间 10 年以下的小型企业；对于参股 10 年以上的中小型企业，规定比例不得超过 25%。

2）贷款模式

实际操作中，复兴信贷银行的贷款发放不直接面向借款人，而是通过指定的商业银行将贷款转贷给资金需要者。在具体运用中，德国政府并不干预复兴信贷银行的业务，其能够始终保持经营决策过程中的独立性、稳定性及灵活性。从图 3-1 可以看出，复兴信贷银行从市场筹集低成本资金，然后加上政府的利息补贴再贷给其他银行，通过间接转移福利的方式将利息补贴至转贷银行，然后再由其转到中小企业。复兴信贷银行之所以采取转贷模式而不是直接贷款开展其业务，主要是因为这种贷款方式与直接贷款相比有以下两个优势：一是能够维持客户关系，满足客户对中长期低息贷款的需求；二是转贷银行也可以从转贷中获得利差收益（有时转贷利差甚至超过其自营贷款收益）。

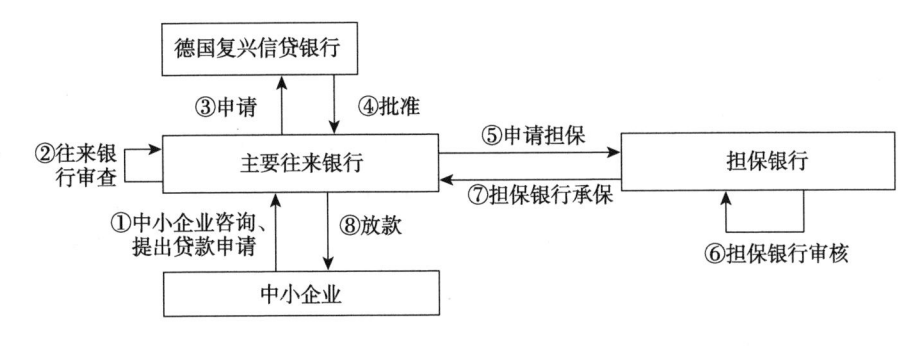

图 3-1 德国复兴信贷银行的贷款业务流程

3）资金来源

根据《德国复兴信贷银行法》框架，复兴信贷银行主要通过发行债券和向其他金融机构借款获取信贷资金。其在国际资本市场上的债权融资占其资金来源的 91% 左右。原因是其能够按照国家法定信用行事，发行债券时政府可以为其提供特殊担保，使得债券的风险为零，这一特殊优势有利于该银行在国际金融市场上获得高等级信用评级。例如，标普、穆迪以及惠誉一直稳定给予复兴信贷银行 AAA 级。

复兴信贷银行为支持中小企业科技创新积累了一系列成功经验：一是始终以政策性业务为核心，根据国家发展需要动态调整并以法律形式明确主要支持的领域。二是根据德国经济发展的不同阶段和国家战略的需要及时转换支持重点。20 世纪 50 年代主要扶持中小企业，大规模开展出口信贷；60 年代获得政府授权着力援助发展中国家；70 年代转为国内能源节约与创新提供大量资金支持；80 年代由资本支持转向金融合作；进入 21 世纪以来，转向关注气候环境保护、数字化与创新、全球化、社会转型等领域。三是始终致力于支持中小企业发展。《德国复兴信贷银行法》自颁布以来，虽然根据时代变化经过多次修订，但都未改变复兴信贷银行支持中小企业的大方向。

2. 建立风险投资市场

随着科技创新速度加快，德国于 1965 年设立了首家风险投资基金，但其在资本市场运行中一直不瘟不火。1975 年德国复兴建设银行基金的成立，被认为是德国风险投资业发展的重要标志。该基金最初的投资额为 5000 万德国马克，由德国 29 家商业银行共同出资，旨在通过德国复兴建设银行基金运作，达到能够促进德国风险投资市场蓬勃发展的目标。尽管德国复兴建设银行基金开展了不少投资活动，但其运营出现亏损，一方面是对高管的激励作用没有发挥好，另一方面是对投资项目仅提供资金支持，缺乏监管和控制权。德国复兴建设银行基金的失败给金融支持科技创新提供了重要教训。

3. 发展长期资本市场

伴随着经济发展，德国逐渐构建起一个多层次的资本市场体系，有柏林、汉堡、法兰克福等8个全国性证券交易所[①]。1997年3月，法兰克福交易所开设了一个新市场，专门为科技型中小企业和初创企业提供直接融资服务。然而，由于全球高科技泡沫破灭，加上部分科技企业造假等，成立不久的新市场不得不于2003年6月关闭。但是，与欧洲其他国家相比，德国的中小企业多，其科技创新能力强，对资金的需求依然旺盛。2005年，德国又在新市场基础上设立了新创业板市场——公开市场，开市后发展良好并迅速发展壮大。

由于德国的金融市场运行模式以银行间接融资为主，股票市场并不发达，债券市场也是以金融债券为主。德国的"全能银行"除了开展传统的存、贷款业务外，还可以从事其他非银行金融业务，例如持有一般企业的股权并进行人事渗透，监督其运营，德国的资本市场对企业创新的直接支持并不明显。

4. 政府开拓多元化融资渠道，促进金融与科技融合

1）直接提供资金支持企业创新创造

德国政府为企业研发提供资助时，非常重视利用财政资金的杠杆作用。除传统金融手段外，德国政府还采取了财政直接投资方式。2008年，联邦经济事务和能源部共同制定并实施了《中小企业中央创新计划》（简称《创新计划》），以促进市场为导向的科技研发，《创新计划》要求所有的项目都能够为市场提供新产品、新工艺流程及创新性服务，有完备的市场开发计划。为了鼓励创新，允许企业及合作研究机构单独或者联合申请《创新计划》的研发项目资助。在具体实践中，德国联邦教育与研究部负责制定具体细节并组织执行，其目的是支持中小企业在最前沿科技领域开展研发活动。例如，中小型科技企业可以通过《创新计划》获得36%左右的研发经费，如确实需要，甚至可以达到50%。通过《创新计划》，企业研发的财务风险大大降低。另一个由德国联邦教育与研究部发起并主管的政府直接出资计划是《工业共同研究计划》，由德国工业研究协会日常管理科技资助，主要用于大型项目及在工业领域具有普遍适用性的技术应用。

2）参与设立基金以支持高科技企业多元化融资

德国政府制定了一系列由政府主导、社会参与的投资基金，目的是为高科技企业提供创业资金支持，充分落实"高科技战略2025（HTS 2025）"。高科技创业

---

① 资料来源：庄勤. 法兰克福证券交易所的监管、操作和信息技术系统 [J].世界经济研究，1991(5)：63-68.

基金主要用于资助电子信息、工业自动化、生命科学等重点产业发展。为了能够更精准地资助，该基金要求申请企业必须具备完善的知识产权（或专利技术）、合理的商业计划，以及一定的（没有比例规定）初始资金，扶持期不超过12个月。另外，还要求必须是成立时间不超过1年的企业，员工人数在50人以内，年营业收入至少达到1000万欧元。投资方式进一步分为两种：一是向中小企业发放贷款，金额为50万欧元，在一定时期内可转换为股票，转换后政府将持有15%的名义股份；二是直接投资不超过7年、总额150万欧元的项目。利用欧洲复兴计划专项资金对高科技企业提供差异化资金支持，如对存续期10年以上的小型科技企业提供股权融资并承担投资损失风险，持有不超过50%的股权；对存续期10年到20年的企业注资不超过500万欧元，持有不超过25%的股权。如果企业还有更多融资需求，政府还可以免费推荐更多合适的资金来源渠道。

3）为商业性风险投资提供政策性信贷支持

随着德国的资本市场自由化进程于20世纪80年代迅速加快，德国的风险投资市场自20世纪90年代中期以来也迅速发展。例如，1995—2000年，以私募和"天使"投资为代表的德国风险投资公司参股科技企业的比重不断上升。为了刺激企业创新，德国政府于1995年专门推出了《高技术小企业风险投资计划》，负责执行的是复兴信贷银行下属的中小企业银行。具体运作是风险投资公司首先获得优惠利率贷款，然后将资金投资给中小企业，作为其长期贷款。除此之外，德国政府还为风险投资公司承担了一定比例的风险担保，引导风险投资公司为中小科技企业提供更多资金支持，达到多渠道为企业提供资金支持的目的。为了落实《高技术小企业风险投资计划》，德国政府还会同多家风险投资公司，共同建立起合作伙伴关系，通过风险投资公司将低息贷款应用到其参股的科技园或孵化器支持企业科技创新。

4）支持融资担保

德国的融资担保体系共分三个层次：一是商业银行体系，通常条件下贷款的担保金额在5万~100万欧元；二是各州政府，通常条件下贷款担保金额在100万~350万欧元；三是联邦政府，通常条件下贷款担保金额不低于350万欧元。一方面，德国政府为了鼓励融资担保业的发展，出资设立了一个"信用保证协会"，主要在商业银行向中小企业提供贷款的同时为其提供信用担保，以降低银行贷款风险，也为科技创新型企业降低融资成本。另一方面，成立于1954年的德国担保银行由德国工商业协会、储蓄银行、国民银行、私人银行以及保险公司等一系列金融机构共同发起，采取股份制，性质介于政府与行业协会之间，属于公益性组织，作为区域性政策金融服务机构，主要为行政区内的企业和个人贷款提供担保，不从事吸收资金和发放贷款的业务，主要收入来自自有资金放贷利息收入、营业利润和来自复兴信贷银行的低息贷款等渠道。

（二）美国金融支持科技创新的经验分析

美国的科技创新之所以能够在全球独领风骚，主要原因之一便是其发达的金融市场、完善的金融服务及丰富的金融产品。虽然早期纽约作为"金融湾区"发挥了历史性作用，但后来被称为"科技湾区"的旧金山湾奋起直追。在强大的高科技企业创新能力带动下，旧金山湾区已经发展成为美国西部甚至全美最重要的金融中心，成为全球风险投资最为活跃的场所。相比之下，纽约湾区则是全球的金融中心，全球大型商业银行、保险公司、证券交易所及大型企业的总部聚集在纽约曼哈顿。美国金融支持科技创新的主要特点及做法包括：

1. 发达的资本市场体系

美国采取的是典型的以资本市场为主导的金融支持科技创新模式。以股票、债券为主的直接融资市场十分发达，几乎能够满足不同类型、不同规模、不同发展阶段的企业融资需求。

1）多层次股票市场

美国的股票市场功能完备、层次多样，既有统一集中的全国性证券交易所，也有区域性的地方证券交易所以及场外交易市场，构成了功能齐全且多层次的证券市场体系（如图3-2所示），其中最著名的主要有纽约证券交易所（NYSE）、全

```
                           ┌─ 纽约证券交易所（NYSE）
              全国性交易所 ─┤
                           └─ 全美证券交易所（AMEX）

                           ┌─ 芝加哥证券交易所（CHX）
美国证券交易市场─ 地区性交易所 ─┼─ 太平洋证券交易所（PASE）
                           └─ 费城证券交易所（PHSE）

                           ┌─ 纳斯达克（NASDAQ）
              场外交易 ────┼─ 粉单市场（Pink Sheet Exchange）
                           └─ 另类交易系统（ATS）
```

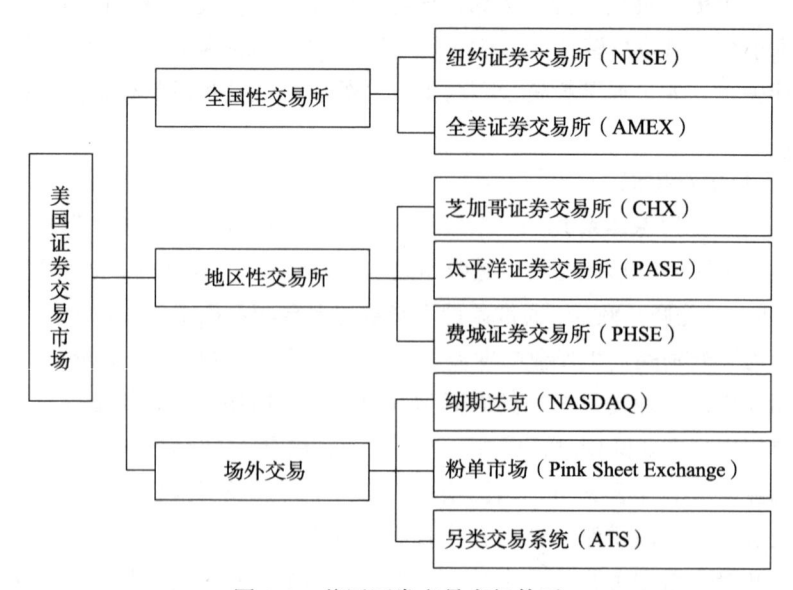

图 3-2　美国证券交易市场体系

美证券交易所（AMEX）等18个全国性证券交易所。截至2021年末，共有2560家企业在纽约证券交易所上市，纽约证券交易所是美国组织结构最完善、要求最严格的全球性证券交易所，也是目前世界上最大的证券交易市场，既接受美国国内企业上市，也接受海外企业上市，主要面向规模较大、业绩良好的优质企业。与纽约证券交易所相比，成立于1921年的全美证券交易所给上市条件相对较低，主要为传统行业和国外公司提供上市机会，同时也为中小企业提供所需的支持，即通过报单驱动与专营经纪人制度两个证券交易系统为中小企业提供一个良好的股票交易平台。除了纽约证券交易所和全美证券交易所外，芝加哥证券交易所（CHX）、太平洋证券交易所（PASE）、费城证券交易所（PHSE）等也属于地区性证券交易所，既可以交易地区性证券，也可以交易在纽约证券交易所与纳斯达克挂牌的证券。

此外，全国证券交易商协会自动报价表（纳斯达克，NASDAQ）、粉单市场（Pink Sheet Exchange）与另类交易系统（ATS）等构成了美国的场外交易。其中，纳斯达克是创立于1971年的第一个电子证券交易机构，主要为那些成长性强、风险相对较高的企业提供融资渠道。纳斯达克已经成为第二大证券交易系统，仅次于纽约证券交易所，是美国高科技创新企业融资的摇篮。截至2021年末，全球共有4121家企业通过纳斯达克融资。成立于1913年的粉单市场，因最初交易时把价格印刷在粉红色的报价单上而得名。随着时代的发展，粉单市场也早已改变为以电子自动报价系统技术为客户提供买卖交易信息。粉单交易市场目前已被纳入纳斯达克，作为最底层的一级报价系统运行，既没有上市的财务要求，也不必提供财务报告。另类交易系统属于一种新型的证券交易市场，是一种基于互联网、依据一定规则自动撮合投资者的委托买卖指令的自动交易系统，从性质上看属于场外交易市场范畴，主要为小企业挂牌交易。与传统交易市场相比，另类交易系统交易对象更广泛，交易流程更便捷，交易规则更特殊，对传统交易市场和中介机构产生了强烈冲击，也对传统证券监管体制和证券法律诉讼产生了深远影响。

2）规模庞大的债券市场

与股票证券市场相比，美国的债券市场规模更大。美国债券市场的发行机制非常完善，交易规模巨大，市场工具非常丰富，可以满足不同层次、不同发展阶段企业的融资需求。美国政府为债券市场的发展提供了宽松的融资环境，如对债券的发行规模、发行条件等不进行严格限制，只要发行者和投资者能够协商后达成一致即可发行。在美国债券市场上，企业融资采取的首要方式便是发行企业债券[①]。

---

① 根据美国证券行业金融市场协会的统计，截至2020年12月，美国债券市场的存量达50.14万亿美元，占据着超过30%的全球债券市场份额。

2008年金融危机前，美国债券市场的发行及交易规则不断优化，提高了债券发行的便利性和交易市场的灵活性，大大加快了美国债券市场的发展，促进债券市场不断扩容，远超信贷市场。2008年金融危机后，美国的国债规模一直保持较高增长速度，成为弥补美国联邦政府预算空缺的主要资金来源，国债利率水平的波动幅度也更大；市政债券的发行规模呈收缩趋势，主要原因是投资者对市政债券市场的信心不足，地方政府的信用环境不宽松；公司债券的发行规模呈持续下降趋势，主要原因是美国的信贷市场规模持续增加，市场波动更加剧烈，导致企业利润连续下降。美国债券市场具有以下特点：一是基础产品和衍生品种类多样，包括国债、市政债券、公司债券、利率互换等；二是法律限制不多，企业在与承销商协商后即可确定债券发行的总额、条件等；三是市场设施和服务完善，监管机构、做市商、托管清算后台、自律组织、市场化交易平台等市场要素齐全且运行顺畅。在这种环境下，科技创新企业就可以在非常自由且种类多样化的债券市场上更为便捷地融资，有利于扩大企业规模，推动科技创新成果变现，实现科技创新与企业发展的良性互动。

2. 风格独特的风险投资市场

美国风险投资市场在全球发展最早，也最为发达。规模庞大的风险投资对科技创新转化为生产力起到了支撑作用，对经济社会发展具有强溢出效应。根据美国风险投资协会的一项调查，美国的风险投资公司每年投向科技企业的资本金可以达到国民生产总值的1%，经过科技企业使用后，其所创造的价值可以占到美国国民生产总值的11%。据CB Insights数据，2020年美国风险投资融资达到了1300亿美元的高位，同比增长14%[①]。虽然经过2008年金融危机后市场参与者已普遍变得保守，但是美国风险投资规模仍然不断扩大。在风险投资涉入行业中，软件、生物医药等颇受青睐；风险投资对企业后期投资越来越集中，不再偏好选择时机大规模退出。与此同时，更多处于成熟期的企业愿意选择继续接受天使投资的资金支持。

美国的风险投资市场主要具有以下特点：一是具有完善的法律支持与政策优惠。美国劳工部1919年修订了《退休收入保障法案》，允许养老基金进入高风险领域投资，风险投资市场有了新的资金来源，能够将更多资金投资于企业科技创新。1958年，美国国会颁布了《中小企业投资法》和《中小企业法》，明确规定了风险投资对中小企业投资的扶持政策，为风险投资进入科技型中小企业提供了政

---

① CB Insights是一家风险投资数据公司，定期发布经济发展趋势以及独角兽公司的名单。

策依据。之后颁布了《国民税收法案》和《经济复苏税务法案》，将风险资本的增值税率从49.5%调降至20%，为风险投资多释放了13亿美元资金规模。二是资金来源较为稳定，以机构基金为主。风险投资市场中的资金来源以养老基金为主，其次为基金会和捐赠基金，以及银行和保险基金。三是风投资金集中于高新技术领域。互联网、医疗健康、移动通信以及软件（非互联网和移动通信）是美国风险投资比例最高的四个领域。四是畅通的风险投资机构退出渠道。美国的风险投资退出渠道呈现多元化格局，主要有公开上市、企业兼并收购、出售以及清算等。其中超过60%的资本可以通过公开上市与企业兼并收购退出。

3. 专门的政策性金融机构

美国政府构建了完善的科技创新政策支持体系，为中小企业开展创新活动提供政策支持，例如《小型企业创新研究（SBIR）计划》和《小型企业技术转让计划》等。其中SBIR计划是将认定为合格的小企业纳入国家的研发计划，鼓励其参与到具有商业化转化潜力的国家级研发项目中，探索小企业的技术如何商业化并实现盈利。SBIR计划为探索小企业技术商业化能力和盈利潜力发挥了积极作用。官方还针对SBIR计划提出了相应的配合计划，如联邦和州的技术合作计划（FAST）和州匹配计划（SMP）等。其中，州匹配计划与SBIR计划相匹配，为企业不同阶段的融资提供帮助，促进了小企业创新能力的提高，发挥了实现发展目标的积极作用。由此可以看出，通过以上计划，科研机构不仅更贴近市场，而且能够有效降低创新风险，缩短产品研究开发商业化周期，促进科技成果转化，对实现美国整体创新目标、增强科技创新能力发挥了重要作用。

美国于1953年成立了联邦小企业管理局（SBA），其目的是为小企业提供咨询、融资、承包等专业知识和商业指南、资助计划、承包援助、当地援助等重要资源。同时，SBA还提出了一整套融资计划，旨在调动各方积极性以全力助推中小企业发展，充分利用美国发达的银行系统、资本市场和其他金融市场。同时，SBA对小企业投入的资金也不刻意要求高额回报率，而是期望通过资金杠杆作用，激励私人资本投入科技创新型中小企业。经过不断发展，SBA为中小企业提供担保贷款、创新研究计划、投资公司计划以及创新技术转移计划等服务，其中以小企业创新研究计划的执行最为成功。20世纪80年代以来，美国的创新主体已从传统行业的大型上市公司逐步向中小型企业转变，技术创新的关键组织也逐渐由中小企业承担，中小企业为美国确立第三次工业革命时期的科技创新主导地位贡献了巨大力量。之所以能实现这种转变，很大程度上得益于SBA的运行。美国政府于1982年批准并实施了SBIR计划，要求国防部等11个部门每年必须拨出一定比例的资金支持中小企业技术创新，鼓励科技成果商业化，有效实现了政府与企业之间的合作，推动了中小创新型企业的发展。

4. 完善的信用担保体系

美国的信用担保体系对金融支持科技创新起到了重要的作用。美国信用担保体系层次分明、覆盖面广，能够为全国范围内的科技创新型中小企业贷款提供满足其融资需求的担保，对中小企业科技创新做出了重大贡献。按照空间分布和层级划分，美国的信用担保体系为"单层双线"模式，即信用担保体系由联邦和州系统独立运行。联邦担保依据"一体化运营、总分式分布"，而州担保则按照区域性和社区独立担保。

美国的中小企业信用担保体系主要分为三个层次：第一层为联邦中小企业信用担保体系。1958年美国国会确定SBA为"永久性联邦机构"，为中小企业贷款提供信用担保。企业获得的经过小企业投资公司计划（SBIC）担保的银行贷款，最长偿还期可达25年。第二层为各州信用担保体系，由各州政府负责，为州内中小企业贷款提供担保。第三层为社区信用担保体系，主要面对的是社区贫困人口，支持其创业以摆脱贫困。从担保产品看，以SBA为例，主要有三种：第一种是7(a)贷款担保计划，即根据《小企业法》第7条a款，为小企业贷款提供担保产品，满足其一般性生产经营需求；第二种是504贷款担保计划，即由国家担保，由认证发展公司（CDC）代表政府为企业提供融资的40%，以支持成长型小企业购置其所需的固定资产。SBA每次所能提供的是最高550万美元的担保，且只对CDC发放的贷款提供担保。假如借款人出现违约，则金融机构将是第一还款顺位，CDC是第二还款顺位；第三种被称为微贷，属于SBA的唯一实质性贷款，专门针对弱势群体发放，通常来说金额小、期限短，由SBA向位于美国各地的认证后中介机构发放，再由其贷出。由于SBA担保资金入不敷出，美国政府建立了联邦政府财政资金补偿机制，由国会在年度的预算法案中确定SBA的年度担保贷款计划，以保障上限授权和拨款额度。

5. 完善的政策法规体系

尽管美国金融支持科技创新以市场机制为主，但政府也通过完善相关政策法规来促进企业的科技创新活动，在金融支持科技发展方面发挥了重要的领导作用。美国联邦政府于1953年颁布了《小企业融资法》，试图解决中小企业融资难问题。1958年又发布了《小企业法》和《小企业投资法案》，明确了SBA的融资担保业务规则和银行风险分担义务，确保小企业的融资担保业务健康有序发展。同时，美国政府通过成立小企业投资公司，参股种子期和成立时间在三年以下的初创企业，为高科技企业提供资金支持。1982年制定的《小企业技术创新发展法》以及1992年制定的《小企业研发加强法》，其目的都是支持小企业的研发活动。不仅如此，美国政府还为此构建了一个由政府、企业和科研机构三方共同成立的互动平台，提供资金和政策支持服务。美国政府通过出台一系列政策法规鼓励金融体系支持科技创新，为金融支持科技创新发展提供了良好的政策保障。

（三）日本金融支持科技创新的经验分析

日本在科技创新领域取得的许多突出成就，在很大程度上得益于金融体系对科技创新的支持。与美国不同，日本的金融体系是以银行间接融资为主，且政府在科技发展中发挥着主导作用，由此形成了以政策性金融为主的银行主导型支持体系。同时，日本的商业银行系统和信用担保体系也对支持科技创新发挥了重要推动作用。主要做法包括：

1. 规模庞大的政策性金融机构体系

日本具有多层次且分工细致的政策性金融机构，均依据完善的法律法规体系建立。完善的法律法规体系为日本政策性金融机构的长期稳定发展提供了制度保障，使其发展有法可依、有章可循。日本的政策性金融机构如下：

1）日本输出入银行

1950年，根据《输出入银行法》，日本设立了输出入银行，通过政府拨款、财政借款以及发行债券获取资金，以此对进出口贸易与海外投资提供中长期贷款。日本输出入银行的建立改善了科技创新型中小企业进出口贷款与海外投资资金不足的问题，为其业务拓展和海外扩张提供了充裕的资金。1999年，日本输出入银行与海外经济协力基金合并为"国际协力银行"，专门负责政府开发援助中的有偿资金供应。

2）日本开发银行

1951年，日本颁布《日本开发银行法》，成立了日本开发银行，通过政府拨款、财政借款、外币借款和发行债券来获取资金，以此推动战后经济重建及创新产业发展。日本开发银行的建立帮助日本快速脱离了战后物资紧张、新兴产业资金匮乏等困境，有效促进了新兴产业的创新发展。后来，日本开发银行与北海道东北开发公库合并为"日本政策投资银行"，主要负责向大型成套项目等提供优惠贷款。

3）金融公库

根据《国民金融公库法》，日本于1949年设立国民金融公库，通过政府拨款和政府借款来获取资金，以此对融资困难的规模较小的中小企业提供小额事业资金贷款。1953年又颁布了《中小企业金融公库法》，设立中小企业金融公库，通过政府拨款、政府借款以及发行中小企业债券来获取资金，贷款给规模较大的中小企业，用于其长期发展。公库制度为科技创新型中小企业解决了长期融资问题，助推其平稳较快发展。

通过以上向不同产业、不同企业提供满足其自身需求的资金，日本的创新型企业得以脱离"二战"之后的资金匮乏困境，实现自身规模的平稳扩大和科技创新的较快变现，进而有能力吸引更多资金推动科技创新，企业创新与发展进入良性循环。

2. 健全的商业银行体系

与美国的资本市场导向相比，日本的金融体系采取的是典型的"银行导向型"，日本科技创新型企业的资金来源主要是商业银行体系所提供的间接融资。日本的商业银行大致可分为两种类型：一是以城市银行为代表，主要服务对象为大企业的全国性金融机构；二是以地方银行、第二地方银行、信用金库为代表，主要服务对象为中小企业的地方性金融机构。

1）城市银行

城市银行以东京、大阪等六大城市为中心设立总行，同时，在全国范围内开设了众多分支银行，属于全国性的大型金融机构。城市银行的资本实力雄厚，在日本的金融体系中具有绝对优势，其主要面向大企业进行放贷。近年来，大企业的融资方式发生了变化，有从间接融资为主转变为直接融资为主的趋势。在这种背景下，城市银行也开始提高对中小企业的贷款比例，但是大企业的借款减少额度无法由中小企业贷款覆盖，从而造成现金流过剩，降低了盈利能力。

2）中小型金融机构

日本的中小型金融机构主要包括地方银行、第二地方银行和信用金库，都是普通的商业银行，区分其是否属于中小型金融机构的主要标志为其是否加入了地方银行业协会。地方银行主要为当地企业提供服务，一般为一县一行，虽然小但数量多，吸收存款数额仅次于城市银行，发放贷款数额超过城市银行，故在日本银行业中占据重要份额。第二地方银行的前身为20世纪50年代初建立的互助银行，其性质和业务与地方银行基本相同，不同之处是贷款结构和贷款对象略有差异。此外，日本根据《信用金库法》于1951年建立了属于地方性信用合作组织的"信用金库"，只吸纳本地小企业、小事业单位以及个体业主，主要为地方企业服务。

3. 完善的信用担保体系

日本是世界范围内最早建立信用担保体系的国家之一，且体系发展较为完善，能够很好地缓解科技创新所面临的融资困难问题。日本的信用担保体系由两部分组成，分别是信用保证制度和信用保险制度。

1）信用保证制度

日本的信用保证制度的确立可追溯至1929年经济大萧条时期。日本的中小企业普遍面临资金量不足、信用度较弱等问题，导致融资难、融资贵。为了解决这一问题，日本政府于1937年建立了东京信用保证协会，为中小企业提供信用保证。1951年日本改组了信用组合联合会，成立了全国信用保证协会；1953年又颁布了《信用保证协会法》并成立了多家信用保证协会，为中小企业提供更好的信用担保，以支持中小企业融资。日本政府通过完善的法律法规、健全的风险控制机制、较低的信用保证收费等服务降低了中小企业的融资成本，助推了中小企业科技创新成果的变现。

2）信用保险制度

日本的信用保险制度为信用保证制度提供了有效补充。一般情况下，当中小企业取得了信用保证协会的信用保证后，便自动取得政策金融公库的信用保证金，然后向政策金融公库支付保险费。一旦企业违约，政策金融公库便会向信用保证协会提供70%~90%的补偿金；同时，政策金融公库成为债权人，如若日后追回了代偿资金，则需归还政策金融公库。信用保险制度有效降低了信用担保风险，发挥了支持中小企业融资的重要作用。

4. 相对发达的资本市场

日本资本市场的发展水平相对较高，其主板、二板和三板的交易市场能够满足不同类型企业的融资需求。其中东京、大阪、名古屋三家证券交易所的市场规模位居前列。2013年日本交易所集团成立，合并了东京和大阪证券交易所。日本的二板市场——JASDAQ，即日本的柜台交易市场，属于全国性证券交易市场，主要为日本境内的中小企业提供上市融资交易场所。由于上市门槛灵活，其拓宽了中小科技企业上市融资的渠道，是中小科技企业融资的重要补充。

5. 较完善的政策法规体系

由于日本的直接融资市场发展相对缓慢，日本政府出台了一系列政策法规规范，以更好地支持中小企业融资。20世纪90年代以来，日本为了满足科技领域中小型企业的融资需求，不断完善支持企业融资方面的政策法规，逐渐形成了较为完善的政策法规体系（见表3-1）。

表3-1 20世纪90年代以来日本出台的支持中小企业融资的政策法规

时间	法律名称	主要内容
1995年	《中小企业创造法》	支持科技型中小企业进行风险投资
1998年	《中小企业投资事业有限责任合伙合同法》	设立中小企业综合事业团，后改为中小企业基础设施建设机构，专门投资于中小企业
2011年	《有关产业活力再生及产业活动革新的特别措施法》	中小企业基础设施建设机构，为风险企业债务提供担保
2013年	《产业竞争力强化法案》	进一步加强政府对企业风险投资的税收扶持

数据来源：文杰．美国和日本科技金融发展经验及启示[J]．财经界，2018(31)：69-72．

6. 较发达的风险投资市场

日本的风险投资业主要是模仿美国模式，对日本的科技进步发挥了重要推动作用，经过不断实践，日本已形成了其独特的发展模式。主要做法：一是政策支持力度加大。为了支持风险投资业向科技创新提供融资支持，日本政府先后制定了一系列政策措施加以鼓励。二是日本风险投资资金的主要来源是金融机构和大企业集团，在一定程度上保障了资金来源。三是在投入方式方面，风险投资并不积极介入或支持风险企业的经营管理，而是以提供资金支持为主。四是从投资领域分布看，除了那些风险低、收益稳定的传统行业，风险投资公司也根据日本政府的政策指引不断向信息通信、生物工程等高新技术产业集中。五是在投资阶段上，风险投资主要投资的是成熟企业，短期盈利特点明显。六是退出渠道以公开上市和并购为主。

二、国内金融支持科技创新的实践探索

目前，我国不同金融领域、不同地区都对金融支持科技创新进行了一系列实践探索，取得了一定成果与经验，为金融支持科技创新，从而实现高水平科技自立自强提供了借鉴启示。

（一）国内不同金融领域的实践探索

金融领域可以分为银行金融领域和非银行金融领域，不同的金融领域都积极发挥金融体系的资源配置功能，通过开展科技信贷、进行创业投资、健全多层次资本市场等来改善科技企业的融资环境，助力企业实现科技自立自强。在银行金融领域，金融支持科技创新的主要实践探索包括知识产权质押融资、投贷联动、科技支行等；在非银行金融领域，金融支持科技创新的主要实践探索则包括科技小额贷款公司与科技融资租赁公司等快速发展、多层次资本市场、科技保险、引导基金、风险投资、股权众筹、政策性"股转债"、科技金融综合服务平台等，如表 3-2 所示。

表 3-2 国内不同金融领域的实践探索

序号	银行金融领域	非银行金融领域
1	知识产权质押融资	支持科技小额贷款公司和科技融资租赁公司等非银行金融机构快速发展
2	投贷联动	多层次资本市场
3	科技支行	科技保险产品覆盖风险
4	创新金融产品与服务	引导基金投向科技企业
5	—	风险投资与股权众筹

1. 银行金融领域

央行、政策性银行以及商业银行一直积极探索促进科技创新的金融服务创新，积累了许多成功经验。一方面，央行利用政策和再贷款、再贴现等货币政策工具来引导金融机构开展科技创新的金融支持服务；另一方面，政策性银行主要通过为科技企业、科技研究项目、科技成果转化等提供中长期资金支持科技创新。同时，商业银行通过设立科技支行、发放科技贷款、开展知识产权质押融资、投贷联动等试点探索，不断创新金融产品与服务，更加全面、高效、便捷地为科技创新提供更好的服务，为实现高水平科技自立自强提供金融支撑。代表性的做法与经验如下。

1）开展知识产权质押融资

与传统质押融资不同，知识产权质押融资是以经评估的公司专利权等作为质押物进行贷款融资。近年来，我国知识产权质押融资的规模一直在稳步增长。据国家统计局公开数据，2015 年我国专利质押融资金额达到 560 亿元，到 2021 年规模扩大至 3098 亿元，增长约 4.5 倍（如图 3-3 所示）。

我国在推进知识产权质押融资方面进行了一系列试点探索：2002 年，北京经纬律师事务所与相关单位最先提及"专利质押贷款"，并于 2003—2005 年在大连和青岛进行试点，进而在各地逐渐推广。2009 年，我国国家知识产权局先后在北京海淀区、长春市、成都市、广州市等地进行国家知识产权质押融资试点，旨在探索降低知识产权质押融资成本，深化推动知识产权质押融资的发展。在知识产权

图 3-3　2011—2021 年我国专利商标质押融资金额及同比增速

资料来源：国家知识产权局副局长兼办公室主任、新闻发言人胡文辉介绍 2021 年知识产权相关工作统计数据。https://baijiahao.baidu.com/s?id=1721790295675841598&wfr=spider&for=pc。

质押融资的试点推广过程中主要形成了三种模式：一是北京实施的直接质押融资模式，即直接由银行进行公司专利权等知识产权质押融资；二是上海实施的间接质押融资模式，即通过政府基金为科技企业担保从银行进行融资，公司的知识产权作为反担保质押给政府基金；三是武汉实施的间接质押融资模式，即科技担保公司替代上海模式中政府基金的作用，由科技担保公司为科技企业担保从银行进行融资，公司的知识产权作为反担保质押给科技担保公司。

未来知识产权质押融资的发展仍需要关注几个重点问题：一方面是要加快健全完善科技公司知识产权评估体系，以更为科学的方式评估创新企业的未来现金流，以便更好地评估知识产权的价值，更好地为科技企业融资；另一方面是要加快构建知识产权质押融资的风险分担机制，只有解决了科技企业融资风险太高的问题，银行等金融机构才更愿意为企业提供金额更大的、期限更长的融资。

2）开展投贷联动

投贷联动是指股权投资和银行信贷之间的联动融资模式。投贷联动主要针对初创企业，主要特点是对企业的盈利指标没有硬性要求、无须担保，在向企业提供信用贷款的同时，由企业授予银行一定金额的认股期权，通过认股期权产生的或有收益来弥补未来可能存在的风险。2016 年我国共有 5 个地区、10 家银行被批准为第一批投贷联动试点地区（如图 3-4 所示）。

按照载体不同，投贷联动业务模式可以分为"银行+子公司""银行+VC/PE"和"银行+基金"三种模式（见表 3-3）。此外，按联动方式不同，投贷联动业务还可以分为"贷款+直投""贷款+远期权益""贷款+外部直投+远期权益"等。

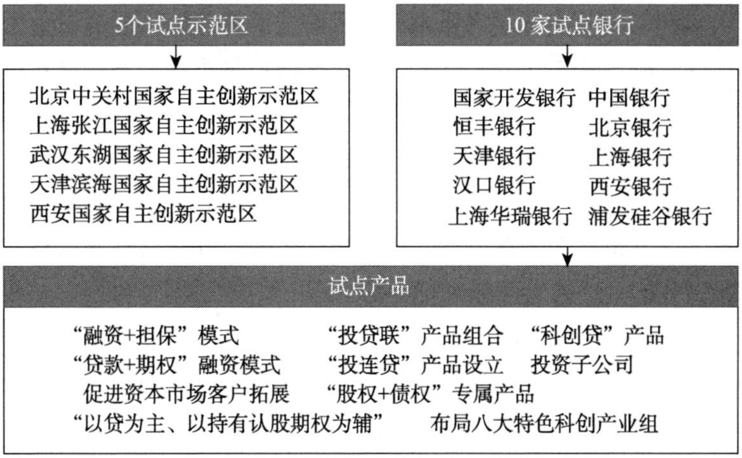

第三章 国内外金融支持科技创新的经验与启示

```
┌─────────────────────┐      ┌─────────────────────┐
│    5个试点示范区    │      │    10家试点银行     │
└──────────┬──────────┘      └──────────┬──────────┘
           ↓                            ↓
┌─────────────────────┐      ┌─────────────────────┐
│ 北京中关村国家自主创新示范区 │      │ 国家开发银行  中国银行 │
│ 上海张江国家自主创新示范区   │      │ 恒丰银行      北京银行 │
│ 武汉东湖国家自主创新示范区   │      │ 天津银行      上海银行 │
│ 天津滨海国家自主创新示范区   │      │ 汉口银行      西安银行 │
│ 西安国家自主创新示范区       │      │ 上海华瑞银行  浦发硅谷银行 │
└─────────────────────┘      └──────────┬──────────┘
                                        ↓
                      ┌─────────────────────────────────────┐
                      │              试点产品               │
                      ├─────────────────────────────────────┤
                      │ "融资+担保"模式   "投贷联"产品组合   "科创贷"产品 │
                      │ "贷款+期权"融资模式  "投连贷"产品设立  投资子公司 │
                      │ 促进资本市场客户拓展  "股权+债权"专属产品         │
                      │ "以贷为主、以持有认股期权为辅"  布局八大特色科创产业组 │
                      └─────────────────────────────────────┘
```

图 3-4 首批投贷联动试点

表 3-3 我国投贷联动不同方式

序号	模式	类型	具体方式
1	银行+子公司	内部联动	商业银行成立自己的投资功能子公司，由商业银行给企业提供贷款，子公司对企业进行股权投资
2	银行+VC/PE	外部联动	商业银行与外部风险投资机构（主要是VC/PE）达成战略合作。根据协议，商业银行负责向企业发放贷款，而外部风险投资机构则对企业进行股权投资。当企业实现股权增值后，风投机构将出售股权，并将部分收益返还给银行
3	银行+基金	外部联动	商业银行与其他机构共同设立SPV（如有限合伙企业、股权投资基金等），由银行先认购股份，其他机构后认购股份，最后由SPV进行股权投资

商业银行一般不能直接进行股权投资，只能通过第三方载体完成对企业股权投资的过程。我国所谓的"投贷联动"一般是指"银行+子公司"的模式，即试点银行通常是通过设立投资功能子公司对科创企业进行股权投资；同时，设立科技金融专营机构为科创企业提供金融服务（如图 3-5 所示）。未来要坚持完善投贷联动模式，借鉴国外先进经验与方法，完善市场估值、股权退出等配套措施，促

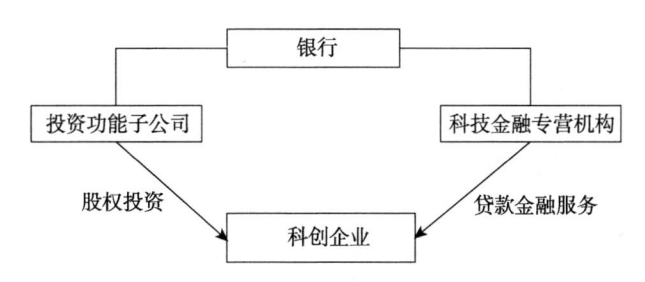

图 3-5 投贷联动试点银行组织框架

进投贷联动发展；同时，需要强化金融机构的专业能力，完善适用于投贷联动业务的风险控制全流程体系，健全针对科创企业的信贷与投资的风险管理体系，有效管控投贷联动业务风险等。

3）设立科技银（支）行

我国于2007年开始在一些科技园区展开科技银行的试点工作。2008年，我国各地方科技部门与银监会、保监会、金融机构等共同推动银行设立科技支行，为科技企业提供有针对性的金融服务。科技支行一般实行"一行两制"，根据科技企业特征，开展金融创新服务。

2009年，成都银行和中国建设银行在成都成立科技支行。之后，北京、杭州两市开始成立科技支行；随着试点实践推广，其他省份城市及大型银行纷纷设立科技支行，如中国银行郑州科技支行、中国工商银行合肥科技支行等。2011年，我国首家独立法人科技银行——中美合资浦发硅谷银行在上海成立。到2021年底，我国科技支行发展迅速、数量不断增加，共成立959家科技支行，同比增长了14.4%[①]，未来要继续推动科技支行的设立与发展。在发展的过程中要建立、健全科技支行的监管和考核制度，只有拥有完善的考核、激励机制和有效的监管，科技支行才能实现良性发展。

4）创新金融产品和服务

银行通过不断创新金融产品和服务来支持科技创新，助力实现高水平科技自立自强。一方面，银行针对科技创新企业的特点，持续开发和创新多样的金融产品。例如，在专有技术、专利或企业间的联合专利等动产的基础上，提供抵押或质押。另一方面，银行积极运用金融创新工具。例如，为解决风险与收益不对称的问题并降低交易成本，银行在科技创新企业的融资路径等方面积极探索可转换债券与应收账款、资产证券化等方式。

此外，银行在支持科技创新的过程中注重产品和服务覆盖"全生命周期"。银行对科技企业"全程陪伴"，而非短期的、一次性的帮扶。

2. 非银行金融领域

证券、保险、基金、信托等非银行金融机构、风险投资和资本市场也在不断探索金融支持科技创新，助力实现高水平科技自立自强。主要探索实践包括科技小额贷款公司、多层次资本市场、科技保险、引导基金、风险投资、股权众筹、政策性"股转债"、科技金融综合服务平台等。

---

① 资料来源：曹麟. 数字化下中国创业银行构想——基于硅谷银行经营模式的思考[J]. 银行家, 2021(4)：108-112.

1）科技小额贷款公司快速发展

科技小额贷款公司主要是为了给科技企业办理小额贷款，作为传统银行贷款的补充。从2008年起，各地区开始试点科技小额贷款公司，探索验证科技小额贷款公司能否对金融支持科技自立自强起到明显的推动作用。2009年、2010年分别开始在天津和江苏展开试点工作，江苏试点在天津试点的基础上，创新性地采用"投贷结合"模式。到2013年，江苏省已建立了50余家小贷机构；北京、浙江、河北等地也大力推进小贷公司试点，鼓励地方小贷公司对技术中小企业进行信贷。

2）多层次资本市场精准服务

中小板、创业板、科创板、北交所等侧重科技创新的资本市场为科创企业上市融资提供了重要渠道。实施注册制的创业板已成为创新创业企业集聚地，新设立的北交所格外注重支持科技创新，给科技企业上市提供更多的机会。资本市场的层次越多、越丰富，直接融资越便利，多层次资本市场体系有利于针对性地为不同发展阶段的企业提供不同的服务，显著增强了资本市场服务科技创新的能力。

具体来说：①许多高新技术企业可以在中小板挂牌进行融资。2008年，在中小板中高新技术企业数量占比超过了70%。②具有高创新能力的科技企业可以在创业板上市，其中拥有核心技术、创新能力的优质企业不断增多。③自2019年科创板成立以来，医药生物、电子等高新技术企业的融资渠道拓宽，且其多元化上市条件，执行不同的上市标准，进一步方便了科技企业上市融资。④新设立的北交所坚持服务创新型中小企业，支持更多"专精特新"企业、"独角兽"企业通过上市形成新质生产力。截至2023年，北交所已经汇聚100余家国家级专精特新"小巨人"企业。

3）科技保险产品覆盖风险

为科技企业提供贷款往往比为其他企业提供贷款有着更高的风险，科技保险产品可以起到为科技企业贷款过程提供风险分散与担保作用，使得科技企业更容易获取资金支持。作为金融支持科技创新的重要主体，科技保险产品创新对于支持科技创新、助力实现高水平科技自立自强十分重要。

我国科技保险创新试点开始于2007年，最早的试点有北京、重庆等六个地区。历经15年已经逐步形成了"政府主导+市场化"的科技保险发展推广方式。保险机构不断地对科技保险产品进行探索与实践，持续推出多样性的产品服务。据不完全统计，我国目前已有数十种科技保险产品，如科技成果转化费用损失保险、科创知产保险贷、高新技术企业研发中断保险、专利执行保险、贷款保证保险等，产品服务涵盖范围相当广，种类较多样。这些科技保险产品可以满足不同类型科技企业、不同发展阶段科技企业的差异化需求，如太平科技保险股份有限公司推出的科技保险业务覆盖了企业转化、研发、专利、贷款等各个环节，有效减少了企业研发风险，推动科技成果转化，有力提升科技企业的风险保障能力，助力科技企业创新发展。

4）引导基金投向科技企业

科技企业投资引导基金是一种政策性基金，是政府为了支持创业投资企业发展而设立的基金。引导基金主要有股权出资和无偿出资两种运作方式，在运作过程中要遵循政府引导、市场运作、科学决策、风险防范等原则，其主要目的在于提高创业投资资金的供给水平，解决单纯依靠市场来进行创业投资的市场失灵问题。一般创业投资企业偏好于在企业的成长阶段、成熟阶段以及重建阶段进行投资，导致在企业初创、成立、种子阶段的创业投资支持不足。

为了打破这种局限，政府通过设立引导基金支持初创科技企业。截至2021年末，我国政府共成立引导基金1437只，规模累计达2.47万亿元，对加快科技成果转化为生产力、支持科技型中小企业融资起到了重要作用，如图3-6所示。

图3-6　2011—2022年我国政府引导基金累计规模和数量
数据来源：塔米资讯。

5）风险投资与股权众筹

作为创新工具和创业活动的孵化器，风险投资能有效且合理地配置市场资源，对科技型中小企业的创新创业有着重要的作用。根据研究公司Preqin的数据，我国2021年风险投资总额达到1306亿美元，比2020年的867亿美元高出约50%[①]。

---

① 资料来源：陆敏，曾金华.金融财税加力扶持科技创新[N].经济日报，2022-03-23(007).

股权众筹作为一种新兴的私募融资方式，为风险投资行业提供了新的补充。股权众筹要通过股权众筹平台进行，如京东东家、天使客、大家投等。股权众筹平台的优势在于，将传统的信息发布方式和集资模式全部转移到互联网，不仅改变了传播媒介，更显著提高了信息的传播效率。股权众筹平台的传播媒介也决定了它能更早、更多地接触到项目信息。

（二）国内不同地区的实践探索

目前，金融支持科技创新的典型地区主要有北京、江苏、武汉、上海、杭州、深圳、成都、陕西等。通过分析不同地区金融支持科技创新的实践探索，发现在金融支持科技创新体系建设上，各地区做法比较类似，但仍在地方政府支持力度、支持方式、当地经济情况以及金融环境等方面存在差异。

1. 北京中关村实践探索

北京中关村模式是一种市场化程度较高的综合性模式。中关村围绕企业信用体系、融资服务平台、特色金融产品、互联网金融模式等方面，建立了涉及科技企业全生命周期的综合性金融支持科技创新服务体系。主要做法包括：

1）建设企业信用体系，打造信用首善之区

坚持将企业信用体系建设作为金融支持科技自立自强工作的基础，通过征信报告对企业进行信用评级，根据不同信用评价等级制定多样化、个性化中小科技企业流动资金贷款贴息支持方式。

2）打造不同部门和系统的金融支持科技创新的联动工作方式

注重不同部门、不同系统间的合作，合力推动金融支持科技创新工作。如2010年成立中关村创新平台，下设专项工作小组，整合财政、科技、银监等部门，通过中央、市、区（县）三层级共同推动金融支持科技创新工作。

3）打造融资服务平台，集聚金融支持科技创新资源

注重构建多种融资平台，如中关村科技担保公司、中关村小额贷款公司等融资服务平台，通过这些融资平台，不断地为企业提供贷款以及贷款担保。中关村的各类金融机构和科技中介机构数量在持续不断地增多，便于集聚金融资源支持科技创新。

4）提供多样化金融产品，满足企业成长需求

中关村针对初创期、高成长期、稳定期等不同阶段科技企业提供不同的金融产品服务，满足其金融资源需求（如图3-7所示）。

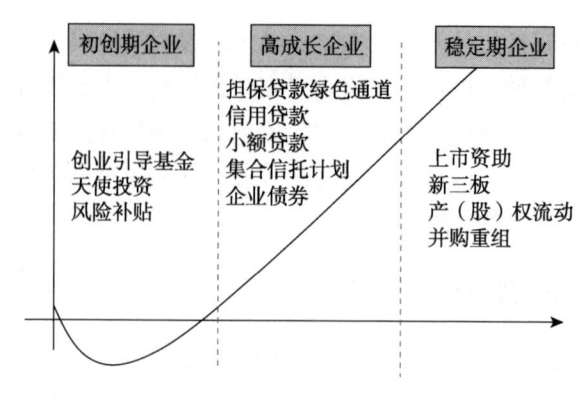

图 3-7　企业不同成长阶段支持举措

5）积极发展互联网金融，创新金融支持科技创新模式

利用互联网产业和金融业高度发达的双重优势，积极布局互联网金融，探索金融支持科技创新模式。中关村一直在构建互联网金融信用信息平台，利用平台获取更多融资方的信息，解决企业信用管理面临的问题。

6）完善政策支持体系，发挥财政杠杆作用

注重完善金融支持科技创新发展顶层设计，出台了一系列政策，充分发挥财政资金的杠杆作用，引导金融机构开展金融支持科技创新，建成了中关村"一个基础、六项机制、十条渠道"的金融支持科技创新体系（如图3-8所示）。

一个基础 → 信用体系建设：建设首善之都

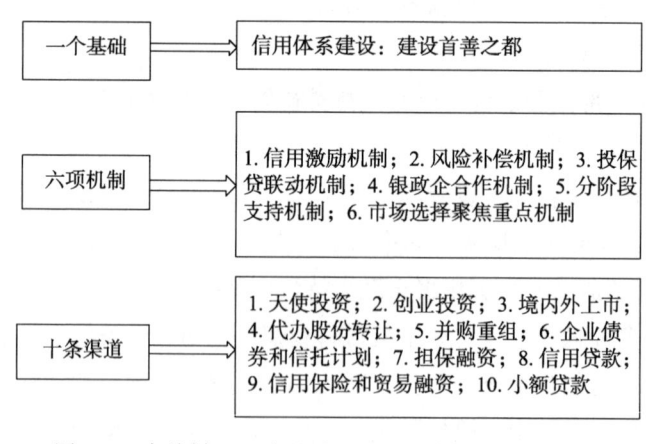

六项机制 → 1.信用激励机制；2.风险补偿机制；3.投保贷联动机制；4.银政企合作机制；5.分阶段支持机制；6.市场选择聚焦重点机制

十条渠道 → 1.天使投资；2.创业投资；3.境内外上市；4.代办股份转让；5.并购重组；6.企业债券和信托计划；7.担保融资；8.信用贷款；9.信用保险和贸易融资；10.小额贷款

图 3-8　中关村"一个基础、六项机制、十条渠道"

2. 江苏实践探索

在科技创新方面，江苏省是国内比较先进、发达的地区。江苏省的金融支持科技创新体系是多元化的，且银行在其中起主导作用。江苏省进行了很多实践探索，取得了很多的成就，如金融创新产品覆盖科技企业发展的全过程，良好的营商环境，重视科技信贷的投入，注重政府、银行、担保、保险和创投等的协同作用，为不同生命周期阶段的企业金融需求提供差异化的个性化产品服务等。主要做法包括：

1）探索风险补偿机制

重视建立科技企业融资的有效风险补偿机制，聚焦省级风险补偿资金备选企业库中的企业，推出了"苏科贷"服务，创新了科技贷款风险补偿模式。同时，构建科技担保与科技保险的风险补偿，如成立专业科技担保公司，重点开展电子信息、机械装备、云计算等领域的科技担保；2007年，江苏省苏州高新区和无锡市率先开展科技保险试点，并于2011年总结试点经验后逐步将科技保险推广到全省范围。

2）建立科技信贷机制

通过政银联手、上下联动，着力帮助科技企业解决融资难问题。商业银行等金融机构推出了各具特色的金融产品服务，如设立科技信贷支行、科技小额贷款公司、纯知识产权质押贷款等（如表3-4所示）。

表3-4　江苏省建立科技信贷的具体方式

序号	方式	具体情况
1	政银联手上下联动	推出"高企融资服务直通车"，省、地科技部门和省行、分行、支行一起出力，共同推动金融支持科技创新
2	科技信贷支行	设立科技信贷支行是金融支持科技创新的重要举措。江苏银行在政策支持下在江苏省各地设立科技支行，专门为科技型企业提供金融服务，最早是在无锡、镇江、徐州设立了科技支行
3	科技小额贷款公司	2010年8月开始相关试点，主要服务于科技型中小企业，进行贷款、创业投资等的发放，并积极探索适合科技型中小企业的信贷与投资的有效管理模式
4	纯知识产权质押贷款	2007年江苏便开始探索纯知识产权质押贷款，江苏省内的苏州、常州、无锡等地相继制定了相关管理办法，出台相关支持政策，鼓励银行等金融机构开展知识产权质押贷款业务。2008年、2010年无锡和镇江先后被列为试点地区

3）设立天使投资引导基金

重视政府在金融支持科技创新过程中的关键作用，通过设立天使投资引导基金，引导其他金融资金投向高科技领域，使得科技型小微企业可以有更多资金进行技术创新，促进区域创新与经济良性发展。

4）中小企业集合融资与上市机制

创新"集合融资"模式，为科技企业提供融资服务创新，如2010年在扬州发布的规模2亿元的集合信托债权基金"荷塘月色",2011年在常州发布的中小企业集合债券等,有效帮助科技企业创新发展。此外,注重利用创业板、中小板、新三板等资本市场支持科技企业直接融资。

3. 武汉实践探索

武汉市是我国中部地区的中心城市,在金融支持科技创新方面出台多项金融创新政策,取得了不错成效。武汉的实践探索突出银行的间接融资重要作用,注重各部门的协调合作,归纳起来就是"一个统一、两个目标、三个创新、四个结合"的工作体系(如表3-5所示)。主要做法包括:

表3-5 武汉金融支持科技创新的工作体系

序号	做法	具体情况
1	一个统一	工作由市委、市政府统一部署,实现各部门联动、形成合力
2	两个目标	工作着力点紧紧围绕技术转移和成果推广、转化过程中的融资服务,围绕科技型初创型企业融资服务
3	三个创新	包括政策体系创新、整合资源机制创新以及财政资金、金融及社会资本使用方式创新
4	四个结合	包括工作与建设资本市场、资本特区相结合,条块、行业、部门之间的政策结合,信息共享的结合,以及风险分担机制的结合。具体措施有加大财力资源支持、支持金融机构创新业务、支持创业风险投资、创新风险分担机制、完善科技资本市场,以及打造综合服务平台

1)加大财力资源支持

对科技型中小企业提供资金支持,落实相关税收政策,支持科技企业发展。武汉市科技局设立金融支持科技创新专项计划,集中资金专项用于金融支持科技创新工作。市经信委、财政局设立专项资金,为科技企业提供融资,政府部门落实支持科技企业发展的税收政策。

2)支持金融机构创新业务

鼓励本地金融机构创新业务与服务,如汉口银行设立具有投资功能的子公司,协助汉口银行创新业务种类。同时,增设支持科技创新的专营机构数量,通过设立多家主营科技担保机构、小额贷款公司等,为科技企业提供更有针对性的特色服务,降低企业融资成本。

3)支持创业风险投资

对股权投资行业给予政策支持,如东湖开发区尤其重视股权投资领域,出台涉及落户、税收、住房与损失补贴等多个方面政策,吸引了大量创业投资公司落户武汉。此外,设立创业投资引导基金,不断完善政策,不断扩大规模,充分调动社会资本参与科技企业创新发展。

4）创新风险分担机制

市区两级共同设立科技担保基金，以孵化基地中的初创科技企业为中心，为其融资提供担保，市区两级按比例承担风险。与银行合作出台投贷联动配套政策，建立风险分担机制，推出了"集合贷""助保贷""文化贷"等。建立了保险与信贷业务相结合的科技担保体系，核心为"第三方信用评估＋银行贷款＋担保＋政府补助"。持续推广科技保险，与科技保险公司建立了科技保险赔付的互通机制与绿色通道。

5）完善科技资本市场

不断完善资本市场的支持体系，如加强光谷股权托管交易中心等区域性场外交易市场规模发展。积极支持科技企业改制上市，加大新三板试点工作力度，完善考核机制。为鼓励辖区资本市场发展，湖北省将资本市场发展情况纳入各地市年度考核指标，鼓励各地企业到股权托管中心（四板市场）挂牌。

6）打造综合服务平台

突出金融支持科技创新工作的"政府引导、平台运作、企业管理"的运行特点。由政府组织、企业运作的武汉金融超市融合了各类金融资源、金融网站、现场服务等，有机结合的综合服务平台为科技型中小企业提供全方位、一站式的融资服务。

4. 上海实践探索

上海市在金融支持科技创新方面采用政府主导型服务模式，主要通过政府政策促进金融对企业科技创新的支持。随着金融支持科技创新工作的实践探索，上海市已经形成了"4＋1＋1"的金融服务模式（如表3-6所示）。主要做法包括：

表3-6　上海市金融支持科技创新体系

序号	金融服务体系构成	具体
1	4个功能	科技信贷
		资本市场
		股权投资
		科技保险
2	1个平台	上海市金融支持科技创新平台
3	1个机制	金融支持科技创新保障机制

1）小巨人工程专项资金

科技小巨人工程借鉴了国际上先进的做法，以创新性、规模性以及示范性为标志，筛选出细分领域的领先者、追随者、模仿者、新进者，寻找具有较好成长潜力、拥有自有知识产权的创新型企业，在资金、项目、平台、人才、政策等方面给予支持。

2）"3+X"科技信贷产品

建立了"3+X"科技信贷产品体系，实现了对不同发展阶段的科技企业的融资需求全方位覆盖。"3"代表微贷通、履约贷、信用贷，"X"代表专业化或地域性的产品。"3+X"流程简单，可以批量操作，方便扩大覆盖，密切地连接了科技型企业、政府、银行、担保公司等主体。

3）金融支持科技服务平台建设

针对本地中小科技企业融资需求，设立金融支持科技信息服务平台。"信息功能"旨在向企业传递科技公司信息数据库的相关信息，"服务功能"旨在通过多样化的途径为企业提供各项咨询服务。同时，该平台推出了科技中小企业履约保证保险贷、高新技术成果转化项目信用贷和小巨人信用贷三种贷款产品。

4）完善配套服务体系

金融支持科技创新需要完善相关配套服务体系。上海市主要加强了科技企业信贷服务体系，加快建设融资担保体系，加大了金融支持科技创新的信用和服务环境建设，设立配套资金专门用于完善配套服务等。

5. 其他省市实践探索

1）杭州

杭州金融支持科技创新体系呈现一体两翼，"一体"为金融支持科技创新工作中的科技信贷，"两翼"为创投引导基金与科技担保，通过创投引导基金、科技银行以及担保等方式调整政府投入方式，支持科技企业创新发展。主要做法：①创投引导基金。为了引导社会资本进入初创型科技企业，特别是初创型的高新技术企业，2008年杭州率先设立了全国具有首创意义的政策性创业投资引导基金。其运作原则是"项目选择市场化、资金使用公共化、提供服务专业化"，采用阶段参股和跟进投资等主要方式引导社会资本投向创业项目。②科技担保模式。成立杭州银行科技支行，组建政策性科技担保公司，创设科技型中小企业小额贷款保证保险，推出创新性担保融资模式——"路衢模式"（如图3-9所示）。

2）深圳

深圳市支持科技创新的金融实践主要是加强银行贷款与风险投资的协调合作，推动投贷联动业务发展。主要做法：①推动银行与其他金融机构合作，推动开展投贷联动。②设立新产业技术产权交易所。面向中小型科技企业开展上市培

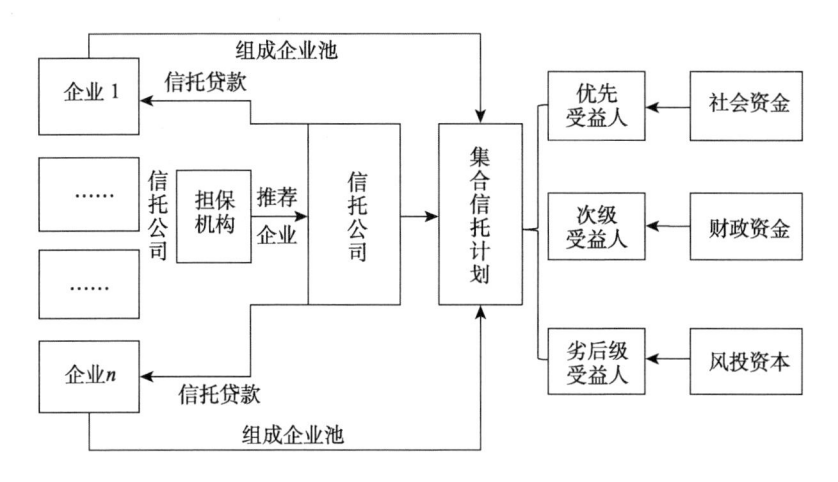

图 3-9 "路衢模式"的交易结构

训、经营管理等辅导；深圳市政府还出台新三板费用补贴政策，建立新三板工作联盟。③中国工商银行深圳市分行制定个性化行业整体金融解决方案，如推出了"供应链融资"和"中小企业上市一路通"等金融产品。中国工商银行深圳市分行围绕深圳经济发展规划和产业政策导向，选取 LED、现代物流等十大新兴产业，制定了新兴产业金融扶持方案。

3）成都

成都市依托国有企业建立集物理平台、线上平台和线下平台于一体的综合性金融服务平台。主要代表性做法是创建盈创动力金融服务平台，形成梯形融资体系的重要载体（如图 3-10、图 3-11 所示）。

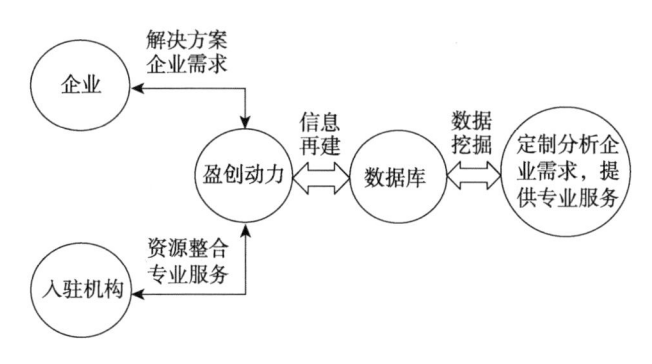

图 3-10 盈创动力金融服务平台的运行模式

4）重庆

重庆市着力构建"投、保、贷、补、扶"共同组成的科技金融服务平台体系，核心业务聚焦股权投资，信贷支持为其提供了融资辅助作用，财政补贴为其提供

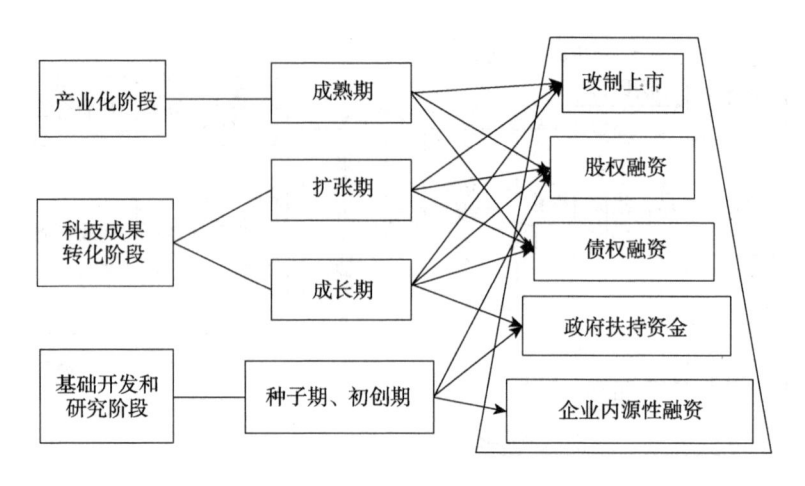

图 3-11　梯形融资模式

导向支撑作用，特色投资服务为其提供培育支撑作用，共同为重庆市各发展阶段的科技型中小企业提供金融支持（如图 3-12 所示）。主要做法：①打造对接交流平台，拓宽企业融资渠道；②建立创业孵化平台，培育科技创新企业；③构建评估交易平台，促进创新成果产业化；④完善交易服务平台，推动股份及技术产权转让；⑤搭建宣传展示平台，聚焦社会目光。重庆市设立了重庆股份转让中心（OTC），积极打造重庆自己的场外交易市场，帮助非上市企业实现股权交易和资金筹措。

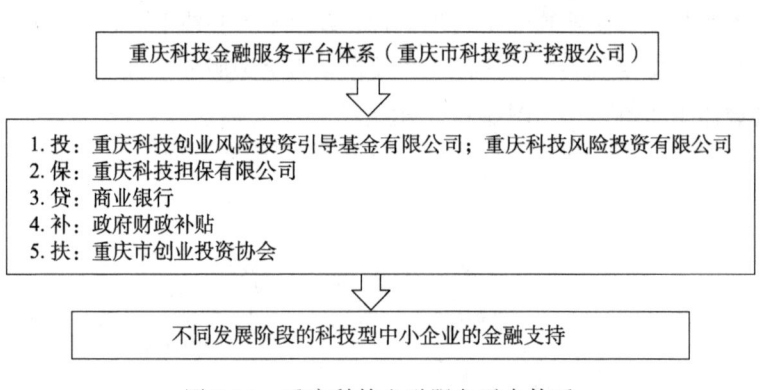

图 3-12　重庆科技金融服务平台体系

5）陕西

陕西省是全国科教大省，科技实力雄厚。近年来，陕西在金融支持科技创新，助力科技自立自强方面取得了一定实践探索经验，如探索知识产权质押贷款与科技支行，成为国内首个推出相关监管办法的省份；联建"400"金融支持科技热线，推出风险补偿办法及落地措施等；加大了政府对科技企业的财政扶持力度，缓解科技企业的融资难题。此外，为了培育中小科技企业，陕西省多年前就设立了国家科技成果转化引导基金，主要通过股权投资、贷款风险补偿、融资服务补偿奖励等方式支持科技企业发展。

（三）国内不同地区实践探索的经验总结

在分析了北京中关村、江苏、武汉、上海等地方的实践探索基础上，归纳总结我国不同地区实践探索经验，对于推进金融支持科技创新工作具有重要价值。

1. 国内金融支持科技创新发展的共同特征

1）政府不断创新资本投入方式

我国金融支持科技创新过程是由政府主导。例如，设立省级科技专项资金，其使用方向及重点有前瞻性研究专项资金、企业创新与成果转化专项资金、自然科学基金以及科技条件建设与民生科技专项资金。

2）搭建综合服务平台，提供一揽子服务

各地方政府高度重视金融支持科技创新的建设，搭建综合平台，构建包括银行、创业投资、担保、保险、小额贷款公司等的综合金融服务体系，为不同生命周期的科技企业提供相应的服务。

3）建立信用体系，营造良好金融支持科技创新环境

各地方都尝试建立完善的信用体系，虽然实际效果各有差异，但体现了政府在这方面的动作和决心。

4）打造以银行为核心，整合各方力量的金融机构服务链条

我国的金融体系是间接融资为主的金融体系，因此，各地方以银行为核心，整合各方力量，打造一个完善的金融机构服务链条。

5）发展资本市场，推动股权投资

有句话叫作"复制微软不如复制纳斯达克"，这也体现了资本市场对金融支持科技的强大推动力，因此，各地方都采取一系列措施鼓励资本市场发展，活跃股权投资，例如，辅导科技企业上市，对其给予相应的奖励等。

2. 各地区金融支持科技创新发展的特色总结

虽然整体上各地方金融支持科技创新体系类似，但是各地方的具体情况不一样，也有其自身特色，形成了不同的支持模式（如表3-7所示）。各地区的差异主要在于当地政策、经济情况、金融环境等因素不同，共同的局限性在于各地方信用体系的建立仍不完善，资本市场、风险投资等方面的支持方式仍相对单一，力度相对较薄弱。

表 3-7 不同地区金融支持科技创新的特色模式

地区	先进模式
北京中关村	综合模式，建成了"一个基础、六项机制、十条渠道"的金融支持科技体系
江苏	多元化模式，银行起到主导作用，重视科技信贷
武汉	多元性模式，也同样注重间接融资，银行在其中起到重要作用，注重发挥本土金融机构的引导作用
上海	政府主导型，形成了"4+1+1"的金融支持科技创新服务模式
杭州	一体两翼，"一体"为金融支持科技创新工作中的科技信贷，"两翼"为创投引导基金与科技担保，通过创投引导基金、科技银行以及担保等方式调整政府投入方式
深圳	推动"投贷联动"，加强银行贷款与风险投资的协调合作，债权融资和股权融资双管齐下
成都	依托国有企业建立金融支持科技创新综合性服务平台，集物理平台、线上平台和线下平台于一体，并构建科技企业融资的梯形模式
重庆	全力打造科技金融"投、保、贷、补、扶"五位一体的科技金融服务平台体系
陕西	探索知识产权质押贷款与科技支行，成为国内首个推出相应管理与监管办法的省份

三、金融支持科技创新的典型行业案例

（一）国外典型行业案例

国际上，科技竞争力强的国家都根据自身的国情，探索出了多样化的金融支持科技创新发展的模式。下文将以科技银行、政策性金融、风险投资、创业板市场等内容为切入点，选取美国和日本的典型案例进行分析，旨在为我国金融支持科技自立自强战略的制定提供参考。

1. 美国硅谷模式经验分析

1）硅谷科技园概况

硅谷科技园（也称旧金山湾区）位于美国加利福尼亚州北部[①]，属于一个大都会区，总面积约 18000 平方千米，总人口约 800 万，位于萨克拉门托河下游出海口的旧金山湾四周，由此得名旧金山湾区。硅谷科技园内有若干个城市，其中旧金山最大，位于旧金山半岛，其次是位于湾区东部的奥克兰、南部的圣荷西等。硅谷科技园以其聚集了众多科技公司而享誉世界，苹果、微软、谷歌、雅虎、英特尔、特斯拉等众多世界著名公司均位于此（或者设立分公司）。硅谷科技园被视为全球高科技的圣地、科技创新的源头，不管是在信息技术领域，还是在生物制药和电动汽车等领域都处于世界领先水平，在纳米技术、信息技术、生物技术和

---

① 该地区最早研究和生产以硅为基础的半导体芯片，由此得名硅谷。

新能源等领域均占领了全球技术的制高点，许多美国高科技企业在硅谷诞生，不仅为美国创造了巨额财富，也促进了全球高科技的发展。

20世纪50年代之前，硅谷科技园所在的旧金山湾区还只是一个以盛产水果为主的农业区。硅谷科技园是由斯坦福大学的教授和学生发起并建立的，它的兴起得益于该地区的军事技术背景。进入20世纪50年代后，硅谷科技园在市场竞争机制作用下逐渐发展成了集产学研于一体、开放创新的地区，这为硅谷科技园的高技术产业成长壮大奠定了基础。特别是斯坦福大学的产学研一体化模式对硅谷科技园崛起起到了极为关键的作用，助力硅谷科技园在信息技术、生物制药、电动汽车等领域达到世界领先水平。从20世纪60年代起，得益于美国政府的大量军工合同订单资助和大学与产业界通过技术交流合作所形成的共生关系，硅谷科技园发展成了以军工需求为主的电子技术产业集群。进入20世纪60年代后期，硅谷科技园已经发展成为全球半导体工业中心及发明生产的基地。进入20世纪80年代后，硅谷科技园的计算机产业在工业领域的支配地位逐渐提高，硅谷科技园从以半导体生产为中心逐渐发展成为以计算机产品生产为中心的科技中心[1]。20世纪80年代中期，计算机产业已超过半导体产业，成为硅谷科技园最重要的基础产业。自20世纪90年代以来，硅谷科技园逐渐发展成为全球高科技产业的中心。

2）硅谷科技园金融支持科技创新模式

硅谷科技园模式之所以获得巨大成功，其中一个最重要的原因是硅谷科技园有坚实的金融支持作为科技创新的强大推动力，同时美国政府在推动金融支持科技创新中也发挥了重要作用，市场和政府的有机结合共同推动硅谷科技创新前进。根据"全球金融中心指数"[2]，硅谷科技园已经成为全球排名第七的国际金融中心，汇聚了美国太平洋岸证券交易所、美洲银行以及富国银行等多个金融巨头的总部，是全球风险投资的摇篮。硅谷科技园在全球创业风险投资总量排名中始终位居首位，投资密度最高，被誉为"西部华尔街"。与美国的自由市场经济的模式相适应，硅谷科技园区金融支持科技发展的模式也是以市场为主导，充分发挥金融市场，特别是资本市场在金融支持科技创新发展中的主导作用，作为调控金融市场的美国政府只充当金融市场的"守夜人"作用。

随着科技创新步伐的不断加快，科技企业的多元化融资需求不断增加，催生

---

[1] 1981年，IBM推出个人计算机，硅谷逐渐转向计算机软件和硬件以及维修服务。

[2] "全球金融中心指数"（Global Financial Centers Index，GFCI）是全球最具权威的国际金融中心地位的指标指数。由英国智库Z/Yen集团和中国（深圳）综合开发研究院共同编制。2007年3月起，该指数开始对全球范围内的46个金融中心进行评价，并于每年3月和9月定期更新，以显示金融中心竞争力的变化。主要从营商环境、人力资本、基础设施、金融业发展水平、声誉等方面进行排序。

了形式多样的科技金融机构,创造出了与科技创新相配套的众多金融产品与服务,进而保障了硅谷科技园的创新活动顺利进行。硅谷科技园的科技产业与科技企业进一步发展,这对金融支持也提出了进一步需求和更高要求,进而促使更多金融创新诞生,推向市场并被市场接受。美国"硅谷科技园"金融支持科技创新发展模式的核心在于,通过多元化融资为科技创新提供多渠道资金来源,主要做法如下:

(1) 风险投资是金融市场的主导力量。在 20 世纪六七十年代,硅谷科技园的科技创新日新月异,带动风险投资业快速发展了起来。1972 年,硅谷第一家风险投资公司 KPCB 公司成立。同年,红杉资本成立,后来成为全球最具影响力的风险投资公司之一,其投资的苹果、谷歌等全球知名企业均获得了巨大成功。其产生了示范效应,使得更多风险资本来到硅谷科技园寻找下一个独角兽,对该地科技金融中心的发展产生了重大影响:一方面,这些风险资本保证了硅谷科技园的高新技术在全球的领先地位;另一方面,它们促进了美国国内其他高新技术产业的协调发展。由于风险投资创新了一种新型的、高风险的融资契约,能够与新技术手段相匹配,基于此,还创新了一系列新型金融工具和投资方法,例如可转换证券(包括可转换债券或可转换优先股)等。凭借可转换证券的创造及广泛使用,风险投资行业在资本市场占据了重要地位[①]。虽然美国硅谷的常住人口数不到美国总人口的 3%,但这里却吸引了全美风险投资总额的 20% 以上(见图 3-13)。

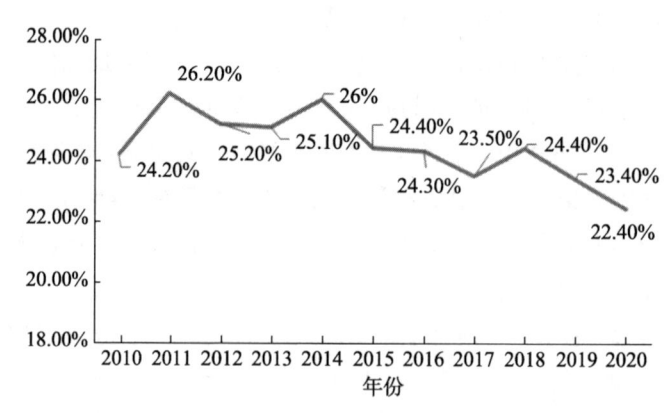

图 3-13　2010—2020 年硅谷风险投资占全美比例

资料来源:2020 年第三季度美国风险投资报告。

(2) 科技银行发挥了独特作用。在美国硅谷科技园,与科技结合的商业银行

[①] 可转换证券对发行者的优势是筹资成本低,节约发行费用;避免了到期还本付息的压力(如果转化的话);兼具债券、股票两种金融产品的部分特点,受到投资者欢迎。对投资人的优势是当股市(或债市)向好,如果持有可转换证券,可以享受公司较好的业绩分红,如果卖出可转换证券,可直接获取收益;反之,持有可转换证券,获取到期的固定利息。可转换证券也有其弊端,如一旦转换为公司普通股,公司每股业绩、原有各股东权益都会被稀释;集中偿付会增加企业的财务压力等。

不在少数，但硅谷银行①却是最成功的科技银行，其业务占据了硅谷科技园创业风险贷款的主要市场份额。该行成立于 1983 年，初始注册资本 500 万美元，总部设立在硅谷科技园，成立四年后在纳斯达克市场挂牌上市。针对科技型初创企业融资难，硅谷银行及时调整经营战略，对传统商业银行贷款业务进行改革，在市场定位、产品设计、风险监控等方面不断创新，服务于科技企业创新。1993 年，硅谷银行全面实施经营新战略，将客户目标锁定在其他银行公认的风险过高的中小型科技企业，提出"技术创新的中心在哪里，我们就在哪里"的经营口号，变身为专门为中小企业服务的商业银行，集中精力于高新技术产业，一跃成为硅谷科技园乃至全美新兴科技公司信贷业务最有地位的商业银行之一。

经过跨越式发展，硅谷银行成为硅谷银行金融集团，其业务板块主要包括四个部分，分别是全球商业银行（Global Commercial Bank）、硅谷私人银行（SVB Private Bank）、硅谷资本（SVB Capital）以及硅谷投资银行（SVB Leerink）。其中，全球商业银行板块重点聚焦的是科技创新企业、高端红酒行业以及私募和风险投资基金的信贷融资、资金管理、贸易金融服务等，同时也从事自营债权投资业务。其私人银行部门（硅谷私人银行）专门为私募和风险投资基金从业者以及其所支持的创新公司的高层管理者定制个人金融服务方案。其风险投资部门（硅谷资本）主要对风险投资基金进行投资。其独立子公司（SVB Leerink，硅谷投资银行）专注于为医疗保健和生命科学提供投资银行服务，该子公司于 2019 年 1 月通过收购方式加入硅谷银行集团。除银行信贷业务外，硅谷银行还在业务拓展中积累了一大批客户资源，通过客户资源在创业者和风险投资者之间牵线搭桥。

（3）多层次资本市场帮助科技企业实现良性循环。自 20 世纪 70 年代以来，硅谷科技园的科技创新创业活动进入快速发展高峰期，给金融市场发展也带来了两个难题：一是由于科技创新企业从初创期逐渐趋于成熟后，对资金需求的数量越来越大，企业也越来越趋向通过出售自身股权来换取所需的资金；二是科技创新企业对资金的巨大需求带动了资本市场的多层次发展。正如之前所述，美国多层次资本市场发达，为硅谷科技园的企业提供多元化融资需求，不同层次的企业都能够从资本市场筹集到资金用于创新发展。对于硅谷科技园的科技创新企业而言，其可以根据自身层次、发展规模以及融资需求选择合适的市场融资，获得更大的发展机会。与此同时，发达的资本市场体系也为风险投资的顺利退出提供了非常好的平台，资本在科技创新的后期能够平稳着陆。

---

① 由于巨额亏损和大幅挤兑，2023 年 3 月硅谷银行宣布破产。作为最具代表性的科技银行，其 2022 年前的发展对美国高新技术企业成长起到重要支持作用。

（4）新型孵化器——"天使资本＋孵化器"为中小企业提供新融资机会[①]。"天使资本＋孵化器"作为新兴风险投资模式，已发展成为硅谷科技园天使投资的一种潮流。它以提供融资服务为主，将创业者与投资者紧密结合起来，有效地解决了处于成长期的创业者所面临的融资难题。由此可见，"天使资本＋孵化器"凭借其集聚大量创新资源的能力优势，有力地支持了硅谷科技园的创业团队发展壮大。其中最著名的孵化器是 Y Combinator 孵化园，其为入驻企业投入少量资金，对每个创业者安排企业教练，通过为其开设创业辅导课程对其进行创业指导和服务。"天使资本＋孵化器"融资模式的优势包括：一是有利于投资人全程跟进项目，了解项目进展，提高项目融资成功率。由于投资人可以全程参与到创业项目中，亲身体验项目创业导师辅导创业者，有利于投资人全面了解所投资项目的很多细节，全面审视项目进展并提出合理化建议，极大地提高了项目的成功率和融资效率。二是新型孵化器能够为初创科技企业提供少量天使资本，并为其提供场地、共享设施以及政策、法律等支持，帮助孵化器内的科技企业加速成长，最终使得科技企业、孵化器和天使资本三方都实现了自身效益，也促进了新兴产业发展。三是假定创业项目取得了初级阶段的成功，需要从产品化走向商品化，此时新型孵化器还可从其他方面为项目提供支持，例如提升盈利能力或者导入商业资源、搭建关系网络、为与相关大型企业建立联系牵线搭桥等，为创业者整合市场资源，拓展市场机会。

（5）政府扶持为硅谷科技园的金融发展创造了良好环境。尽管金融支持硅谷科技园的创新以市场为主导，但作为全球科技金融市场最发达的代表，美国政府的扶持也为金融支持科技企业发展创造了良好环境。例如，为了净化风险投资环境，吸引更多风险投资，美国政府在相关法律法规、风险投资计划制定等方面整合服务设施、监管市场运行，将风险投资市场建立在法制健全、环境净化的基础上。美国政府的主要支持性举措包括：一是美国专门成立了小企业管理局，为中小企业融资、担保、咨询等提供帮助，带动全美的技术创新浪潮。二是对风险投资提供政策保障及相应优惠政策，以吸引风险投资向创新创业企业倾斜。三是为投资者和企业营造健康的投融资环境，帮其排除后顾之忧。正是美国联邦和加州政府的资金拨款支撑了硅谷科技园初创企业的发展，例如，通过设立社会公益型孵化器，为通过筛选的初创科技企业提供空间、设施，由创业导师提供高度专业化的创业培训，指导企业进行市场分析、财务分析以及项目路演等，降低了企业

[①] 孵化器成为一种新型社会经济组织，通过提供研发、生产、经营场地，通信、网络、办公等共享设施，培训、咨询、政策、融资、法律、市场推广等支持，可降低创业者的创业风险和成本，提高成活率和成功率。

的风险和成本，也培育和聚集了高科技创业群体，因此硅谷科技园凝聚了大量科技人才，为更好的发展提供了智力储备。

3）硅谷科技园模式的经验借鉴

硅谷科技园金融支持科技创新的实践路径从风险投资到硅谷银行再到多层次资本市场体系都与科技创新企业的科技创新进程紧密相连，共同构成了一个科技创新与金融支持相互耦合的生态圈。硅谷科技园发展中的金融支持经验可总结为以下几点：

（1）风险投资成为金融支持硅谷科技园创新发展的主要市场基础。作为一种融资制度安排的创新，风险投资能够将融资、投资、管理以及资本等功能整合于一体。硅谷科技园的风险投资在短时间内快速发展，并成了全球风险投资的典范。它对科技创新的推动主要表现在以下两个方面：一是通过支持高端技术发展，助力硅谷科技园的高端技术在全球独树一帜并处于领先地位；二是通过硅谷科技园的示范作用，带动促进了美国国内其他高科技园区的高新技术产业快速发展。

（2）专业化科技银行是金融支持硅谷科技园创新发展的有效补充。硅谷银行作为致力于促进中小科技企业发展的商业银行（虽然后来因其流动性问题宣布倒闭），为科技型中小企业提供了全面的成长服务。硅谷银行的商业模式具有全球范围的独特性，服务了众多科技企业。

（3）多层次资本市场为硅谷科技园科技发展提供了有力保障。美国的资本市场体系十分完善，从全国性主板市场到场外市场体系层次分明，各层次之间不是壁垒分明，而是可以动态调整、上下层级之间可以灵活转板，符合上一层级上市条件的企业可以向上"晋级"，而达不到所在层级上市条件的则必须向下"降级"，由此构建了一个投融资无缝隙对接的多层次资本市场。

（4）新型孵化器——"天使资本＋孵化器"满足了科技企业的深度融资需求。硅谷科技园的新型孵化器不仅为创业者提供了创业培训和创业导师，还为他们提供以天使资金为主的金融服务。

（5）政府扶持为金融支持硅谷科技园创新创造了良好的外部环境。为了扮演好"守夜人"角色，联邦政府及加州政府分别制定了一系列法律法规，以对创新创业企业实施税收优惠和市场准入放宽政策，为科技创新企业拓宽融资渠道，为科技创新发展营造良好的外部融资环境。

2. 日本筑波模式的经验分析

1）筑波科学城与日本机器人产业

筑波科学城，也称作"筑波研究学园都市"，因地处日本东京东北的筑波山西南麓而得名。虽然筑波科学城的自然环境优美，但由于所处的地理位置偏僻，无法依赖东京等成熟大都市带动其产业发展。在日本政府的主导下，筑波科学城逐渐发展成为日本最重要的科学城。筑波科学城由六个村町组成，集中了日本国内50多所高级科研所和大学。为了满足科学技术革命和教育改革的要求，并缓解东京人口过密的压力，日本政府决定建设筑波科学城。日本政府投入了巨额资金，将筑波建设成了一个集学术研究和技术研发于一体的综合性研究中心。截至2020年底，筑波科学城聚集了众多的研究机构和研究人员，成为日本最重要的主流科学发展园区，培养了大批科研人才，故有日本"硅谷"之称。

日本在20世纪中期进入了经济的高度发展阶段，东京等大城市在经济繁荣的同时，也面临着人口过剩、住房紧缺、资源匮乏、城市化无序蔓延等"大城市病"的严峻挑战。为了缓解东京和其他大都市的人口及就业压力，日本政府于1956年和1958年先后制定了《首都圈整备法》和《第一次首都圈基本规划》，启动了东京圈新城的规划和建设工程。为了振兴科学技术，实现"技术立国"，日本政府开始建设筑波科学城。

1963年，筑波科学城开始规划，1968年破土动工，1980年基本建成。在宇宙研究、农业生物、纳米技术、电子工业等领域都设有研究所或研究中心。后来，筑波科学城在机器人工业发展方面取得突破，并且在全球独领风骚。这也与日本的机器人发展历史有直接关系。早在20世纪60年代，日本就被称为"机器人之国"，电子技术在全球具有优势，为此日本政府十分重视并且极力推进机器人产业发展。1968年，日本政府开始花巨资打造筑波科学城，建设筑波大学和机器人系统开发研究所，筑波成为日本有名的机器人研发地。2014年，日本政府进一步明确了"以机器人驱动的新工业革命"的战略目标，将机器人开发作为日本经济发展战略的重要支撑。2020年，日本政府又在筑波科学城投入了1000亿日元，建立了"机器人革命促进会"，目的是培养机器人领域的人才，支持机器人产业的发展。这一举措进一步促进了筑波科学城的发展，其电子技术综合研究所是日本电子技术研发的最大基地，也是日本的电子工业中心。筑波市政府于2008年开始筹备建设"机器人城市"，将其发展成机器人产业基地。

日本筑波科学城是由中央政府投资开发的国家级科技园，采用中央政府投资、中央政府管理的发展模式。与美国硅谷相比，两者在运行模式、形成机制、组织结构、激励机制、研发效率、投融资机制等方面截然相反，如表3-8所示。

2）筑波科学城金融支持科技创新模式

由于筑波科学城是一个由中央政府主导的科学园，进驻科学园的单位以国家级科研机构为主。尽管在日本政府的大力支持下这些科研机构享有大量财政拨款，

表 3-8 美国硅谷模式与日本筑波模式比较

名称	美国硅谷模式	日本筑波模式
运行模式	市场主导	政府主导
形成机制	市场环境使然	政府行政指令
组织结构	以市场为连接点、联系密切	部门相互独立、很少交流
激励机制	鼓励和提倡个人奋斗	个人意志服从政府计划束缚
研发效率	新、快	基础开发，新技术发展慢
投融资机制	金融市场融资	以财政拨款为主

但不能完全满足其资金需要，还需要金融及时提供支持。筑波科学城发展中主要有以下金融支持模式：

（1）政策性金融支持一马当先。早在 1980 年，在日本政府的官方文件中就提到要技术立国，十年后的 1990 年，又提出科学技术创造立国，将科技立国的重点转为独有性和创新性。为了实现科技立国目标，日本政府设立了政策性金融机构——政策金融公库，设计了一系列融资制度，例如产业技术振兴融资制度、中小企业新技术产业化融资制度、电子机械高度化融资制度以及电子计算机振兴融资制度等。通过这些制度对高技术企业发放长期低息贷款，甚至是无息贷款，同时，政策性金融还给予高技术企业一定的财政补助，提供相关领域的专家服务咨询等，为筑波科学城持续的科技创新奠定了强大的资金基础。日本政府还专门为筑波科学城制定了《增加试验研究费税额扣除制度》《技术城促进税则》等政策法规，对机器人研发企业进行资金补助、税收优惠等政策性金融支持。

为了普及机器人，日本政府出台了一系列金融支持政策。例如，创建财政投融资租赁制度、机器人租赁制度等；保险公司和机器人制造商合作设立租赁机构；日本政府和日本开发银行合作，向高技术企业提供低息贷款等。日本政府还在机电一体化税制和技术政策税制的基础上，制定了工业机器人设备的特别折旧制度，通过折旧、税制、贷款等对机器人产业给予优惠。可以说，正是由于日本政府强有力的财政金融支持，才使日本筑波科学城的信息通信技术、计算机技术、电子技术等高新技术持续发展。

（2）健全的商业银行体系是中坚力量。20 世纪 50 年代到 90 年代初，随着日本经济的崛起，其金融业也迅速发展壮大，构建了以中央银行（日本银行）为主导、民间商业银行为主体、政策性银行为辅助的银行体系，为筑波科学城的科技创新提供了良好的融资环境。在筑波科学城发展过程中，日本的银行体系为其科技研发提供了良好的融资环境，保障了机器人技术研究与设计的资金需要。日本政府为了促进科技创新，对银行业采取了政府干预模式，建立了日本独有的"主办银行制"制度。通过这一制度，日本政府允许商业银行在向企业提供信贷支持的同时，通过购买股权来成为企业的股东。根据《日本银行法》，商业银行最多可以持有企业5%的股权。根据这一制度，商业银行不仅提供信贷支持，还可以通过股东身份深入了解企业的经营情况，这有效缓解了银行和企业之间的信息不对称。当企业出现暂时的财务危机时，如果银行认为企业的发展前景和核心竞争力没有受到影响，一般不会收回贷款。

（3）资本市场及民间资本作为补充。20世纪90年代初，日本逐步建立起了一个多层次资本市场。东京、大阪等八家交易所是主板市场，也是第一层；东京证券交易所的二部市场属于第二层，也是日本的中小板市场；第三层市场是创业板市场；第四层市场是店头市场[①]。2010年，大阪证券交易所与创业板合并，创立了"新JASDAQ市场"，主要面向科技型中小企业和风险投资企业，使其有更多机会在资本市场上融资。筑波科学城的机器人产业除了获得日本政府的政策优惠以外，还可以通过"新JASDAQ市场"融资，获得资本市场的资金支持。2018年，日本政府放宽机器人产业准入门槛，吸引了大量民间资本进入筑波科学城的机器人行业，为筑波机器人产业提供了新的资金来源。随着日本老龄化形势日益严峻，人力资源日益紧张，民间资本认为服务型机器人市场未来的前景十分广阔，在服务型机器人市场的投资不断增加。民间资本的不断注入，促进了服务型机器人技术的传播与推广，推动日本机器人产业进入了一个新增长阶段。

（4）风险投资提供及时支持。在筑波科学城机器人产业发展过程中，技术创新与研发一直最为关键，但其随时面临失败的可能，这意味着投入的资金会面临风险，此时引入风险投资就十分必要。早在20世纪50年代，日本就成立了专门负责向风险企业提供低息贷款的开发银行，后来在政府的推动下，逐渐演化出以银行等金融机构为主体的风险投资业。2017年，日本政府分别给予两家风险企业——Mirai Ventures公司和Cyberdyne Omni Networks公司约2亿日元和1.5亿日元，作为风险资金投资，支持与机器人相关的产业发展。

（5）有效的信用担保体系。金融支持机器人产业发展离不开健全的信用担保体系。日本筑波科学城在机器人产业发展过程中，不仅得到了政府资金的大力支持，在信用方面也得到了有力保障。日本政府创造了良好的法律环境，建立了完善的知识产权体制，为解决机器人产业发展中的融资问题提供了很好的信用担保，有效解决了日本科技型中小企业的融资问题。为了使科技型中小企业更方便快捷地募集到所需资金，日本政府还为其成立了专门的信用担保公司，由日本的信用保证协会直接领导。除此之外，日本政府还严格规定了信用保证章程、准备金提取等，保障了

---

① 店头市场也称柜台市场或者场外交易，简称OTC。有价证券不在证券交易所内交易，而是在券商的营业柜台以议价方式进行交易，称作柜台买卖或店头市场。

担保体系的高效运行。

3）筑波科学城模式的经验借鉴

由于筑波科学城的发展模式是基于日本政府的大力推动，因此政府主导的资金支持模式在筑波科学城发展中发挥着重要作用。总结起来，筑波科学城发展中的金融支持经验有以下几点：

（1）政府资金是筑波科学城资金支持体系的首要力量。尽管日本经济高度发达且已经实现了市场化，但日本政府为了解决"大城市病"，缓解东京大都市圈压力，主导建设了筑波科学城并不断完善。同时日本政府试图通过筑波科学城的建设发展以机器人为代表的高科技产业，因此在筑波科学城建设中日本政府投入了大量资金。和美国硅谷科技园相比，筑波科学城由政府主导的科技支持模式的发展并非十分成功，政府资金的利用效率也不是很高。尽管如此，在日本政府资金的大力支持下，筑波科学城依然是亚洲地区高科技发展的引领者。

（2）主办银行制是筑波科学城金融支持体系的主力。尽管日本政府大力推进筑波科学城建设，但是政府投入资金毕竟有限，且主要优先投入科学城的基础设施建设，科学城内设立的众多企业仍然需要在金融市场筹资。日本的商业银行体制实行的是主办银行制。在主办银行制下，商业银行不是单纯提供贷款支持，而是与作为其主办银行的企业结成几乎成为一体的关系，企业从特定银行的融资比重很高。对于筑波科学城内政府投资的企业，商业银行贷款的积极性自然就高，企业从其主办商业银行融资相对稳定，有利于企业发展。当然，主办银行制也有其不足之处，例如主办银行对企业的控制力和影响力过大，不利于企业经营和控制风险等。

（3）资本市场和民间投资发挥补充作用。日本的资本市场体系虽然没有美国发达，但是，多层次资本市场体系建设也比较成功，除东京、大阪等八家交易所的主板市场外，东京证券交易所的中小板市场、创业板市场以及店头市场等也都可以为筑波科学城的科技企业提供上市筹资的机会。与此同时，由于经济发达，社会资金富裕，日本的民间投资市场相对发达，也可作为企业融资的重要补充。

（4）健全的信用担保体系为科技企业融资发挥支撑作用。由于日本政府在投资上的大力支持，筑波科学城在折旧、税制以及贷款上可以获得优惠，这就为科学城的企业提供了很好的政府担保。加之日本的企业信用担保体系也比较完善，为企业融资提供了坚实的保障，有利于筑波科学城企业顺利融资。

（二）国内典型行业案例

金融支持科技创新，助力实现高水平的科技自立自强，要瞄准与重点支持生物医药、集成电路、人工智能、计算机、高端装备制造、新能源等科技行业。本小节从企业微观视角出发，解析国内金融支持科技创新、助力实现高水平科技自立自强的典型案例，主要聚焦在生物医药、集成电路、人工智能、计算机等产业和行业的案例，具体见表3-9。

表3-9 我国生物医药、集成电路等产业和行业金融支持科技创新的案例

行业	序号	接受支持方	提供支持方	金融支持方法
生物医药	1	信达生物	中国进出口银行	发放科技创新研发贷款
	2	康众医疗公司	浦发银行	提供综合化金融服务
	3	生物医药产业公司	江西省药品监督管理局，多家银行	推出"应收E"，采取"1家医药公司＋N家下游医院"的模式，设立基金，引导银行提供融资
集成电路	1	深圳芯启航科技有限公司	中国建设银行	入驻建行创业者港湾后，提供各种贷款融资
	2	中芯国际、长江存储等8家集成电路企业	由18家财险公司、再保公司共同组建的中国集成电路共保体	提供4743亿元风险保障
	3	南京齐芯半导体有限公司	中国建设银行	量身定制方案，纳入"江北新区集成电路客群"，1000万元预授信支持
	4	北京经开区芯片项目建设	北京银行	大型银团贷款项目
人工智能	1	云天励飞技术有限公司	中国建设银行	投贷联动
	2	第四范式	建信信托	股权投资
	3	商汤、钛米机器人等24家人工智能企业	由工商银行、中国银行、浦发银行、中信银行和兴业银行五家银行组成的银团	共同提供650亿元贷款总授信额度
计算机	1	杭州易合互联软件技术有限公司	杭州中新力合股份有限公司	推出了"路衢模式"，提供资金100万元
	2	西安灵境科技有限公司	西安互联网金融企业金开贷与金知网	通过P2P线上融资平台，分别为西安奇维科技、西安灵境科技提供了为期3个月、300万元的融资
	3	广东瑞恩信息科技有限公司	中国建设银行	科技投联贷

1. 生物医药行业案例分析

1）中国进出口银行的科技创新研发贷款

中国进出口银行一直致力于支持科技创新，助力实现高水平科技自立自强。

为此，进出口银行不断推出支持科技企业发展的金融产品与服务。2021年3月，为促进国产抗癌药品科技创新，中国进出口银行江苏省分行（简称江苏省进出口银行）向全国生物医药业龙头企业信达生物制药（苏州）有限公司（简称信达生物）提供了首笔科创贷，约3亿元。

信达生物坐落于江苏苏州生物医药产业园内，致力于研发、生产和销售用于治疗肿瘤等重大疾病的创新药物。成立10年时间，该公司已凭借超过200项创新型专利和国际化的运营模式形成一条涵盖肿瘤、代谢疾病等多种疾病的23个新品种的产品链，位列行业龙头。在了解到信达生物科研前端资金需求后，江苏省进出口银行高度重视与该公司的首次合作，以优质高效的服务第一时间与企业展开对接，按科创贷制度要求为信达生物设计融资方案，并按企业实际需求将贷款资金及时投放到位。

2）浦发银行的综合化金融服务

康众医疗在起步阶段，由于需要不断加大研发投入，且无法快速增大销售规模，采用传统的授信方式难以得到资金支持。在此背景下，浦发行苏州分行联系苏州的投资公司，为该公司提供了200万元的科技贷款，这笔资金使公司资金紧缺的问题得到了及时缓解，有助于公司产品研发，进而扩大企业产品的市场份额。在资金支持下，康众医疗产品顺利打开市场，销售收入呈现稳步增长态势，并快速实现盈利。随着康众医疗的不断发展，其对金融服务的需求日趋多元，浦发银行苏州分行为此制定了综合金融服务方案。由于该企业国际业务发展快，考虑到市场汇率变动对公司业务收入的影响问题，浦发银行苏州分行为企业提供了便利的外币锁汇服务以及多项外币贷款，从而为企业节省筹集资金的成本与公司经营成本。

康众医药于2021年2月在科创板上市，同时浦发苏州支行也为公司设立了三方监管与专户储蓄等相关金融服务，进一步加深了银企关系。浦发银行建立了"股、债、贷"一体化的科技金融生态系统，形成了一套专业化的组织架构、产品与业务模式，为企业提供全生命周期的金融服务支持，助力企业科技创新。

3）江西百亿生物医药产业基金

为解决企业贷款难题，助力疫情中的生物医药产业发展。2022年5月，江西省药品监督管理局充分利用金融工具，推出"应收E"，采取"1家医药公司+N家下游医院"的模式，化解产业债务链、增强资金链，融资渠道进一步拓宽。

具体做法为：设立总规模101.5亿元的8支生物医药领域子基金，为企业提供金融服务，提供"财园信贷通"贷款优惠。协调邮政储蓄银行江西分行五年内投放不低于100亿元的意向性全额贷款,现已累计为193家生物医药企业贷款33.54亿元。搭建银企对接平台,建立产融合作白名单,引导工行等十余家银行保险机构创新推出"e信通""善担贷"业务,为生物医药产业链全口径融资余额302.44亿元,信贷余额208.35亿元。

2. 集成电路行业案例分析

1)中国建设银行"创业者港湾"

创业者港湾服务主要面向五大类对象:①科创企业,网络信息科技、电子科技等处于初创阶段的科技创新型企业;②先进制造业,新能源、高端装备制造等战略性新兴产业;③文化创意产业;④个人创业企业,专业技术人才、大学生等;⑤头部企业,支持内部创业创新的核心企业,联合开展专业领域内、产业链相关的科研成果转化、项目孵化等。

"创业者港湾"是建行为推动科技创新而携手社会上其他有助于科技创新的机构共同打造的一个金融支持科技创新服务平台,通过这个平台为科创企业提供各种各样的金融服务。"创业者港湾"的特色主要有:①创新投贷联动机制,在科创企业发展的各个阶段提供各种金融服务;②依托建行大学愚公学院发挥科技集聚效应,整合各方资源来助力科技创新;③设立科技创新孵化平台等,帮助科创企业的萌发。

入湾企业深圳芯启航科技有限公司(简称:芯启航科技)在研发第4、第5代智能指纹芯片时,难以承受高昂的研发成本。入驻建行创业者港湾后,公司获得一笔500万元的纯信用孵化云贷,大大提高了产品研发水平与产品质量。基于芯启航的成长性,建行还为企业发放了一笔2500万元的科技创业贷,在短时间内大幅提高了企业产值。作为国有大行,中国建设银行"创业者港湾"在支持芯启航科技等集成电路行业的科创企业方面积累了不少经验案例,促进了大量科创企业健康发展。

2)中国集成电路共保体

2021年10月,中国集成电路共保体(简称:集共体)在上海成立,成员为18家保险公司,包括再保公司、财险公司等,其成立目的是给中国集成电路行业的科技企业提供风险担保,促进集成电路行业科技企业的创新。成立后,集共体为中芯国际和长江存储等8家IC行业的科技公司提供了千亿级的风险担保。集共体将中国保险业中的力量集中起来,运用中国成功经验,为整个集成电路行业提供更全面、更丰富、更系统的风险保障,它为保险业的发展提供了一种新的思路,其中最主要的三项措施如表3-10所示。

表 3-10　集共体支持集成电路行业科技企业发展的措施

序号	措施	具体做法
1	构建了 IC 行业科技企业的生产风险量化评估体系	综合评估 IC 行业科技企业在生产的各个环节可能产生的各种风险，如火灾爆炸风险、气体或液体泄漏风险等，建立生产风险量化评估体系。基于具体的风险评估体系，保险业才能更好地为 IC 行业发展提供更高质量的风险管理服务
2	成立集共体创新风险研究中心	成立风控专家队伍，吸纳不同专业的专家进入队伍，从设计、建设、生产、使用的全过程，探索一套由多方参与、行业认证、国际接轨的中国保险风险管理标准
3	建立集成电路保险经营规范	要把中国的资源整合起来，着力解决当前国内保险供给不能满足高质量、高速度发展的需求这一问题，围绕集共体，建立政府支持、产业认同、行业联合的 IC 保险生态圈，逐步提升我国 IC 保险独立和可持续发展，进而助力 IC 行业科技企业茁壮成长

3) 中国建设银行定制金融方案

中国建设银行主动联系南京齐芯半导体有限公司（简称齐芯半导体），为其提供了贷款支持，助力其进行科技创新[①]。2021 年 7 月，齐芯半导体作为集成电路领域的一员，成功获得建行南京江北新区分行的流动资金贷款 500 万元，解决了芯片量产的资金难题。由于齐芯半导体的创业者是港澳台胞身份，在境内没有固定资产，所以，建行进行了"一户一策"的例外会商，给企业又发放了 500 万元流动资金贷款，让企业支付芯片量产的费用。

齐芯半导体获得金融支持的背后，是建行对南京发展集成电路产业的全力支持。南京着力建设江苏第一、全国前三的集成电路产业基地，定位于"芯片之城"的江北新区是重点区域。为此，建行江苏省分行对江北新区产业技术研创园展开深度调研，针对园区集成电路科创企业反映的资金紧缺和轻资产融资困难的问题，创新定制信贷产品。经过建行省、市、支行联动，多轮会商，最终在 2021 年 6 月完成集成电路客群定制专属融资方案，获得"江北新区集成电路客群"准入。齐芯半导体成了"江北新区集成电路客群贷"的首单落地客户，拿到 1000 万元预授信支持，并在 2021 年 7 月成功用信 500 万元。

为给企业提供建行集团子公司及外部创投机构等全方位、全生命周期的科技金融服务，建行江苏省分行还邀请齐芯半导体加入"创业者港湾"，与企业共成长。建行江苏省分行响应地方政府对集成电路行业的产业布局，让金融支持成为江北新区建立"芯片之城"的一个有力推手，也让更多集成电路企业感受到金融服务

---

① 资料来源：江苏建行定制集成电路金融方案助力"芯片之城"崛起，http://js.people.com.cn/n2/2021/1210/c360301-35045685.html。

的创新性、贴合性。

4）北京银行大型银团贷款

为响应国家的发展战略，北京银行与其他金融机构合作，为集成电路产业的芯片研究等高科技项目提供资金支持。例如，为了给北京经开区大型存储芯片项目提供研发资金，北京银行在 2022 年 5 月牵头开展了大型银团贷款项目，发放的贷款资金总额超过了 100 亿元。银团贷款帮助芯片大型研发项目开展，将有助于提高国内高端芯片的技术水平，提高国内高质量的芯片产能，使我国可以使用自己国家生产的高端芯片，改变国内对国外 IC 存储芯片的依赖，对提升国内 IC 产业的综合竞争力和技术创新能力具有重要的现实意义。

北京银行持续以北京的产业发展、科技创新为中心，构建完整的金融生态系统，加强"商户＋投行＋私人银行"的综合服务，加强对 IC 行业等高科技领域的科技行业的各种金融服务，为促进科技创新、实现高水平的科技自立自强提供有力支撑。

3. 人工智能行业案例分析

1）中国建设银行投贷联动

云天励飞技术有限公司是一家从事人工智能技术创新的企业，拥有人工智能算法、AI 芯片和大数据三大 AI 核心技术平台。在公司快速发展的关键节点，建行"创业者港湾"不仅为其提供了业务发展、公司扩张急需的基础金融服务，还为其构建了一个创新的金融孵化生态联盟，通过该平台，企业可以从政府、社会以及各种金融机构中获得更多、更好的资金、教育、人才、产业合作等资源。同时，云天励飞是建行在深圳首家实施投贷联动业务的企业，建行在该企业仍处于成长期的情况下为其提供信用类贷款，通过建银国际完成 5000 万元的 Pre-IPO 股权投资。

2）建信信托公司的股权投资

建信信托作为建行投资控股的一家非银行金融机构，成立于 2010 年，成立以后发展迅速，现在已经成长为业内最具影响力的信托公司之一，截至 2020 年末，公司已拥有 1.5 万亿元的管理资产。建信信托是一家全能型的资产管理机构，其专注的业务领域主要是投资银行、资产管理和财富管理。第四范式是国际领先的人工智能平台与技术服务提供商，也是国内最领先的 AutoML 机器自学习平台之一。建信信托以股权投资形式参与了第四范式总金额达 7 亿美元的 D 轮募资，推进人工智能和实体经济相结合，加快重点行业的布局，建立以人工智能为基础的企业生态系统，培育顶尖人才。

3）银团与产业合作模式

2022 年 5 月，主题为"同心抗疫，助企纾困"的银团支持 AI 企业的活动在上海举行，旨在为人工智能企业提供融资，助力人工智能企业发展。该场活动中，工行、浦发等 5 家银行与 24 个 AI 行业的科技公司（如商汤、钛米机器人等）签署合同，为其提供了一共 650 亿元的授信额度，帮助 AI 行业科技企业的发展。24 家 AI 行业科技公司中的钛米机器人在这次活动之前还获得过多家银行的贷款帮助。钛米机器人是国家专精特新的"小巨人"企业，2021 年进入科创板培育阶段。钛米机器人在发展的过程中得到了上海各大银行的支持，短时间内就获得了交通银行和上海农商银行的 4000 万元贷款。此外，兴业银行等上海银行业其他机构助力纳米机器人行业发展，为其提供高效、有序的金融服务。

4. 计算机行业案例分析

1）中新力合的"路衢模式"

"路衢模式"是杭州首创的创新担保融资模式，是将各种各样繁多的金融资源、各个不同的金融市场主体和政府主体有效便利地连接起来，形成平稳的道路与桥梁，共同为科技企业提供资金，促进科技企业的创新发展。作为一家软件公司，杭州易合互联软件技术有限公司缺乏抵押资产，很难从银行获得贷款，缺乏金融资金支持。公司在 2010 年因资金匮乏而面临危机时从杭州中新力合股份有限公司筹到了 100 万元。中新力合推出了"路衢模式"来为科技企业融资，促进科技创新。"路衢模式"的创新之处是将"桥隧模式"的一对一变为一对多；同时，引入风险投资机构加入，使之前的三方交易多了风险分担与担保功能，且当风险发生时，第四方风险投资会对科技企业进行股权收购，确保企业持续经营。

2）西安知识产权质押 P2P 融资

早在 2015 年，西安市便开始了科技企业知识产权质押的探索，如西安互联网金融企业金开贷与金知网合作推出的知识产权质押 P2P 融资项目。上述两家金融机构通过 P2P 线上融资平台，分别为西安奇维科技、西安灵境科技提供了为期 3 个月、300 万元的融资。西安奇维科技和西安灵境科技都是拿公司的知识产权做质押，利用 P2P 获得融资，该方式以第三方作为担保，可以降低投资人的投资风险与成本。西安灵境科技有限公司是一家从事多媒体展览展示、互动广告、动漫互动游艺产品研发、生产、销售的高新技术企业。公司从银行或其他金融机构获得贷款十分有限，不能满足公司新项目的开展需求。公司利用从成立以来不断积攒的知识产权，采用线下质押与线上 P2P 相结合的创新方式进行融资，以便为自己的研发或公司的发展提供必需的资金。

金知网通过提供"知识产权的注册保护＋交易许可＋质押融资"实现了知识产权领域全业务流的交易、融资第三方公共平台服务，为推动知识产权的保护、让知识产权资源发挥作用，创建了一个安全、高效的知识产权网络交易融资市场，同时引导社会资金更多地投入知识产权领域，加快科技成果转化为生产力，推动科技创新的发展。

3）中国建设银行"科技投贷联"

广东瑞恩信息技术有限公司主要从事云计算软硬件开发和计算机设备系统集成和维护。公司自成立以后发展得十分迅速，也因此遇到了使科技企业头疼的资金短缺问题。因为公司属于科技企业，固定资产不足，不容易得到银行贷款，曾多次向多家银行寻求融资尝试均没有成功。建行东莞分行在了解到公司的需要后，认真研究、分析公司经营特点，在2016年11月发放了"科技投贷联"300万元，该笔贷款助力了该公司创新发展。

"投贷联"是广东省内率先推出的一种科技金融产品，它基于产业基金模式，实现了股债联动，最早在2016年5月推出，主要针对科技创新企业，其运作方式为股权与债权相结合，对于高新技术企业而言，企业只需要将少量股权进行转让，就有机会获得低成本的银行信贷，进而获得一定的资金来进行企业产品或技术的研发、创新，该产品对科技企业创新十分有帮助。

第四章

金融支持科技自立自强战略的理论探索

全球新一轮科技革命和产业革命加速演进,科技创新"始于技术,成于资本"的特征十分明显。因此,实现科技自立自强战略自然离不开金融的大力支持。那么,金融支持科技自立自强战略的理论逻辑是什么?政策框架如何?支持重点在哪里?

本章以金融支持科技自立自强战略的理论辨识为基础,对金融支持科技自立自强战略进行理论解构,凝练总结了金融支持科技创新的关键制度与政策,剖析了金融支持科技自立自强战略的逻辑体系,从而明确我国金融支持科技自立自强的关键突破点。

一、金融支持科技自立自强的理论解构

(一)"科技自立自强":题中应有之义

正确认识科技与自立自强的概念是准确把握科技自立自强的必要条件。我们需要对科技自立自强的概念做出有效拆解,以便于进一步在更深的层次上把握科技自立自强。从中国经济社会发展来看,以马克思主义为基础的理论思想对新时代"科技自立自强"理论概念和时代内涵认识具有重要意义。

1. 马克思主义视角的科学技术观

科技其实就是科学和技术的结合体。二者相辅相成,缺一不可。科学就是认识周围世界和社会的知识体系。技术是在生产过程中总结的用以提高劳动生产率的经验和知识。因此,科技就是人们利用知识体系或者创新的方式方法提高生产力的过程。科学和技术虽然相辅相成,但它们是有所区别的。科学所关注的重点是人类未知的领域,带有很强的不确定性;而技术是在已知的领域内做出优化,

确定性较强。但二者也相互联系，可以说，科学是技术的前沿，技术是科学在社会中的落地。二者相互依赖，不可分割。

2. 中国特色社会主义的科技思想观

以四大发明为代表，我国的科技水平在历史上曾处于领先地位。新中国成立后，科技发展得到了前所未有的重视，被置于战略发展的高度，形成了不同时期的科技思想。

（1）毛泽东同志关于科技思想的论述。查阅相关文献发现[1]，毛泽东同志的科技思想主要包括：第一，提出了"向科学进军"，争取使科技创新尽快达到国际一流水平。第二，提出科学技术是生产力发展的动力。第三，积极学习国外优秀的先进技术，并根据实际国情进行创造性的运用。第四，建立工人阶级科研团队。从工人阶级中培养出技术工作人员作为推动各行各业发展的中流砥柱。

（2）邓小平同志关于科技思想的论述。查阅相关文献[2]，其主要包括：第一，提出"科学技术是第一生产力"。第二，进一步加强科研人员和知识分子的生活水平和地位，强调科研人员和知识分子是科技创新的主力军。第三，加快推进科技创新体制改革。第四，坚持对外开放，加强国际合作和交流。

（3）江泽民同志关于科技思想的论述。查阅相关文献[3]，其主要包括：第一，实施科教兴国战略。第二，推进科技创新体制改革。科技体制确定得是否得当，关系着国家方针政策是否能得到认真贯彻。第三，坚持走可持续发展道路，引导科技创新走上健康绿色发展之路。

（4）胡锦涛同志关于科技思想的论述。查阅相关文献[4]，其主要包括：第一，提升自主创新能力，走创新发展道路。第二，走人才强国发展之路。通过完善人才引进和奖励机制体制提高科创能力。第三，深化科创体制改革，加快国家创新体系建设。第四，重视科技创新可持续发展。第五，始终坚持以人为本的战略导向。

（5）习近平同志关于科技思想的论述。查阅相关文献[5]，其主要体现在创新方面：第一，"为什么要创新"。习近平同志通过对国际国内形势的科学研判，指出

---

[1] 陈建新. 毛泽东与当代中国的科技事业[J]. 科技进步与对策，1993，10(6)：7-9；朱光亚. 重温毛泽东关于科技工作的论述[J]. 学会，1993(6)：4-5.

[2] 叶作军. 邓小平科技思想探析[J]. 毛泽东思想研究，1991(4)：103-106.

[3] 胡长生. 试论江泽民的科技思想[J]. 求实，2004(6)：19-22.

[4] 宋向阳. 胡锦涛科技发展战略思想初析[J]. 科学管理研究，2008，26(4)：1-5；艾志强，刘佳. 胡锦涛科技思想探析[J]. 学理论，2015(36)：22-23.

[5] 李平辉，邱若宏. 习近平科技创新思想的科学内涵与时代特征[J]. 中共云南省委党校学报，2017，18(4)：55-58；周晓敏. 习近平同志科技思想初探[J]. 毛泽东思想研究，2016，33(1)：60-63.

科技创新的原因和重要性。第二,"谁来创新"。习近平同志科技思想认为科技人才是科技创新中的主体,因此,人才在科技创新过程中处于中心地位。我们要通过对于科技创新人才的培养实现科技创新事业的兴盛。第三,"怎么创新"。目前来看,我国在科技创新方面存在的问题是自主能力较差、尖端人才缺乏的问题。习近平同志科技思想针对性提出了中国特色自主创新道路、深化科技创新体制机制改革等解决方案。第四,"为谁创新"。习近平同志科技思想指出,科技创新的最终目标是造福中国人民以至于世界人民,这是科技创新以人为本的本质要求。

在习近平同志科技思想指导下,我国战略高端技术领域不断自主创新,从"中国制造"走向"中国创造",从高科技领域的"跟跑者"成为大多数领域的"并行者",部分高精尖领域成为"排头兵"。实践证明,在习近平同志科技创新思想的指导之下,我国的科技创新事业不断在横向上拓宽边界,在纵向上取得重大发展。

3. 科技自立自强的时代内涵

自立就是通过自己的努力存活于世而不依附于他人。自立既需要一定的物质基础,又需要主体的主观思想。但自立并不排斥与他人合作,只是强调对于自身掌控权的能力。自强是面对生活所展现出的不怕苦、不怕难、不服输的生活态度。马克思曾就科技发展指出:生活就像海洋,只有那些意志坚强的人才能到达彼岸。我国是有自强精神的民族,几千年来,我国人民自力更生,创造生活。自强已经演化成一种民族精神融入中国人民的骨血里。自立和自强之间是辩证统一的关系。自立更强调主体与客体之间的相互关系和主体自身的客观能力,自强强调主体自身的思想状态。自强是自立的思想指导,自立为自强提供了现实条件。

我国历来强调科技发展,在建党初期,中国共产党便认识到了科技救国的重要性。据统计,在中共二大时期,超过 10%的党员有在海外学习的经历。在土地革命时期,中国共产党在其根据地已初步建立相应的军用和民用工业体系,并且踏出了独立自主、自力更生的第一步。在抗日战争时期,中国共产党开始尝试对外开放,发展科技,科技管理工作走向制度化、系统化的建设道路。在新中国成立的前 30 年中,我国建立起了独立且相对齐全的工业体系和科研体系,为摆脱他国的科技依赖奠定了相对独立的物质技术基础。

"科技自立自强"出自《中共中央关于制定国民经济和社会发展第十四个五年规划和 2035 年远景目标的建议》,其重要性可见一斑。它不仅是对我国科技工作经验教训的深刻总结,而且是推动我国经济高质量发展的客观需要,同时也是发展道路上解决各种挑战的选择。回顾我们追寻科技发展的历史阶段,会发现新时期科技自立自强的内涵蕴意虽与过去的科技发展一脉相承,但有其独特之处:

第一，中国特色社会主义新时代，我国面临的客观形势已经有所不同。在过去较长一段时间内，为了追求快速发展，我国以国内巨大的市场价值来换取国外科技的引进，但我们无论如何都难以引进世界一流尖端科技。从微观上看，在可以轻易获得外来技术的情况下，本土企业没有独立进行技术创新的动力；从产业层面看，本土的零部件供应商也因为没有市场需求而没有自主研发的动力。随着中美贸易战开启，无数次实践经验告诉我们，要想实现科技自立自强，只有自身牢牢掌握关键核心技术，走科技自立自强道路。

第二，中国特色社会主义新时代，我国追寻科技发展的意义、服务对象、目标、定位已经发生了变化。从科技发展的意义上来说，我国最开始认识到科技是第一生产力，科技是社会主义建设的基础，现在我们认为创新是第一驱动力，并且深入认识到创新是国家战略博弈的必然选择。从科技发展的服务对象来讲，在新中国成立初期，科技发展重点服务于军事、政治；改革开放以来，科技发展服务于经济社会发展；进入中国特色社会主义新时代以来，科技自立自强重点服务于民生。在目标上，与传统科技发展以科技产业化为目标不同，科技自立自强的目标是建设世界科技强国。从定位上来讲，党的十九届五中全会将科技自立自强放在规划任务的首位，对科技创新专章部署，足见当前国家对科技自立自强之重视。

第三，中国特色社会主义新阶段，实现科技自立自强的理论内涵侧重有所不同。长期来看，科技自立自强要求我国完全掌握关键核心技术，即短期与他国存在差距并遭受封锁打压、长期能够完全独立发明创造和自主可控科学技术。现阶段，关键核心技术包括但不限于：新一代信息通信、新能源、新材料、航空航天、生物医药等领域所涉及的关键技术。此类技术的特点是能够作为科技强国的战略部署，在科技发展中处于最紧要的地位并起到决定性作用。因此，实现高质量高水平科技自立自强就是要实现此类关键核心技术的完全独立自主，使整个产业链中的核心技术实现完全的可控，消除外部威胁，不再被"卡脖子""牵鼻子"，将核心技术这一"最大命门"牢牢掌握在自己手中。在全球经济化和全球生产一体化的背景下，科技自立自强并不要求我们掌握所有的技术，而是基本立足于本国力量。除核心技术之外，某些先进技术和一般适用性技术也可以引进，但在必要时我们要有自信有能力实现国产替代。

综上所述，科技自立自强中的"自立"是指立足于自身；"自强"是指自我发展，不断进步。因此，科技自立自强的时代内涵本质就是要将关键核心技术牢牢掌握在自己手中，大力提升自主创新能力，让科技创新提高社会生产力和综合国力。

（二）"金融支持"：应有之为

1. 金融的范畴

传统上对于金融的定义是："货币流通的调节和信用活动的总称。"这一定义事实上是把金融完全定义在货币的范畴之内了。事实上，理论界对金融的解释也存在狭义和广义之别。从狭义视角来看，金融就是关于信用货币及一系列货币安排。从广义视角来看，金融的范围显然要宽泛得多，近乎经济学的范畴。金融既包含资本市场的微观运作规律，又包含金融机构和其他金融市场。

在学术界，人们普遍认为金融起源于信用货币的发展。但事实上货币和信用的发展远远早于资本主义现代经济的发展。从经济社会发展来看，金融的起源与现代银行的发展密切相关。16世纪，在意大利威尼斯产生了世界上第一家近代银行，随着大英帝国的兴起，英国的银行率先发行了银行券。随着苏格兰银行的成立，股份制商业银行逐渐发展成型。而股份制商业银行的兴起也是近代银行向现代银行转型的里程碑。

金融范畴形成之后，其内涵随着金融机构的业务范围而不断变化。随着20世纪80年代银行业务的巨大转变，金融的含义几乎发生了翻天覆地的变化，完全超越了货币范畴，覆盖了经济生活的方方面面。现代社会的金融渗透在社会运转的方方面面，其核心作用主要体现在以下三个方面。

一是现代经济的核心与纽带。金融是适应于经济的发展而发展的产业，从其产生的本源来看，它是适应经济发展而产生的，并处于经济社会运行的核心地位。现代社会的市场经济体制使得经济本身就是以货币为中心的一种金融经济。货币的流通、配置充分体现着现代社会中金融的极端重要性。

二是对经济的宏观调控作用。金融对宏观经济的调节作用主要表现在两个方面：一方面，中央银行通过对金融市场和金融机构的调节进而实施对经济的间接调控。如在货币市场上通过对基础利率进行调控而引导市场其他利率的同向波动，或在金融机构中通过对基础货币的调节进而调整社会中总货币供应量而实现对投资、储蓄等方面的调整。另一方面，金融市场本身可以实现对经济的直接调控。在金融市场上，由于市场机制使得资源的配置必须经过市场的考验，因此，市场上"无形的手"本身可以通过调节资源的流向而直接作用于实体经济。

三是社会资金积聚与配置作用。金融作为现代经济生活的核心，可以将零散、闲置的社会资金积聚起来，汇聚成庞大的资金流投入社会的再生产，从而提振社会经济。

2. 多元化的金融支持

金融支持科技自立自强的措施，具体包括：首先，在宏观层面上，国家对科技创新有整体性的扶持计划。其次，各类金融机构通过信贷配给为科技创新企业提供信贷支持。最后，除了银行信贷以外金融市场为科技创新企业提供了第二条融资渠道。

1）政策性的金融支持

在政策性的金融支持方面，具体包括以下措施：一是科技计划。我国的科技计划体系是由政府主导，为将我国科研领域的基础研究、应用研究等科技成果转化为市场应用，以满足国家科技攻关计划所出台的一系列计划所组成。目前，我国的科技计划框架由包括基础研究计划、高新发展计划、科技攻关计划三大核心科技计划以及包括基础设施建设计划和科技产业化环境建设计划的科技环境建设计划两部分构成（见图4-1）。

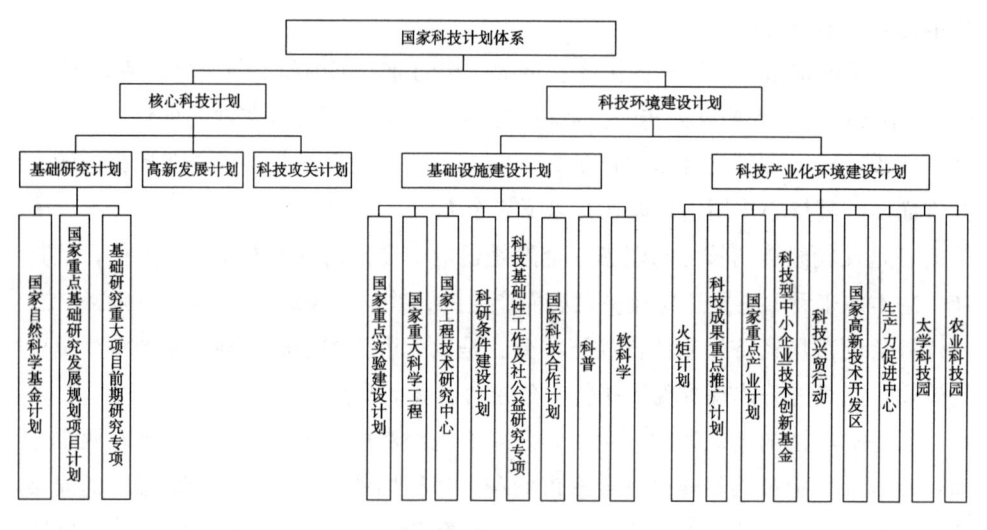

图 4-1　国家科技计划体系

在科技计划全局中，政府在资源的配置上起主导作用。支持核心计划和环境建设计划的研究经费：一是财政支出。现已形成了由中央财政占据主导地位、地方财政为辅导地位的组合。二是财税激励。财税激励是中央政府近年来为了支持高新技术企业成长而采取的重要措施。具体来说，支持高新企业进行技术创新的税收优惠政策主要包括：一是完善科技创新企业的已有税收优惠政策；二是完善支持科技创新企业的税收框架；三是地方财政支持。处于主导地位的地方财政对科技创新的支持主要体现在：发展区域性的创新产业，比如广东省在电子信息、新能源汽车方向形成了区域性的优势产业，浙江省在高科技软件与服务业、高科技制造业都形成了地域性优势产业等；打造地方高新区和特色产业园区，比如上海市在2021年推出了第三批13个特色产业园区，包括2个元宇宙社区，广东省在2021年成立了首批19个特色园区。新型特色园区的成立可以促进同类产业的集聚与发展，从而形成产业整体竞争优势。

2）行业机构的金融支持

一是商业银行积极降低小微企业和科技企业的专门贷款门槛。从2012年开始，为了使金融进一步服务于实体经济，中国五大商业银行以促进产业转型升级为目标，合理地把控信贷投放总量和结构，为先进制造业和新兴产业提供了全面、优质的金融服务，通过信贷配给的方式重点扶持科技创新产业。

二是政策性银行加大对科技创新的支持力度。不同于商业银行，我国的三大政策性银行不以营利为目的，而以支持产业政策为目的。因此，政策性银行可以为高新技术的发展提供金融支持。

三是科技银行的模式在全国范围内迅速开展。科技银行一般是指专门为高科技型企业提供金融服务的商业银行。广义的科技银行还包括主要面向科技中小企业的小额贷款公司以及债权融资平台。本书是指狭义的银行金融机构。早在2003年，科技部、全国工商联和九三学社就开始倡导建立科技银行，以便解决中小型科技型企业的融资难问题。逐渐地，商业性银行下属的专门面向科技企业的金融机构开始繁荣。全国性商业银行和地区性商业银行纷纷设立科技金融事业部或不同区域的科技支行，以支持区域性科技企业的发展。

四是小额贷款公司。小额贷款公司中有专业的面向科技企业的科技小额贷款公司。这类公司大多位于城市的高新技术产业园区，为当地小微特精企业提供专业化精细化的金融服务。但目前该类型的金融机构在我国尚不成气候，能否提供成体系的科技金融服务还有待考证。

3）风险投资的金融支持

一是风险资本投资。随着外资风投进入中国市场，我国风险投资开启了政府引导、市场运作的模式。经过不断发展，风险投资体系已成为我国科技金融发展的重要组成部分。1998年，IDG公司与中国科技部签署了合作备忘录，拟扶持我国350个中小型高科技企业。依靠着该公司在风险投资方面的经验和资源，这些高新企业得到了有效的创投培训。从此开始，我国的风险投资产业进入了高速发展的时期。

二是多层次资本市场。构建资本市场支持科技创新的体制机制，完善市场枢纽功能，发挥对科技创新的支持作用。科创板开板以来，IPO 融资金额接近同期 A 股融资额的一半；创业板服务的主体就是初创科技创新企业；新三板精选层首批入选的 32 家企业涉及软件、医药等高科技行业。事实上，多层次的资本市场除了能够给科创企业提供多元、便捷的融资渠道以外，也可以在市场上形成合理的价格，使企业能在市场上得到合理、公平的定价机会，从而实现资源向科技初创企业的流通。

（三）金融支持科技自立自强的理论解析

金融支持科技自立自强可以通过资本形成机制、风险分散机制、信息揭示机制及其激励约束机制等途径助力科技自立自强战略实施，实现金融助力科技发展、科技促进金融腾飞的良性循环。

1. 金融支持科技自立自强的理论基础

1）金融结构理论

金融结构理论认为，金融包含三个基本要素：金融工具、金融机构以及包含工具和机构之间有机联系的金融结构。经济学家 Goldsmith 认为，金融之所以会发展，是金融结构的内在改变引起的，他同时认为这种内在的变化存在某种规律，除了通货膨胀和战争，大部分国家的金融发展道路很少能够偏离这条规律，只是时间问题[①]。

2）金融中介理论

金融中介理论包括信用媒介理论和信用创造理论两种。信用媒介理论认为，金融就是联络社会最终贷款人和最终借款人的第三方。他们从最终借款人部门融资，同时将聚集的资金向最终贷款人发放，从而充当了社会资金融通的中介部门，分别与最终借款人和最终贷款人之间发生信用关系。信用创造理论认为，金融部门一方面可以通过其资产业务创造社会中流通的信用货币，另一方面可以实现金融工具的转化。

3）金融抑制理论

金融抑制理论强调政府在金融干预中的尺度。恰当的金融干预可以及时在市场失灵时加以纠正，但过度的政府干预反而可能造成市场价格和资源的扭曲，导

---

① 雷蒙德·W. 戈德史密斯. 金融结构与金融发展[M]. 周朔，郝金城，肖远企，等译. 上海：上海人民出版社，1996.

致资源错配从而阻碍经济的增长。

2. 金融支持科技自立自强的内涵

金融支持科技自立自强就是使用金融工具支持科技自立自强，弥补政府投资可能存在的短板。具体而言，在坚持风险可控的前提下，通过充分调动政府、企业、市场等各个方面积极性统筹协调，让直接融资和间接融资相结合，发挥市场在资源配置中的决定性作用，尊重科学和产业发展规律，支持各类所有制企业公平竞争，因地制宜开展差异化金融服务。推动自主创新与开放合作相结合，促进国内国际双循环，为科技企业"引进来"和"走出去"提供优质金融服务。

第一，借贷透明，提高资金使用效率。由于科技企业需要满足在约定期限内足额偿还本息的条件才可向金融机构融资，受制于还款压力，企业会竭尽所能盘活资金，提高使用效率。科技企业为了融资不可避免地会参与融资竞争，融资成败与企业成长和研发水平直接挂钩。在竞争压力之下，科技企业也会提高研发积极性。同时，由于投资者的监督作用，企业资金使用去向可及时披露给融资机构，防止资金浪费。

第二，按需放贷，缓解政府投资分配不均衡。政府投资规划以各级政府预算为基础，无法在短期内灵活调整资金分配额度。而金融融资覆盖领域全面，流程明确规范，条件较为宽松。企业可在急需资金时通过金融融资快速填补资金缺口，避免资金链断裂影响研发进程。因此，金融市场上的资金必须流向最需要的地方，促进实现资金资源的市场最优配置。

第三，灵活快速，解决政府投资滞后性。金融机构的融资渠道和方式较为灵活多变且流程简单，金融机构对企业经过调研、评估后即可放款。此外，金融机构针对科技企业的投资行为，容易产生"羊群效应"，且融资速度快、资金规模大，有利于解决政府资金审批滞后性的问题。

第四，优势互补，加快科技成果转化进程。金融机构可以针对科技企业利用贷款、创投等工具提供直接融资支持，精准服务资本供需双方需求，极大促进了科技成果资本化进程。各类金融主体积极发挥自身优势，为科技成果转化创造了有利条件。

3. 金融促进科技自立自强的理论机制

1）资本形成机制

金融市场可以通过资本形成机制支持科技实现自立自强。对于科技创新企业，一方面，在创业初期，由于其在创新与市场认可度转化过程中过多的不确定性，银行等信用中介难以满足其融资需求；另一方面，由于政策性银行资金有限，故而多层次资本市场和风险资本市场对于科技创新领域的发展显得尤为重要。

在资本市场中，股权投资基金、产业投资基金和各类风投机构是企业融资的重要来源。以风险投资基金为例，风投基金可以以股权投资的形式直接参股或控股科技创新企业，在其发展壮大后选择转出股份退出企业。由于股份已被其他机构所持有，因此科技创新企业的资本份额不会减少，其资本形成也不会被改变。

金融市场的资本形成机制对科技创新企业来说具有特别的意义。这是因为金融市场融资通常具有长期性和供应量大的特点，与科技创新企业的资金需求适配。但是，建立金融市场的资本形成机制并非易事，首先需要有一个不断完善的、多层次的资本市场体系，旨在满足不同规模、不同所有制、不同生命周期的科技创新主体融通资金。如果金融市场的资本形成机制不完善，则储蓄就不能有效转化为投资，资本也就不能被有效配置。

2）风险分散机制

金融体系可以提供有效的风险分散机制。一方面，金融体系可以通过横向风险分散将科技创新企业面临的巨大创业风险分散到市场上成千上万的投资者中去；另一方面，金融市场可以提供多种期限的金融工具，为投资者的均衡投资提供多种选择。这样的风险管理事实上是将风险内部化，即银行以自身所拥有的资本金吸收投融资风险。由于银行大量的金融资产表现为单一的银行存款，故而很难分散非系统性风险。但金融市场可以通过为投资者提供大量不同种类的金融产品而实现资产组合的分散化，从而实现非系统性金融风险的分散。

从科技自立自强的角度来看，对于那些创新程度较大的科技创新企业，发达的、多层次的、完善的金融市场可以为其提供较好的风险分散条件，从而为高风险的科创企业奠定良好的发展前提。但值得注意的是，风险分散机制的前提是金融市场能够提供满足不同风险偏好投资者的金融产品。

3）信息揭示机制

金融支持可以通过信息揭示机制实现科技自立自强。科技创新企业难以获得融资的原因之一是由于其产品的创新性和专业性，导致单个投资者很难或无法承担评估科创企业或项目的成本。而金融体系内充当信用中介的金融机构可以弥补这一空白。金融中介的规模优势和专业优势使得金融中介更容易获得各类信息。同时，面对科技创新企业需要进行技术保密的项目，有限合伙风险投资机制可以有效弥补这一信息披露的缺失。同时，专业性政策金融机构的国家背景和其专业严格的审批程序也具有较强的信息传递功能，其贷款流向具有一定的宣告效应。

另外，金融机构的有限合伙风险投资机制也让科技创新企业的更多软信息得以传播。总的来说，金融中介的信息生产通常具有规模性和垄断性，但完善的、市场化的金融市场的信息生产往往更加多元化。对于不确定性比较高、信息条件多元化程度较高的科创企业，金融市场的信息披露机制更具有优势。

4）激励约束机制

金融机构支持科技自立自强可以通过激励约束机制来实现。通常在一笔贷款发放之后，金融机构将对贷款申请人的资金情况、经营状况进行实时追踪。因此，科技创新企业在进行科技研发时需要以慎重的姿态进行选择，一方面需要考虑市场的接受度，另一方面需要考虑创新的研发能力，要使科技创新能够落地。

二、金融支持科技自立自强的关键制度与政策解构

面临诡谲复杂的国际形势，面对西方国家对我国的科技封锁，党和国家高度重视科技发展，并出台了一系列的政策措施支持科技创新、产业创新等，重点强调了"市场发挥资源配置的关键性作用"，目的就是继续深化市场化改革，激活各类资源流动和配置，更好地支持"四个面向"的国家重大发展战略和国民经济重要发展目标。

全面支持科技自立自强，既需要党中央、国务院的顶层设计和纲领性文件，也需要相关政府部门具体的政策文件、激励措施和指引。事实上，顶层设计和纲要文件以及专项政策之间是相辅相成和相互配合的。前者为后者指明方向，后者在前者的指导下出台具体措施。只有深入理解贯彻国家支持科技自立自强的顶层设计和专项措施，才能更好地发挥金融支持科技创新乃至实现科技自立自强的关键性作用。本部分将从中央层面的顶层设计、部委层面的政策文件以及地方政府出台的具体文件措施三个方面解读和梳理金融支持科技自立自强的政策性文件。

（一）支持科技高质量发展的顶层制度与政策

近年来，我国越发强调科技创新的重要性，先后出台了包括《中国制造2025》等在内的前瞻性政策文件（如表4-1所示）。

表4-1 促进科技高质量发展的权威性文件

会议/文件	时间	重点内容
国务院常务会议	2016年9月	"在关键领域和薄弱环节加大补短板工作力度，鼓励开发性、政策性银行加大信贷支持力度，引导商业银行建立健全适应战略性新兴产业特点的信贷管理和评审制度。"

续表

会议/文件	时间	重点内容
中央经济工作会议	2016年12月	"着力振兴实体经济，……，坚持创新驱动发展，扩大高质量产品和服务供给。……既要推动战略性新兴产业蓬勃发展，也要注重用新技术新业态全面改造提升传统产业。"
国务院常务会议	2017年7月	"聚焦创新体制机制、深化开放合作、破解制造业发展瓶颈，……，在创新体系建设、智能和绿色制造等方面先行先试。"
《关于深化"互联网+先进制造业"发展工业互联网的指导意见》	2017年11月	"加快建设和发展工业互联网，推动互联网、大数据、人工智能和实体经济深度融合，发展先进制造业，支持传统产业优化升级。"
中央经济工作会议	2017年12月	"强化科技创新，促进新动能持续快速成长，加快制造业优化升级。"
国务院常务会议	2018年1月	"深化科技体制改革……采取政府引导、税收杠杆等方式，激励企业和社会力量加大基础研究投入。"
中央经济工作会议	2018年12月	"增强制造业技术创新能力，健全企业为主体的创新机制和有效的创新激励机制，加大对中小企业的创新支持力度。"
中央经济工作会议	2019年12月	"加快设备更新和加大技改投入，推进传统制造业优化升级……提升企业技术创新能力，发挥国有企业在技术创新中的积极作用。"
国务院常务会议	2019年5月	"推进国家级经济技术开发区创新提升……延续集成电路和软件企业所得税优惠政策……"
国务院常务会议	2020年1月	"实施以制造业为重点的减税降费措施。……鼓励增加制造业中长期贷款，股权投资、债券融资等更多向制造业倾斜。"
党的十九届五中全会	2020年7月	明确提出要坚持创新在我国现代化建设全局中的核心地位，把科技自立自强作为国家发展的战略支撑
"十四五"规划	2020年11月	"坚持创新在我国现代化建设全局中的核心地位，把科技自立自强作为国家发展的战略支撑，面向世界科技前沿、面向经济主战场、面向国家重大需求、面向人民生命健康。"规划进一步提出："应深入实施科教兴国战略、人才强国战略、创新驱动发展战略等，完善国家创新体系，加快建设科技强国。"
中央经济工作会议	2020年12月	"科技自立自强是促进发展大局的根本支撑"，并将"强化国家战略科技力量"列为明年经济工作的重点任务摆在首位

从实施科技强国战略目标的权威性文件可以提炼出以下趋势：

（1）高度重视科技创新。党和国家高度重视科技创新，一方面强调推动战略性新兴产业发展，另一方面进行传统产业升级转型。权威性文件多次提出增强原始创新和应用研究创新，加大资源投入，保障创新机制；对相关金融财政政策在支持先进科技发展过程中也提出了明确要求。

（2）强调企业创新的主体地位。从过去若干政策导向和内容重点来看，科技创新一直都坚持以企业为主体，实现科技高质量发展的重心就是健全资源配置、创新激励、政策配套等举措。与此同时，对于传统的国有企业和一些面临困难颇多的民营企业，国家也做了统筹安排。一方面，要加强国有企业在科技创新方面的"排头兵"作用；另一方面，要从经济金融方面给予民营中小企业大力支持，让科技创新的春风也吹向民营中小企业。

（3）系统构建促进科技创新的支持体系。科技高质量发展的重点是良好的生态支持体系，是一个能使市场和政府之间高效互联的制度体系。打造这样的体系一方面便于企业及时获取所需的帮助，另一方面使得政府对市场更加敏感，对企业的需求更加了解，从而有效支持科技创新。

（二）金融支持科技自立自强的专项制度与政策

国家支持科技自立自强包括了产业政策、财政政策和金融政策的专项措施，如表4-2所示。

表4-2　各部委支持科技自立自强的代表性政策

部门/时间	政策文件/会议	主要内容
发改委 2017年11月	《增强制造业核心竞争力三年行动计划（2018—2020年）》	应突破轨道交通、海洋装备、智能汽车等制造业重点领域的关键技术，旨在实现产业化
发改委 2018年04月	《关于促进首台（套）重大技术装备示范应用的意见》	应以国内为主体实现重大技术突破，以尚未取得市场业绩的装备产品为突破口，应加强重大技术装备研发创新和示范应用支持，例如加大财税、金融、政府采购等政策支持力度
发改委 2019年11月	《关于推动先进制造业和现代服务业深度融合发展的实施意见》	应探索推动先进制造业和现代服务业深度融合发展的新业态、新模式，推进先进制造业和现代服务业相融相长
工信部 2017年02月	全国工业和信息化工作会议	应扎实推进制造业创新中心的建设，加快重大装备制造企业发展……制定并出台促进传统产业优化升级的指导性文件
工信部 2018年12月	全国工业和信息化工作会议	应加快发展先进制造业，加强关键核心技术攻关……实施绿色制造工程……培育更具竞争力的优质企业
工信部 2018年11月	《关于开展专精特新"小巨人"企业培育工作的通知》	在各省级中小企业主管部门认定的"专精特新"中小企业的基础上，培育一批"小巨人"企业。
工信部 2019年08月	《关于促进制造业产品和服务质量提升的实施意见》	落实企业质量主体责任，增强质量提升动力，优化质量发展环境，培育制造业竞争新优势，提高质量和品牌竞争力
财政部 2018年07月	《关于延长高新技术企业和科技型中小企业亏损结转年限的通知》	具备高新技术企业……其具备资格年度之前5个年度发生的尚未弥补完的亏损，准予结转以后年度弥补，最长结转年限由5年延长至10年

续表

部门/时间	政策文件/会议	主要内容
财政部 2018 年 08 月	《关于支持打造特色载体推动中小企业创新创业升级工作的通知》	……提高创新创业资源融通效率与质量。中央财政通过中小企业发展专项资金，采取奖补结合的方式予以支持
财政部 2019 年 08 月	《关于明确部分先进制造业增值税期末留抵退税政策的公告》	通用设备、专用设备及计算机……设备销售额占全部销售额的比重超过 50%的纳税人期末留抵退税
人民银行等联合 2017 年 03 月	《关于金融支持制造强国建设的指导意见》	积极运用信贷、租赁、保险等多种金融手段，支持高端装备领域突破发展和扩大应用……
财政部、工信部 2021 年 01 月	《关于支持"专精特新"中小企业高质量发展的通知》	中央财政将累计安排 100 亿元以上奖补资金，重点支持 1000 余家国家级专精特新"小巨人"企业
银保监会 2021 年 04 月	《关于 2021 年进一步推动小微企业金融服务高质量发展的通知》	对掌握产业"专精特新"技术的小微企业要量身定做金融服务方案，及时给予资金支持
银保监会 2021 年 12 月	《中国银保监会关于银行业保险业支持高水平科技自立自强的指导意见》	在坚持市场导向、风险可控的前提下，完善金融服务体系，创新科技金融产品和服务，以探索新的科技信贷服务模式来有效支持科技企业直接融资，并强化科技保险服务为科技企业提供更好的保险服务。完善知识产权质押融资服务体系，建立科技企业信息共享机制，积极建设地方科技企业信息平台

  从上述政策文件的梳理中可以看见，国家发改委和工信部其实是在顶层设计的框架之内制定产业政策，这是我国未来科技创新的重点方向。财政部和人民银行将会给予相关的金融支持，落实相关产业的发展，并引导更多企业、科研院所、资本投入相应的领域。具体而言，金融政策主要包括财政补贴和金融市场融资两类。

  近年来，财政部创新财政资金投入方式，通过财政补贴、税收减免、专项基金等方式加大对科创企业的支持力度。一是实施普惠性和精准性并重的减税降费政策。二是加大对制造业创新，尤其是重点投资科技研发领域的国家重点研发计划和重大专项。人民银行和国家金融监督管理总局主要是通过引导银行、其他金融机构以及金融市场的资金投向来鼓励科技创新型企业的发展。金融服务供给侧改革从本质上来讲就是要让金融资本流入先进制造业以扶持其发展，通过金融政策缓解科技企业融资瓶颈。同时，在多层次资本市场的发展上进一步探索服务科创企业的新方式。以科创板为例，2019 年科创板新上市企业基本为先进制造业和战略性新兴产业企业，上市数量 70 家，融资金额 824 亿元人民币[①]。因此，随着政策引导和社会资本的大量投入，金融政策支持先进制造业高质量发展将更加有力。

---

① 资料来源：Wind 资讯。

三、金融支持科技自立自强战略的逻辑体系

科技自立自强战略的实施不同于一般性科技创新，具有周期长、风险大、难度高、短期市场效应弱等特点，需要解决一系列"卡脖子"难题。为此，在科技创新突破上，需要整合集聚科技资源，形成跨领域、大协作、高强度的战略战术部署和生态系统建设。在资金支持上，从萌芽到发展、从产品研发到产业化过程都需要多元化巨额资金支持。

从美国、日本、德国等国家的实践经验来看，其超强的科技创新能力已经成为发达国家引领甚至主宰世界的"杀手锏"，在科技创新水平不断提高的过程中，金融支持则是实现以上国家领先全球的坚强后盾。因此，可以说，金融不仅成为一种重要的生产要素，更是一种配置资源的重要手段。那么，对我国而言，金融也必然成为推动科技创新、实现科技自立自强战略目标的"重要推手"。然而，不同于国家财政资金的无偿拨付，金融业自身天然是建立在借贷关系或者委托代理关系基础上，通过资金使用权和所有权的暂时分离，或者有条件的让渡，以获取资本利得和所得利得为目的，因此，要求其既能有效支持科技自立自强战略，又不能违背自身发展的内在规律和本质要求。在这种情况下，就必须根据自立自强战略目标的要求和金融自身的内在规律，在两者之间找到契合点，设计符合金融支持科技自立自强战略的逻辑框架。

鉴于此，本节主要聚焦于研究金融支持科技自立自强的逻辑体系。首先，根据我国现有的金融市场结构以及金融体系发展的现实，明确金融支持科技自立自强战略的两类主体——以中央和地方政府、中央银行为主体的行政行为和以金融机构、资本市场等为主体的市场行为；其次，确定金融支持科技自立自强战略的三个对象——企业、科研院所以及高等学校；再次，通过金融体系的三大核心功能——融资功能、风险管理功能以及信息揭示功能，揭示金融支持科技自立自强战略的作用机理；最后，明确金融支持科技自立自强战略应当确立四个目标——面向世界科技前沿、面向经济主战场、面向国家重大需求以及面向人民生命健康，以此构建金融支持科技自立自强战略的逻辑框架，如图4-2所示。

根据图4-2，分别从四个环节系统阐释金融支持科技自立自强战略的逻辑体系要素以及核心内容[1]。

---

[1] 沈悦，袁伟，程茂勇. 金融支持高水平科技自立自强的逻辑框架和关键突破[J]. 吉首大学学报（社会科学版），2024-09-01.

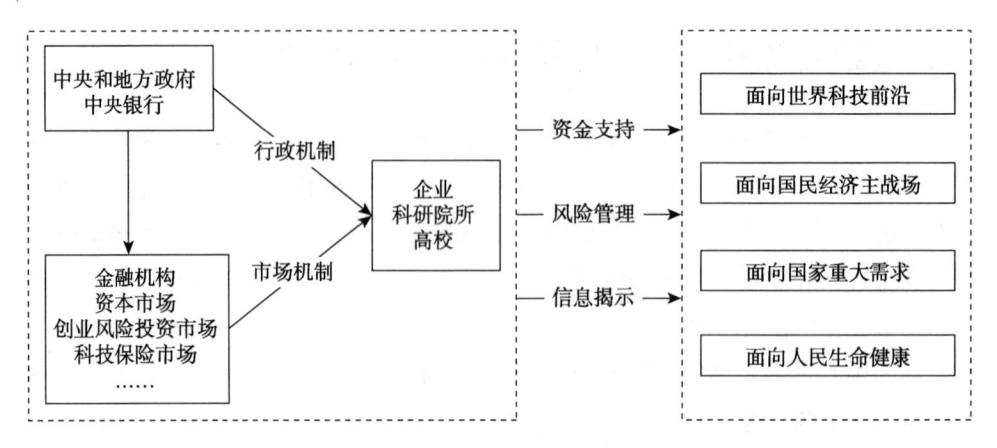

图 4-2　金融支持科技自立自强战略的逻辑框架

（一）金融支持科技自立自强战略的主体——谁支持

根据我国现有的资金管理体制，国民经济建设的两大主要融资渠道分别是财政和金融。就财政手段而言，计划经济体制下我国财政基本以拨款为主，但是，在市场经济体制下，为了支持科技企业发展，除财政无偿拨款外，中央和地方政府也采取了一系列创新性手段支持科技创新，如通过税收补贴（或优惠）、设立政府引导基金等途径，在提供财政资金支持的同时，积极配合、引导金融机构支持科技创新发展。与此同时，中国人民银行作为国家的银行，也可以通过出台多条政策法规，支持科技企业发展[①]。因此，金融支持科技自立自强战略的主体首先来自政府支持体系，即一是通过中央和各级地方政府，二是通过中央银行；其次的支持主体则是各类金融机构、资本市场、风险投资市场、科技担保市场、科技保险市场、科技征信体系等金融支持体系[②]。

1. 政府支持主体

1）中央和地方政府

在我国现有的宏观管理制度设计中，各级政府部门始终都发挥着制度设计的重要作用。因此，金融如何支持科技自立自强战略也是各级政府最为关心的问题，中

[①] 如 2021 年 12 月中国人民银行、国家发展改革委、科技部、工业和信息化部、财政部、中国银保监会、中国证监会、国家外汇局关于印发《山东省济南市建设科创金融改革试验区总体方案》的通知。2022 年 3 月央行、银保监会、证监会、外汇局、浙江省人民政府联合发文，支持杭州市建设国内现代科创金融体系实践窗口。

[②] 沈悦，袁伟，程茂勇. 金融支持高水平科技自立自强的逻辑框架和关键突破[J]. 吉首大学学报（社会科学版），2024-09-01.

央和地方政府也必然成为主要参与者。为了配合国家科技自立自强战略的实施，中央和地方政府可以通过不同方式参与其中予以支持。例如，政府部门为了给金融支持提供良好的创新环境，可以制定相关政策，促进科技创新发展。同时，政府也可以作为支持科技创新的资金供给方，采取财政科技拨款、科技（无息或低息）贷款以及税收补贴（或优惠）等手段，向科技创新企业提供资金支持。在具体的操作中，地方政府也能够以监管者的身份发挥对科技创新的引导、服务以及监督作用。另外，由于金融机构在支持科技自立自强战略中会面临信息不对称和市场失灵等挑战，市场机制无法发挥作用，此时也需要各级政府通过有形之手，充分发挥不同层级政府的监管优势，以降低金融机构在科技创新支持中的信息搜寻成本和交易成本。

2）中国人民银行

作为我国的中央银行，中国人民银行负有宏观调控与监管等职责，既是金融支持科技自立自强战略中的主要参与者，又是金融市场参与者的直接管理者。在推进科技自立自强战略中，中国人民银行可以根据战略目标的需要，制定相应的政策法规，以引导、监督、规范金融市场顺利运行，营造良好的金融市场环境，杜绝金融资源流向非科技创新领域，也可以监督专项支持资金合理使用，畅通金融支持科技自立自强战略的资金渠道，加快科技创新步伐。

2. 市场支持主体

1）金融机构

在我国以银行信贷为主导的间接融资体系中，商业银行等金融机构作为金融市场所需资金的直接供给方，在金融支持科技自立自强战略中发挥着举足轻重的作用。科技自立自强需要大量资金支持，但是，在财政资金支持有限的情况下，科技创新主体的未分配利润是远远满足不了其科技创新资金需要的。在这种情况下，就需要金融机构大力支持科技自立自强。从目前现实看，在我国以银行为主导的金融市场格局下，商业银行已经现实地成为支持科技创新主体的最为核心的主要金融机构。商业银行在提供贷款支持的同时也可以产生并实现信息传递，这不仅能够通过"择优汰劣"甄别优质资产、为自身提供信贷支持，还能便捷、快速地将信息传递给各级政府部门，为政府部门制定并完善支持科技自立自强的政策法规提供决策参考[①]。

除商业银行的金融支持外，由于科技创新的周期长、风险大、难度高，对于确实需要国家政策扶持的科技项目或企业，还必须采用特殊手段，充分发挥政策

---

① 沈悦，袁伟，程茂勇. 金融支持高水平科技自立自强的逻辑框架和关键突破[J]. 吉首大学学报（社会科学版），2024-09-01.

性银行的支持作用，例如通过无息或低息贷款减轻企业负担，或者承担科技创新损失等，在金融支持科技自立自强战略中发挥政策性金融的支持作用。同时，由于科技创新风险高且收益不确定性强，在金融支持科技自立自强战略的金融机构队伍中，自然也离不开科技担保和科技保险机构的作用[①]。为了支持科技型中小企业发展，也需要担保公司、小贷公司等的金融支持。

2）资本市场

与商业银行间接融资方式相比，通过资本市场直接融资的优势非常明显，例如可以降低融资成本、减少信息不对称等。与一般企业融资相比，科技创新所需要的资金量大、周期长、风险高，通过资本市场融资更能符合科技创新的需要。由此可见，通过资本市场融资应当被认为是金融支持科技自立自强战略的主要方式，对顺利实现科技自立自强战略目标发挥着重要的枢纽作用。另外，在科技创新的各个环节中，也可以发挥资本市场的投融资作用，形成科技创新过程中的资本形成机制，既为科技创新提供了全面和系统的投融资服务，也为资本市场发展提供新的机遇，实现双赢。

从我国资本市场发展的现状看，目前资本市场体系已经比较完善，多层次资本市场体系正在发挥重要作用（例如主板市场、创业板市场、中小企业板、新三板市场、科创板市场、股权交易市场以及技术产权交易市场等），不同市场的融资功能和作用不尽相同，可以为不同性质、不同规模、不同要求的科技创新主体提供功能各异的直接融资服务。另外，不同市场的功能发挥还可以为我国不断探索和创新更加完善的资本市场制度提供多源信息，更好地为支持科技自立自强战略[②]。

3）风险投资

与资本市场融资相比较，风险投资市场被看作是与科技创新最为匹配的金融制度安排之一，在科技成果转化中发挥着非常重要的作用。那些具有丰富企业管理经验的风险投资机构被认为是科技自立自强战略资金的重要供给方，在促进科技成果转化、推动科技创新发展中发挥的作用已越来越明显，为科技成果的有效转化提供了融资支持的多项金融服务，在分散和转移科技成果转化的风险的同时，也促进了科技成果的转化和科创主体持续的健康发展。鉴于此，在金融支持科技自立自强战略中也应当发挥风险投资对科技成果转化的重要引擎和科技创新发展趋势风向标的作用。

---

① 分别在第 4 条和第 5 条具体阐释。
② 沈悦，袁伟，程茂勇.金融支持高水平科技自立自强的逻辑框架和关键突破[J].吉首大学学报（社会科学版），2024-09-01.

具体来看，在创新创业项目研发初期，一般风险相对较高，收益却有很大的不确定性，而此时恰恰需要启动资金支持。但是，这时却是项目融资最为困难的阶段，原因是无法达到抵押、担保等传统贷款的条件，一般难以从商业银行获得信贷支持和金融服务。但是，对于创新风险投资机构，这个阶段却正好是其投资创新企业的好时机。如果经过评估后认为所选项目可行，创业风险投资机构就可以为科技创新项目提供初始资金、融资场所以及其他一系列相关的金融资源支持和服务，促进企业或者相关项目尽快融到资金，既可推动科技创新和发展，也能为自身带来丰厚的利润。

4）科技保险

科技保险是指为科技创新提供保险并分担科技创新风险的金融市场，在科技创新中可以发挥分担科技创新主体风险、加快科技创新步伐、保障科技创新收益等作用。针对科技创新风险高且收益不确定性大，通过其他金融支持方式面临困难，特别是中小科技创新主体融资难、融资贵，就可以借助科技保险市场的重要作用，通过为科技创新企业提供担保等方式解决其融资问题。

就我国目前科技保险市场的发展情况看，从顶层设计层面到具体实施过程，科技保险市场作为金融支持科技创新的一个子市场已经发挥了其很好的补充作用。但在实践中还存在一系列具体问题，例如科技保险产品比较单一且投保成本高，使得科技创新主体投保意愿不强，这样，就出现了一个奇怪现象，即科技创新主体本来就面临资金供求的矛盾，此时就更不愿意将有限的资金投入购买保险。针对这种情况，迫切需要进一步完善科技保险按制度并出台政策，以引导科技保险市场良性发展。具体地，可以通过适当降低企业科技创新项目的参保成本、推出更符合科技创新主体需要的多元化科技保险产品等为科技创新服务、支持科技自立自强战略。对此应从金融支持科技自立自强战略的本质出发，大力发展科技保险市场，将科技保险支持科技自立自强战略的主要方向确定为"政府+科技+保险"的模式[①]。

5）信用担保

信用担保市场的健康发展能够为金融支持科技自立自强发挥重要的保障作用。构建科学的信用担保机制，不仅可以提高科技创新企业的融资能力，获取更多资金支持，还能够健全已有金融体系，扩大金融市场在科技创新中的重要作用。从实践看，与我国市场经济体系相适应，由于金融市场的发育还不够完善，经济运行中还存在较为严重的信息不对称现象，众多科技企业，特别是中小型科技企

---

① 沈悦，袁伟，程茂勇. 金融支持高水平科技自立自强的逻辑框架和关键突破[J]. 吉首大学学报（社会科学版），2024-09-01.

业普遍面临融资难、融资贵等问题。为了加快科技创新步伐，在信用担保市场发展中既要发挥市场的"无形之手"作用，同时，还要更好的发挥政府"有形之手"的重要作用。在这种情况下，我国应尽快设立专门的科技信用担保机构，专门为科技创新主体，特别是那些优秀的中小型科技企业提供信用担保，解决融资难问题，发挥科技信用担保的重要手段①。

（二）金融支持科技自立自强战略的对象——支持谁

1. 科创企业

科技自立自强战略实施中的最重要主体是科技创新（简称科创）企业，一方面，企业在研发中需要大量资金开展科技创新，成为科技金融市场的主要资金需求者；另一方面，科创企业通过自身活动也可为科技创新提供自有资金和人力资源，是科技创新的主要供给方。从科技市场发展来看，科创企业最了解市场需求，最具创新动力。为此，创新性资源应率先流向科创企业，其中通过金融支持应造就一批可提高科技创新水平、拥有核心技术能力的领军企业。具体来看，应针对重点共性技术服务性平台建设、创新链和产业链融合、产业链上中下游企业的协同发展等有针对性地提供金融支持②。

2. 科研院所

科研院所也是科技自立自强战略实施中的生力军，与科创企业的科技创新相比，科研院所具备天然的人才和设备优势，在科技创新活动中有自身独特的优势。同时，科研院所人才素质高、专业性强，在科技创新上具有科创企业望尘莫及、不可替代的先天优势。具体表现为：一方面科研院所可以承接科技创新项目已经形成的研究成果，通过其可以向其他企业转让专利、专项技术等实现科技创新；另一方面，科研院所也能够通过研发专利交易申请从中获取利润，间接提升科技创新的能力和水平③。

3. 高等院校

作为科技创新中在基础研究中占有绝对优势的主体——高等院校，尽管其科技

---

① 沈悦，袁伟，程茂勇. 金融支持高水平科技自立自强的逻辑框架和关键突破[J]. 吉首大学学报（社会科学版），2024-09-01。

② 沈悦，袁伟，程茂勇. 金融支持高水平科技自立自强的逻辑框架和关键突破[J]. 吉首大学学报（社会科学版），2024-09-01。

③ 沈悦，袁伟，程茂勇. 金融支持高水平科技自立自强的逻辑框架和关键突破[J]. 吉首大学学报（社会科学版），2024-09-01。

创新成果的转化能力整体比较低是其劣势，但作为我国科技创新活动中重要组成部分的科研院所，却具有科技成果孵化基地的优势，能够通过培育符合国家科技发展战略需要的科技力量，发挥推动经济发展和社会进步的重要作用，在科技自立自强战略中发挥其独有优势。另外，高等院校在支持科技自立自强战略中还可以通过产学研、校企合作等机制，提高其科技成果转化率，变劣势为优势[①]。

（三）金融支持科技自立自强战略的机制——如何支持

根据金融支持科技自立自强战略的主体和对象，可将金融支持科技自立自强战略的机制概括为两类：一是行政机制，二是市场机制。行政机制是指通过行政引导、服务与监管功能支持科技创新，目的在于弥补由于市场机制导致的信息不对称、负外部性等市场失灵或者市场缺失，引导金融资源流向科技创新领域；市场机制则是通过市场竞争、择优汰劣，发挥市场自发调节供求关系、价格波动等，支持科技创新，引导金融资源向科技创新领域流动[②]。

1. 行政机制

市场经济的一个主要缺陷是资源的供需双方之间一般会产生信息不对称问题，由此导致交易成本上升。由于金融资源供给有限，资金供给方一般会根据自身利益诉求进行融资，从而对有利润回报的创新项目意愿强烈。但是，对具有公共物品属性且盈利较低或者亏损的创新项目融资意愿不高甚或不融资，这就导致了科技创新活动中金融市场的失灵现象。鉴于此，就需要采用行政机制，发挥其引导激励、服务保障等行政监管作用。

1）引导激励机制

金融支持科技自立自强战略并非金融体系自身能够完全胜任，还需要各级政府的积极参与，具体可通过直接和间接两种方式引导金融资源流向科技创新领域。其中直接方式主要是指通过政府设立财政专项支持基金等方式，直接将资金提供给科创企业、科研院所、高等院校等创新活动主体，通过行政手段（如政府引导基金等）吸引、鼓励金融机构将资金投入科技创新领域，发挥政府在引导激励金融机构支持国家科技自立自强战略中的重要作用；而间接方式则是政府通过发放政策性科技贷款（虽然一般由金融机构代发，但资金来自政府）、政府直接采购科技产品、银行贷款贴息及提供政策性担保服务等方式，激励金融机构将资金直

---

① 沈悦，袁伟，程茂勇. 金融支持高水平科技自立自强的逻辑框架和关键突破[J]. 吉首大学学报（社会科学版），2024-09-01.

② 沈悦，袁伟，程茂勇. 金融支持高水平科技自立自强的逻辑框架和关键突破[J]. 吉首大学学报（社会科学版），2024-09-01.

接或者间接地提供给科技创新主体，这样就弥补了市场机制中的失灵问题，促使金融体系加大进入研发周期长、风险高但创新能力更强的科技创新主体，从而有效支持了科技自立自强战略[①]。

2）服务保障机制

政府的服务保障机制是实现金融支持科技自立自强战略的重要机制，具体可体现为以下两个方面：一是建立并优化金融支持科技自立自强战略的法律法规[②]，为金融支持科技自立自强提供适宜的政策环境，完善金融支持科技自立自强的基础设施建设等。具体如出台金融支持科技自立自强的财税优惠政策、设立支持科技创新的专业担保机构、完善科技金融的现有担保体系。二是完善知识产权保护体系，降低金融机构和科技创新主体的信息不对称性，为科技创新项目设立初期风险基金等，通过以上措施分别从财政、金融、配套部门等多维度进一步完善金融支持科技创新的政策法规，为引导金融资源向科技创新领域流动提供服务保障，提高金融支持科技自立自强的效率，为推进科技自立自强战略提供充足的资金保障。除此之外，政府还应加大社会信用体系建设的力度，促进经济运行中各个行为主体能够提高自律能力，为金融支持科技自立自强提供适应的社会环境和法律保障，解决金融资源配置中供需双方之间存在的信息不对称等问题，保障金融机构在支持科技自立自强战略中资金提供者的合法权益。

3）行政监管机制

由于金融市场是最容易产生市场失灵的场所之一，因此还需要政府通过行政手段提供有效的金融监管，以保障金融资源的配置正常运行以及金融支持科技自立自强战略的顺畅运转。由此可见，采用行政监管机制的目的主要通过一系列制度安排和制度设计以约束金融资源配置中的各类主体行为，确保金融市场参与各方的合法权益。前已述及，之所以在金融支持科技自立自强战略中特别强调行政监管机制的重要性，主要是为了降低金融资源配置中的信息不对称，即解决金融资金供给中资金需求方的道德风险、资金供给方的逆向选择问题。例如，商业银行在给科技创新主体发放贷款过程中商业银行与科技创新主体之间一般会存在信息不对称问题，当一个科技创新主体向商业银行申请贷款时，其向银行提供的经营状况、三大报表以及科技创新项目的具体情况只有自身最为清楚，而商业银行并不十分清楚。如果银行认为其提供的信息不充分或存在问题，达不到银行贷款

---

① 沈悦，袁伟，程茂勇.金融支持高水平科技自立自强的逻辑框架和关键突破[J].吉首大学学报（社会科学版），2024-09-01.

② 2023年10月9日，深圳市率先发布《深圳市关于金融支持科技创新的实施意见》，简称"20条"，在金融支持科技创新方面走在了其他省市前面。

条件，则银行就会拒绝向其发放贷款，转而将资金贷给那些回报率更高、风险更小的一般领域。这样，必然不利于科技创新自立自强战略的实施。除此之外，例如当某一创新主体获得银行贷款后，如果其将贷款挪作他用而没有投入科技创新，而此时银行是很难实时监督企业经营和项目进展情况的，由此也会产生信息不对称情况下的道德风险问题，既不利于信贷资金安全，也不能推动科技创新。针对以上情况，就需要政府及时出面，履行金融监管职责，采取一系列法律法规措施，动态监督企业行为，严格信贷资金的合理使用，规范金融市场上供需双方的行为，如果发现有需求者存在道德分概念问题就应及时采取措施严厉处罚，杀一儆百，保障信贷资金安全，提高金融资源在科技创新领域的利用效率[①]。

2. 市场机制

相较于行政机制，市场机制通过各个要素间的相互作用关系逐渐形成，更符合市场经济的运行规律。通过市场竞争机制实现合理定价，可以释放并形成真实的资金价格信号，形成金融资源的合理配置，促进金融资源流向重要的科技创新领域。根据前文分析，金融支持科技自立自强的市场机制主要包括四个方面：价格机制、供求机制、竞争机制以及风险形成机制。

1）价格机制

价格机制是指金融市场的资金价格由资金需求方和供给方在市场竞争环境中的博弈关系决定。在价格形成机制中主要由市场机制决定，即通过市场机制引导金融资源合理配置，最终实现金融支持科技自立自强。以银行贷款为例，信贷资金价格的确定主要取决于创新主体能够承受的融资成本，其中包括银行贷款利率、贷款担保费率以及贷款保险费率等因素。再以资本市场为例，创新主体能够承受的资金价格主要取决于其股权或者债权融资的成本（一般情况下，债权融资的成本要小于股权融资的成本）。同样，保险资金价格的高低主要表现为保险费率的确定，而保险费率的高低又取决于创新主体的风险程度。同样地，风险投资资金的价格水平主要取决于创新项目的未来收益折现值。综上可以看出，虽然不同的金融市场子市场融资成本差异较大，但却有一个共同指出，即决定资金市场价格波动的主要因素取决于创新主体能够承受的融资成本，价格机制决定了资金供求之间的动态平衡关系，最终决定了金融资源流向哪一类科技创新子项目，推动了相关领域的科技创新[②]。

---

① 沈悦，袁伟，程茂勇. 金融支持高水平科技自立自强的逻辑框架和关键突破[J]. 吉首大学学报（社会科学版），2024-09-01.

② 沈悦，袁伟，程茂勇. 金融支持高水平科技自立自强的逻辑框架和关键突破[J]. 吉首大学学报（社会科学版），2024-09-01.

2）供求机制

供求机制与价格机制高度相关，是指通过金融供求关系产生资金价格波动，使得金融参与主体之间形成一种竞争关系，相互制约、相互联系。与其他市场供求机制一样，金融市场上的供求机制形成也取决于资金供求主体之间的动态博弈关系。当然，金融市场上的资金供给者之间也会形成竞争关系，进而影响资金价格。同样地，金融市场上的资金需求之间也存在主体竞争关系，进而影响资金价格。但不管怎样，从资金需求方看，当某类科技创新产品或某个科技创新领域创新能力强、具有良好的市场前景且收益可观时，就会被更多金融机构盯上，金融资源必然就会向这一产品或者领域倾斜，则该产品或者领域的金融资源流入就会更多。反之，如果某类科技创新产品或领域未来发展前景有限，或者处于衰退阶段时，就会出现资金进入减少或者不但没有新资金进入反而从其撤出。当金融资源不可能向其倾斜甚或选择退出时，该产品或者领域就会因为无法得到金融支持而走下坡路甚或停滞不前。从这一点看，科技创新市场的发展前景直接决定了金融市场的资金供求关系。当科技创新市场的动向或者趋势发生变化后必然会导致金融市场的资金供求关系发生相应变化。如果能够通过这种供求机制引导金融资源流向创新能力强、市场前景广阔且收益可观的科技创新产品或领域，也就达到了金融支持科技自立自强战略的最终目的[①]。

3）竞争机制

金融市场上竞争机制的形成主要是通过供求关系的动态调整使得资金价格在动态中回归理性，金融资源通过供给方和需求方之间的竞争达到有效配置。这种竞争机制所反映的是金融资源配置主体之间所形成的竞争关系和金融资源需求主体之间所形成的竞争关系的动态博弈。如果某一科技创新项目能力强则就会被更多的进入者瞄准，但开展科技创新必须有资金支持，那么，此时资金供给者是否会提供支持就取决于需求者的融资能力。具体就金融支持科技自立自强战略中的竞争机制来看，关键取决于在金融资源有限的情况下如何配置给最需要也最有发展前景的创新项目。此时科技创新主体和金融机构之间就是按照市场竞争关系开展动态博弈，最终将有限的金融资源配置到最具创新精神的科技领域，实现科技创新，支持科技自立自强战略的目的。由此可见，科技自立自强战略实施中的金融资源配置能否做到最佳，从需求者方面看关键取决于科技创新主体的创新能力、技术的先进性、广阔的市场前景以及可观的经济效益等。由此可以说，在金融资

---

① 沈悦，袁伟，程茂勇. 金融支持高水平科技自立自强的逻辑框架和关键突破[J]. 吉首大学学报（社会科学版），2024-09-01.

源供给有限的情况下，需求者的竞争关系直接决定了能否得到金融支持，也影响了金融资源的价格变化[①]。

4）风险形成机制

由于科技创新高风险性高、收益不确定性，一旦成功后便具有巨大的正外部性等，因此，金融支持科技自立自强还需要在供求关系之间形成相互制约、相互联系的风险形成机制。一般情况下，金融市场上的部分投资者时不时会被高额利润诱惑，在对项目风险和收益不确定的情况下盲目投资，导致金融资源被投放到那些风险大、成功率低的项目或者领域，最终导致预期收益降低甚至本金难以收回。例如，某一科技创新项目的风险虽然很大但收益率也很高，在这种情况下，如果资金供给者因对项目不确定预期上升转而采取保守策略时，资金需求者为了解决项目资金短缺便愿意接受高成本资金。如果科技创新市场的资金需求者增多，必然会带来资金价格上升。在这种情况下，不同的资金供给者因其风险偏好的差异性所采取的资金供给策略也会出现了异质性，只有那些风险偏好者才敢于采取冒险策略，对风险高、收益不确定的项目融资，而那些风险规避者则会采取敬而远之的策略。最终在资金供给者和需求者之间的不断博弈中形成风险机制。

（四）金融支持科技自立自强战略的功能——能否胜任

针对科技创新的高风险、高投入、长周期且一旦成功的巨大正外部性以及金融发展的基本规律，金融支持科技自立自强战略聚焦三大功能：资金支持、风险管理、信息揭示。

1. 资金支持功能

实施科技自立自强战略，需要在产品市场化、专利技术、高新技术产业化进程中提供巨额资金支持，显然，仅仅依靠创新企业的自筹资金难以解决。金融资本在为科技创新主体提供资金、促进科技创新的同时也能实现自身资本增值。现代金融理论认为，一般情况下，企业在内源融资不足的情况下，必须通过外源融资——金融、财政等解决资金短缺。对科技创新主体而言，在发展的不同阶段需要不同性质的资金支持，金融支持的侧重点也呈现出差异性。例如，在技术专利阶段，由于企业投入不够，自身资金非常有限，适合依靠政府财政资金支持；进入产品市场化阶段，由于企业需要的资金量大，财政支持有限，此时就需要金融资本占据主导地位，通过不同渠道为企业提供不同的融资机制和金融产品。

[①] 沈悦，袁伟，程茂勇. 金融支持高水平科技自立自强的逻辑框架和关键突破[J]. 吉首大学学报（社会科学版），2024-09-01.

2. 风险管理功能

由于科技创新活动在不同阶段均存在着不确定性，因此金融市场为科技创新活动提供资金或政策支持时就必须注重全面风险管理，防止科技创新风险传导为金融系统风险。从科技创新的风险类型看，主要表现为研发过程中的失败风险、项目经济效益差带来的财务风险以及科技成果转化过程中的商业化失败风险等。鉴于科技创新活动与金融活动之间的紧密联系，如果科技创新的不确定性大且其成功概率又难以预测时，必然会面临投资回报不确定的风险；当创新产品投向市场后销售规模未能达到预期目标时，就会出现实际收益与预期收益差异过大，投资风险上升、收益下降。由此可见，不管是从宏观还是微观层面看，金融支持科技自立自强的整个过程都应该加强全面风险管理，确保金融领域和科技创新领域良性互动，风险隔离，达到双方双向正反馈目的[①]。

3. 信息揭示功能

由于科技创新的风险高、收益不确定、复杂性强，使得资金提供者在评估科技创新带来的风险、收益、信息成本等时难度加大，无法实现资金的有效配置。对于企业、研究机构等创新主体，金融支持主体（如商业银行、资本市场、风险投资等）与其之间存在信息不对称问题，导致出现典型的市场失灵问题，也是金融无法精准有效支持关键技术领域突破和创新企业的症结之一。在这种情况下，科学地披露科技创新项目的信息就成为影响提供者做出决定的重要依据。尤其在技术专利化阶段，政府和社会资本通过金融信息服务平台，就可以掌握企业创始人与其他投资者之间的联系，判断信息来源的准确性；在产品市场化阶段，通过综合评价科技创新项目情况，可以有效降低资金供求之间的信息搜寻成本。

（五）金融支持科技自立自强战略的目标——四个面向

由于国家将科技自立自强作为重要的战略支撑，而"四个面向"则为科技创新指明了方向[②]，在这种背景下，"四个面向"就自然而然地成为金融支持科技自立自强战略的目标。

[①] 沈悦，袁伟，程茂勇. 金融支持高水平科技自立自强的逻辑框架和关键突破[J]. 吉首大学学报（社会科学版），2024-09-01.

[②] 在2020年9月召开的科学家座谈会上，习近平总书记对科技创新作出坚持"四个面向"的战略部署，即面向世界科技前沿、面向经济主战场、面向国家重大需求、面向人民生命健康。在2021年5月召开的中国科学院第二十次院士大会、中国工程院第十五次院士大会、中国科协第十次全国代表大会上，习近平总书记再次强调"四个面向"，要求广大科技工作者肩负起时代赋予的重任，努力实现高水平科技自立自强。

1. 面向世界科技前沿

自党的十八大以来，习近平总书记就一直高度关注并反复强调科技创新对国家发展战略的重要性，面向世界科技前沿发展新质生产力已经成为国家的重大战略部署。为了实现2035年跻身世界创新型国家前列的战略目标，我国必须推出取得一批具有世界性、战略性以及关键性的重大科技成果。在这种背景下，能够准确把握国际科学技术发展的主要方向已经成为推进科技自立自强战略的首要目标。鉴于此，金融支持科技自立自强战略也必须以面向世界科技前沿为目标，准确定位。具体在金融支持科技自立自强的产品设计和服务模式上不断创新，面向世界科技前沿确定支持的主导方向。在支持思路上，可以通过设立科技创新基金，积极与科技部、工业和信息化部、商务部等部委协调，和高校、科研院所及企业开展战略合作，加大对核心技术攻关的支持力度。特别是对于那些"卡脖子"项目或领域应当特别关注，积极支持那些瞄准世界科技发展前沿的基础研究领域，实现关键核心技术的基础理论和技术原理研究的更大突破[1]。

2. 面向经济主战场

正如习近平总书记所强调的，要围绕产业链部署创新链，能有效消除科技创新中的"孤岛现象"。科技自立自强创新成果更不能仅满足于实验室，而是要与我国经济发展和科技进步紧密结合，将科技创新成果转化为现实生产力。从研发阶段看，科技成果转化的"最后一公里"往往路途不平，会遇到很多问题。为此，在金融支持科技自立自强战略的同时，需要加强与科技创新主体的沟通，充分了解科技创新主体的困难问题，协助推动科技创新成果顺利转化为现实生产力，加快创新链和产业链有效融合。在操作方面，应针对不同阶段、不同规模、不同类型的企业采取不同的支持方式，促进企业创新能力的提升。同时，金融部门还应当配合相关部门，联合打造科技创新资源服务平台或者共享技术平台，对科技聚集区的科技研发投入、知识产权保护体系建设、科技创新人才引进等提供尽可能好的优惠支持，当企业的后顾之忧排除后必然会大大提高创新效率[2]。

3. 面向国家重大需求

科技自立自强还必须面向国家经济社会发展和民生改善等重大需求。高等院

---

[1] 沈悦，袁伟，程茂勇. 金融支持高水平科技自立自强的逻辑框架和关键突破[J]. 吉首大学学报（社会科学版），2024-09-01.

[2] 沈悦，袁伟，程茂勇. 金融支持高水平科技自立自强的逻辑框架和关键突破[J]. 吉首大学学报（社会科学版），2024-09-01.

校、科研院所的科技创新主要体现为基础研究，而公共服务性研究机构则主要瞄准的是国家发展战略，注重如何通过国家实验室发挥创新牵引作用。因此，金融支持科技自立自强也需要集中资金力量支持解决国家战略需求的重大科学问题，具体地，对国家重大科技计划或项目、任务等及时提供资金支持。在我国以商业银行间接融资为主的金融市场格局下，除一般贷款外，商业银行还应当为科技自立自强项目或领域提供专属金融服务，针对不同项目特点开发相适宜的金融产品并提供专项服务。对于大型商业银行来说，应基于其竞争优势，专门为科技自立自强项目出台专属信贷政策，保障科技创新项目的专项资金需求，面向国家重大战略设计配套政策，保障信贷资源流向科技自立自强实体经济，与此同时，也能够为自身完善金融服务体系助一臂之力[①]。

4. 面向人民生命健康

党的十九大、二十大都明确提出要"实施健康中国战略"，保障人民健康。在此背景下，金融支持科技自立自强战略目标也应当围绕"顺应民心、关注民情、致力于民生健康安全"而展开，面向人民生命健康。坚持以人民为中心的发展理念，在积极探寻新战略、新理念、新设计中提供金融支持，加大发展有利于人民生命健康的科技创新企业。在具体实践中，应重点支持与人民生命健康高度相关的医药制造、医疗器械和医疗设备生产、疫苗研发等突破关键技术等，提供资金支持加快破解重大行业科技难题。同时，金融体系加快推进将产品和服务融入智慧医疗等领域，不断拓宽融资渠道，提高金融服务水平，为人民生命健康、保障人民生命安全贡献力量[②]。

四、金融支持科技自立自强战略的关键突破点

金融支持科技自立自强战略要抓住问题主要矛盾，找准金融支持科技自立自强战略的关键突破点。根据国内外经验总结和金融支持科技自立自强战略的逻辑体系，关键突破点可以聚焦以下三个方面。

（一）金融支持科技自立自强战略的产品创新

金融支持科技自立自强战略首先需要有相应的创新性产品做支撑，以适应科

[①] 沈悦，袁伟，程茂勇. 金融支持高水平科技自立自强的逻辑框架和关键突破[J]. 吉首大学学报（社会科学版），2024-09-01.

[②] 沈悦，袁伟，程茂勇. 金融支持高水平科技自立自强的逻辑框架和关键突破[J]. 吉首大学学报（社会科学版），2024-09-01.

技自立自强对金融业提出的新要求。金融支持科技自立自强战略的产品创新应采取不同策略，其中有些是在支持科技创新中已经推出，但还需要根据科技自立自强战略而不断完善的；有些则是科技自立自强战略提出后为适应战略需要从零开始实现创新设计。金融支持科技自立自强的产品创新可以包括以下六个方面。

1. 知识产权质押融资创新

知识产权质押融资是一种企业把其经评估后合法拥有的商标权、专利权、著作权等财产权进行质押，以获取资金的创新性融资方式。通过知识产权质押可以帮助科技企业解决因无不动产担保而带来的融资难题。目前，知识产权质押融资方式主要有三种：第一种是市场主导型直接融资，该融资方式是由企业直接与商业银行对接，将其拥有的合法合规的知识产权质押以获取资金，在该融资方式中占主导地位的是商业银行；第二种是政府主导型，该融资方式是先经由政府基金为企业提供担保，然后再由商业银行根据政府提供的意见为企业发放贷款，从而形成了一种由商业银行、政府基金以及专利权反担保三者之间的一种联动融资模式；第三种是混合型，该融资方式是在上述两模式基础上引入担保公司作为中介，由其分散银行风险，形成一种由商业银行、担保公司以及专利权反担保的新型联动融资模式。由于存在法律法规、企业自身、金融机构等方面的一系列问题，知识产权质押融资在实际推行中并不顺利，还需要在现有融资方式基础上，探索紧密结合科技自立自强的具体策略、方法、路径等[1]。

2. 供应链金融创新

供应链金融最初是以供应链中的核心企业为依托，将其与上下游企业作为一个整体，基于供应链上企业之间的真实贸易，采用自偿性贸易[2]的融资方式，由商业银行或其他金融机构为供应链上的企业提供融资的一种创新性金融产品创新。供应链金融在我国的发展时间长，已相对成熟，适应面也宽。在初步实践的基础上，2020年9月，中国人民银行联合八部委出台了《关于规范发展供应链金融支持供应链产业链稳定循环和优化升级的意见》，提出应进一步完善供应链金融，以提高中小微企业应收账款的融资效率。具有重要历史意义的是，2021年的政府工作报告首次单独提出了应"创新供应链金融服务模式"，意味着供应链金融的

---

[1] 沈悦，袁伟，程茂勇. 金融支持高水平科技自立自强的逻辑框架和关键突破[J]. 吉首大学学报（社会科学版），2024-09-01.

[2] 自偿性贸易是指商业银行基于企业的贸易背景和关联方的资信情况，根据企业的资金流和物流，对其单笔或额度授信的一种融资业务。

发展已被提高到国家顶层设计的层面。随着科技自立自强战略的深入推进，通过供应链金融创新支持科技自立自强应当成为金融产品创新的主要内容之一。

3. 科技保险创新

与一般保险不同，科技保险是一种专门对科技创新而开设的险种（可分为商业性或政策性保险），主要针对科技创新过程中所涉及的可保风险科技要素进行投保。发达国家已有许多与科技创新相关的商业性险种，例如知识产权侵权责任保险、网络保险、行业组合式保险等，有助于企业转移在科技创新活动中所产生的风险。2021年11月26日，原中国银行保险监督委员会印发了《关于银行业保险业支持高水平科技自立自强的指导意见》[①]，针对国家科技发展战略提出了银行业和保险业如何通过科技保险创新支持科技自立自强战略，由此为我国金融业发展科技保险，支持国家科技创新提供了政策支持。同时，为了支持和鼓励科技保险发展，还提出应依托再保险服务体系分散科技保险风险，从而进一步发挥科技保险的保障作用。在具体险种的设计上，提出可开展首台（套）重大技术装备和新材料首批次应用的保险试点，也可在有条件的地区开办首版次软件的保险。近年来，随着我国科技创新步伐的加快，科技保险的发展范围也日益扩大。目前已走向了全面推广阶段，有效支持了科技创新发展。尽管如此，由于受多种因素影响，我国科技保险的产品开发和服务创新仍然有较大改进空间[②]。

4. 投贷联动创新

投贷联动融资方式是将信贷投放与股权融资结合在一起的融资方式，具体指商业银行对其设立的具有投资功能的子公司所采取的一种贷款和股权投资相结合的融资方式，即"信贷+投资"的投贷联动方式。在这种新型融资方式中，商业银行通过投贷联动获得的收益可以抵补其信贷风险，既实现了科创企业信贷风险和收益相匹配，创新了科技创新融资模式，也使商业银行收益提升。从实践看，解决了科技企业融资难问题，缓解了中小企业"轻资产、高风险"难题，也有助于提高银行的风险忍耐度和对中小科技企业融资的主动性，拓宽了商业银行的盈利渠道，顺应了商业银行业务转型的新需求。未来科技自立自强战略实施中，如何在现有投贷联动试点基础上进一步完善适应科技自立自强战略的投贷联动融资模式还需要进一步研究。

---

① 资料来源：原中国银行保险监督管理委员会官网。

② 沈悦，袁伟，程茂勇. 金融支持高水平科技自立自强的逻辑框架和关键突破[J]. 吉首大学学报（社会科学版），2024-09-01.

5. 创业板融资创新

创业板融资是一种除了交易所主板市场之外的其他证券交易场所融资的方式，目的在于解决科技创新企业的融资不足，帮助其扩展更多融资渠道，发展创新创业。与主板市场和其他资本市场业务相比较，创业板市场融资的主要特点是上市标准较低，市场准入制度差别化，有针对性的上市企业筛选机制，对上市企业的公司治理制度具有较强的包容性，较为完善的转板机制，严格的市场监管机制等。从我国创业板市场开放以来的实践看，已充分说明其为中小型科技企业提供了很好的融资场所。由于在创业板上市的企业以科技型为主，因此可以说，创业板市场为金融支持科技自立自强战略发挥了非常重要的作用，目前已成为我国金融体系中支持科技自立自强战略的重要场所。

6. 风险投资创新

风险投资原本是指将资金投入那些新兴的、具有较大潜力但具有较大风险企业的一种权益资本投资。在风险投资中，商业银行一般选择与风险投资基金合作，基于"投贷联盟"等获得更多风险投资利润。银行之所以愿意参加风险投资，是因为风险投资机构在市场实践中存在逆向选择和道德风险问题，导致商业银行常常面临较高经营风险。因此，为了激励商业银行与风险投资机构共同参与科技创新的融资支持活动，就必须建立"风险补偿机制"，例如通过银行的风险准备金补贴、风险投资损失补贴以及贴息补偿，或者来自政府的税收补贴等补偿商业银行，同时也可发挥地方政府的引导调节作用。除此之外，商业银行自身也应积极做好风险控制。

（二）金融支持科技自立自强的制度创新

贯彻和落实科技自立自强战略是一个庞大而复杂的系统性工程，为此，必须在顶层设计的前提下，通过制度创新保障科技自立自强战略的顺利实施。鉴于此，金融支持科技自立自强战略的制度创新应当是基于顶层设计，通过制度保障，促使政府、企业、金融机构相互支撑，发挥协同作用。主要内容包括以下五个方面。

1. 顶层设计制度创新

为了推进科技自立自强战略，2021年5月，习近平总书记提出了"坚持把科技自立自强作为国家发展的战略支撑"[①]；在"十四五"规划中，我国明确提出到

---

① 2021年5月28日，习近平总书记在中国科学院第二十次院士大会、中国工程院第十五次院士大会和中国科学技术协会第十次全国代表大会上发表的重要讲话。

2035年实现关键核心技术重大突破,进入全球型国家前列的远景目标。这是我国从顶层设计高度对科技自立自强战略的统筹规划,为科技自立自强指明了方向,树立了目标。实现科技自立自强不但需要超强的科技创新能力,还需要有巨额的资金支持,在财政投入有限、创新主体融资不足的情况下,金融支持已经成为实现科技自立自强战略不可或缺的重要支柱。为此,金融支持科技自立自强也需要在已有顶层设计基础上设计自身的顶层制度。

2. 专项制度创新

根据国家自立自强战略的顶层设计,科技部、国家发展改革委、国家金融监督管理总局(原中国银保监会)、国家知识产权局等部门已分别规范了相应的制度设计以支持科技自立自强;各省市也分别对支持科技自立自强进行了相应的制度设计;一些省市政府已与部分金融机构签订了支持科技自立自强的战略合作协议。从中可以看出,为了支持金融服务科技自立自强战略,中央相关部委及各省市相关政府部门已经开展了不同类型的专项制度创新。从科技自立自强战略的特殊要求看,加大金融支持科技自立自强力度创新还需要金融部门与科技部、国家发展改革委、国家金融监督管理总局、国家知识产权局等部门通力合作、协调配合,建设国家公共信用信息中心,加强系统建设管理,及时为企业提供共享资源信息。与此同时,为了更好的服务科技创新主体知识产权质押融资,需要加快建设全国知识产权质押信息平台,满足中小型科技企业融资需求,提高科技创新效率。

3. 金融支持制度创新

为了更好地落实金融支持服务科技自立自强战略,2021年12月,原中国银行保险监督管理委员会发布了《关于银行业保险业支持高水平科技自立自强的指导意见》[①],从金融支持科技自立自强的融资制度设计上规范了如何根据国家发展战略的新需要及时提供金融支持。从目前的实践看,该项工作推进仍然比较缓慢。以投贷联动为例,虽然2020年国家设立了首批10家银行可以设立境内投资子公司金融投贷联动试点,但在实践过程中却遇到了不少难以克服的制度障碍,使得"银行+基金"的创新融资模式被异化为明股实债,没有做到真正意义上的投贷联动。另外,从银行与外部机构开展的投贷联动看,也没有真正做到以投补贷,导致商业银行虽然承担了较高的风险但获得的收益却仅限于贷款利息。因此,虽然金融支持科技自立自强的总体制度设计已经出台,但是由于科技创新的难度大、

---

① 资料来源:原中国银行保险监督管理委员会官网。

风险高、回报不确定，而一些科技型中小企业发展的时间较短，存在成长周期长、轻资产运行、实现盈利慢等困难，金融支持科技自立自强的制度设计还需要进一步完善。

4. 激励制度创新

激励制度创新是金融支持科技自立自强战略的重要组成部分。现有金融支持科技创新实践中存在的困难和问题大多与激励制度的不完善直接相关，需要从多个方面加强激励制度创新。

1）金融机构内部激励制度创新

针对目前各类创新金融支持政策在业务推广中所面临的金融机构内部积极性不高的问题，应在现有制度设计基础上优化内部激励制度，出台能够激励金融机构变被动为主动的、具有可操作性的内部差异化激励制度。与一般融资的风险和收益不同，金融支持科技创新的很多项目风险大，收益的不确定性也很大，此时采用一般的激励手段可能并不合适。在这种情况下，如果发生科技金融风险，就应采取有别于一般融资的金融机构内部激励制度设计，出台与科技创新特点相适应的风险和收益匹配制度。对于能够充分证明相关人员已经按照金融机构内部的管理制度依法依规、勤勉履职的员工，即使融资出现了风险，也不应当让其承担风险责任，让融资业务人员敢大胆的从事业务活动。这样，才能体现金融服务科技创新的精神。为在科技融资方面做出创新的金融机构提供风险补贴和补偿。政府可通过制定面向金融机构的激励措施和方案，激励在科技融资方面做出创新的金融机构。同时，金融机构内部也应建立专门的激励考核体系，改善机构内部的绩效考核办法，培育发展专门的科技信贷团队的制度研究。创新内部考核激励机制，健全授信尽职免责制度，针对科技贷款特殊性建立响应速度绩效考核制度，在绩效考评、资源分配中，应向为科技型中小企业服务而成效显著的分支机构倾斜。另外，监管部门还应制定具体的、具有可操作性的尽职免责制度细则，为更好的体现金融支持科技创新提供宽松的政策环境。

2）科技研发单位的激励制度创新

一是补短板，通过激励制度创新支持基础研究。随着全球科技创新不断发展，基础研究的高质量发展趋势愈加重要。为此，建立科学的研发激励制度可以提高科技管理部门的服务效率，实现资源优化配置。在金融支持基础研究的对象选择上，通过激励制度建设，可以有效兼顾长期评价与短期评价、过程评价与结果评价、现有研究成果潜在价值和日后创新效果呈现之间的关系。二是完善科研诚信制度化建设。应当在现有制度化建设基础上不断完善科研诚信制度，夯实科技创新的基石。虽然目前科研诚信制度化建设仍然处于起步探索阶段，但可以通过不断完善科研诚信制度化建设，作为金融支持科技自立自强的一个重要制度创新。三是激励顶尖科学家等高精尖缺人才队伍。目前由于在"发现、选拔、培养、使用"过程中存在机制不健全等问题，导致科技创新中的高精尖缺人才特别是顶尖人才和团队缺口大。为此，建议对顶尖科学家等高精尖缺人才队伍设置专项激励制度，给予特别激励；对于不能采用金融手段的激励制度设计，应当采取由政府兜底的办法解决问题。四是创新容错试错机制。现阶段关于创新容错试错的制度设计与法律法规建设尚不完善，导致创新主体的动力不足。需要通过国家相关部门协调配合，协同推进，不断完善科技研发单位的激励制度创新，为科技创新特别是原创性创新提供宽松的制度环境。

5. 风险管理制度创新

20 世纪 90 年代末，美国出现的"互联网泡沫"导致股价指数大起大落，泡沫破裂后出现了大量投资损失、不良贷款和有关行业的产能过剩。因此，在金融支持科技自立自强战略实施中还应加强风险管理制度创新，避免资金"脱实向虚"，引发市场泡沫。例如，对商业银行来讲，应出台与科技创新特点相适应的风险和收益匹配制度。对于能够充分证明相关人员已经按照金融机构内部的管理制度依法依规、勤勉履职的员工，即使融资出现了风险，也不应当让其承担风险责任，让融资业务人员敢大胆的从事业务活动。贷时审查应根据科技自立自强战略的要求配置复合型专职审查人员进行审批，以适应科技自立自强战略的特殊需要；贷后检查不能仅停留于贷款本息是否能够按时足额收回，还应关注企业的成长性，统筹考虑企业的持续经营能力。

（三）金融支持科技自立自强的关键聚焦

实现科技自立自强战略必须采取一系列政策措施予以支撑。相应地，金融支持科技自立自强战略也必须在已有政策基础上通过不断优化，保障金融支持顺利推进。

1. 充分发挥货币政策的调控作用，加大金融支持科技自立自强的政策力度

从货币政策实施来看，应当在发挥总量货币政策调控作用的基础上，进一步加大结构性货币政策的调控力度[1]。建议适时推出金融支持科技自立自强再贷款等

---

[1] 为了加大结构性货币政策调控力度，中国人民银行与中国证监会、国家金融监管总局协商，于2024年9月创设了两项结构性货币政策工具，支持资本市场融资。

创新性工具，以加大对科技自立自强战略的支持力度。具体实践中可考核金融机构服务科技创新的具体实施措施是否符合宏观审慎监管框架。为此，需要中国人民银行、国家金融监督管理总局、中国证券监督委员会等部门联合制定并出台相应的考评办法。

2. 在修改《中华人民共和国商业银行法》和《贷款通则》中创新投贷联动业务

针对现有投贷联动实施中存在的核心问题——科技创新主体风险高、无抵押、利率低等，应允许商业银行在合法合规的前提下参与投资收益，突破仅能收取贷款利息而无法弥补风险损失的不足，建议修改《中华人民共和国商业银行法》中的第四十三条、《贷款通则》中的第二十条，将原文修改为在风险隔离的前提下，商业银行也可以以适当方式参与股权投资。为了能够更好地实施投贷联动，建议在试点基础上推广商业银行内部投贷联动，支持商业银行在风险可控、符合准入条件的前提下设立全资专业子公司，突破现有法律约束，开展金融创新，支持科技创新项目，加大金融支持科技自立自强的力度。

3. 进一步优化金融支持科技自立自强的风险管理控制体系

依托商业银行既有的风险管理体系所具有的先天优势，在原有基础上针对科技自立自强战略的需要以及科创企业所具有的特殊性，借助高新技术园区相关金融专营机构筛选服务对象，提高风险和收益、成本和支出的匹配度。针对不同的科创企业采取差异化的无担保策略，如对初创企业应采取"先投后贷"，避免直接放贷所带来的风险损失，而对相对成熟的企业则应采取"先贷后投"，避免企业成长起来后绕开银行而另觅融资途径。此外，由商业银行与优质创投风投机构合作，充分交换风险投资意见，由"闭门审贷"转变为"开放式审贷"，坚持风险多维度分散，实现行业、区域等分散，在提高收益的同时降低风险。

第五章

支持科技自立自强战略的金融创新

金融支持企业科技创新活动的关键在于破解传统金融产品、服务等方面的制约，不仅涉及商业银行支持企业科技创新的业务模式与政策机制等方面的创新变革，也涉及其他金融机构的多领域产品服务创新与监管。从微观金融产品服务等方面创新着手，探讨金融创新的现实情况与实践启示，是金融支持科技自立自强战略高质量精准推进的重要理论支撑与现实指导依据。

本章分析科创企业在不同生命周期阶段的动态融资特征以及与之相适应的融资策略；归纳概述了金融支持科技创新的产品与方法的演变与发展；着重从完善投贷联动运行机制、促进债权资产和股权资产的有效协同等角度来研究商业银行科创金融支持体系构建；进一步探讨分析了国内外包括保险、基金、证券、互联网金融机构等在内的其他金融机构在支持企业科技创新过程中的金融产品创新机制及其监管政策。

一、金融支持科技自立自强的产品与方法创新

围绕科创企业的阶段性风险收益特性，根据科创企业的融资需求在不同生命周期阶段所呈现出来的动态差异化特点，有针对性地发挥金融市场科技创新支持功能尤为重要。本节聚焦创新型金融产品与方法的模式及演变历程、适用限制等分析，阐明金融支持科技创新的微观层产品与方法的优化路径。

（一）科创企业的阶段性融资特征分析

科创企业由于自身的发展性质，对金融服务的需求具有独特性：从技术创新到商业化的转化发展，需要多元化和全链式的金融供给；同时，需要动态改进适应其特质的个性化金融服务。科创企业在不同阶段有不同的风险收益特征，需要根据其风险属性来提供匹配的金融服务（见表5-1）。

表 5-1　各生命周期阶段科创企业的风险属性与资金需求

成长阶段	核心要素	风险属性	资金需求
种子期	原创性技术研发	技术风险、市场风险	自有资金、政策基金
初创期	实验室到市场	技术风险、市场风险、管理风险等	外部资本获取受限，融资渠道狭窄
成长期	可持续增长与成本优化	高经营杠杆、企业脆弱性增强	内部资金积累匮乏，自有资金不足
成熟期	优化科技创新资源配置，提高研发效率	产品风险、市场风险、管理风险等	自有资金充足，外部融资依赖降低
衰退期	成本上升，利润空间收窄，市场需求萎缩	经营风险、转型风险	存量资产优化与资源再配置

在种子期和初创期，科创企业以内源性融资为主，外部资金需求较少。在高新技术领域，初创期特指新产品和新技术的萌芽期，没有实际的产品或技术发布。初创期资金主要投向产品研发，创意和概念还没有转化为实际产品，公司未实现盈利及留存收益，难以获得传统银行信贷。政府科技创新基金和各类扶持资金成为科创企业这两个阶段的主要资金来源，此时的科创企业具有"高股权低负债"的财务结构特点。

在成长期，科创企业处在市场扩张阶段，以股权融资为主。随着科技企业产品进入成熟阶段投入市场，企业需要加大资金投入，用于产品更新换代和市场推广。科创企业的无形资产以知识产权为核心，具有排他性、难以规范化评估和交易难度大的特征。传统信贷所需的实体资本对于科创公司来说仍较为匮乏，需要通过风险投资等渠道进行融资，存在诸如控制权流失、技术与商业机密泄露等风险漏洞。

在成熟期，科创企业具有较为稳固的资本要求，以权益与债务为主体进行筹资。该阶段的特点是企业的业务稳定性和标准化程度提高，企业的管理更加健全，企业的核心产品具备了一定的市场竞争能力，科创企业有较高的议价主动权。成熟期科技创新产业的融资需求呈现多层次、全方位的特点。通过制定综合融资策略，综合运用股权融资、债务融资和非传统融资方式，成熟期科技创新产业可以优化资本结构，降低融资成本，并为企业发展提供多元化的资金来源。

在衰退期，科创企业一方面维持生产和经营与偿还债务使得融资需求高，另一方面衰退期经济不景气使得科创企业的创新成果商业化前景不明朗，融资风险较高。此时，企业以债权融资为主，大部分股权融资退出。科技企业衰落并不代表其完全处于市场劣势，仍然可以通过资源资产的整合等持续商业化，金融中介在此时的作用显著提升。

（二）金融支持科技创新的产品与方法

行之有效的创新型金融产品及方法，对促进金融资源与科创技术资源的贯通具有重要借鉴与启示作用。当前，我国支持科技创新的金融产品与方法主要体现在科技银行、知识产权融资、投贷联动、科技保险、供应链金融、政策性"股转债"等方面，根据市场需求不断创新演变。

1. 科技银行

在以半导体、电子设备、生物技术等高新技术产业为代表的科技企业中，资产占比较高的是知识产权等无形资产，这些轻资产比传统的固定资产更难通过质押获得银行授信，企业存在较大的资金缺口。科技银行就是在这种背景下产生的，主要通过提供信贷与股权融资相结合的一系列金融服务，为有资金需求的科创企业解决信贷风险大、启动费用高的困境，互补性地填补商业银行的风险贷款缺口。以硅谷银行为例，其面向个人、企业、投资团体等设计专业金融产品，在市场业务、客户筛选、风险管理等方面率先进行了多项创新（见表 5-2），形成了有别于传统商业银行的运营模式。

（1）在客户行业选择和服务战略上，硅谷银行主要运用数字化、云计算的获客方式，聚焦互联网软硬件、生命科学与医疗、私募股权、能源、高端酒类五个主要行业，针对客户的需求制定专属的融资方案。这种行业领域聚焦的优势，使得硅谷银行可以更好地了解客户信息，减少银企间的信息不对称；硅谷银行组建了专业金融团队，在长期服务科创企业的过程中，积累了包括风险投资人、行业专家、孵化器和创业加速器等在内的广泛关系网络，为科创企业提供量身定制的综合金融服务，也助力其在行业内建立良好的声誉和市场地位。

（2）在风险控制方式上，硅谷银行采取了一系列风险隔离措施，确保在信贷和股权投资业务中的风险得到适当分散和管理。风险投资资金主要来自发行债券和股票，而非存款业务；信贷业务不占用风险投资资金，保证风投业务与信贷业务的风险隔离。早期硅谷银行主要采取存款账户监控、贷款合同设计、风险投资杠杆三种风险控制方式。

（3）在业务管理模式上，硅谷银行是首家针对科创企业的创业、成长、成熟三个发展阶段分别制定不同金融服务方案的银行，覆盖了创业公司的生命周期。硅谷银行按约定收购科创企业的部分股权或认购股权，突破了债权和股权投资的壁垒，有效降低了融资风险；为初创阶段的高技术公司提供快速融资，包括中长期贷款、创业辅导、投资者推荐等；对发展中的公司提供包括流动资金贷款、资本管理和国际发展顾问的一整套成长融资服务；面向致力于国际市场拓展的企业，则提供包括全球现金管理、财务管理和兼并收购顾问等金融服务。

表 5-2　硅谷银行分阶段向科创企业提供的融资方案

提供的服务	加速器服务	增长服务	企业金融服务
企业发展阶段	初创期到早期	中期	成熟期
销售收入规模	500 万美元以下	500 万~7500 万美元	7500 万美元以上
产品	无产品，专注研究开发	产品进入市场	在全球推出产品
企业管理	创始人＋初始团队	引入职业经理	专业的管理团队
风险状况	持续融资风险	商业风险	商业风险
主要金融产品	中长期创业贷款	流动资金贷款（供应链融资）、闲置资金管理	现金管理、全球财务管理
其他服务	介绍投资者、指导如何创业	协助推进国际化	指导开展如何并购、管理全球业务
市场占有率	50%	10%~12%	小于 10%

资料来源：国海证券研究所。

国内首家将硅谷模式本土化的银行是成立于 2009 年 7 月的杭州银行科技支行，该行根据杭州地区经济产业结构特点，结合战略性新兴产业发展规划，围绕企业现金流、知识产权、股权三大核心资产，对杭州市产业发展规划中的医疗、新能源、高端装备制造业等科创企业开展和应用各项金融创新类产品和方法，提供长期有效的融资支持。在杭州银行科技支行的金融支持策略实施中，有很多创新路径值得借鉴，比如，针对不同类型和发展阶段的科创企业，银行对不同的客户制定了专业的客户审核标准、授信授权政策，针对不同客户采用不同的专项拨备政策来进行评估；在风控模式方面，综合采用重大项目联审、专职审批等多种风控模式；推广银行专有技术金融服务系统"CDPA"和掘金计划等。截至 2022 年末，杭州银行服务科技企业超过 1 万家，融资余额超过 480 亿元，服务经营区域范围内 1800 余家专精特新企业，浙江省内覆盖率超 30%[①]。

2. 知识产权融资

大部分科技企业属于"轻资产"型中小企业，难以通过抵押资产的方式获得传统信贷，面临资金短缺的困境。为破解这些产业的融资约束难题，国家先后出台相关政策并开展试点，允许科技企业利用其合法拥有的专利、商标等知识产权

---

① 资料来源：《杭州银行股份有限公司 2022 年度社会责任报告》，http://www.hzbank.com.cn/hzyh/tzzgx/shzr/996119/20230426082019 36367.pdf。

开展融资，实现"知产"变"资产"。

1）知识产权质押融资

知识产权质押融资是指公司将自己依法拥有的专利、商标、著作权作为质押财产，在经过银行估价等程序后获得信贷的融资方式，其目的主要是解决科技型企业缺乏不动产担保而带来的财务限制。美国率先利用知识产权筹集资金，并根据自身国情制定了独特的知识产权质押融资模式：①市场主导型，代表形式为美国联邦小企业管理局的 SBA 模式，包括严格的风险监控系统和银企政风险共担制度；②中介担保机构类型，由中介公司开发质押担保机制，信用增级进而降低融资成本；③市政债务保险担保，以委员会制度、再担保制度为代表的一系列风险防损措施等。

1996 年，《专利质押合同登记管理办法》由国家知识产权局发布，标志着我国知识产权质押融资制度的起步。2006 年 10 月，北京诞生了全国首笔中小企业专利质押贷款，为科技型中小企业知识产权质押贷款破冰。在国家知识产权局的指导和地方政府的协助下，2016 年知识产权质押融资试点开启。上海、北京、武汉、广州等城市成为首批试点地区，众多银行机构积极参与其中。这一大规模试点标志着知识产权质押融资在我国正式迈入实施阶段。目前，已有共计 40 个城市在全国范围内进行了专利质押贷款的试点。在"信用中国"的官网上，全国知识产权质押信息平台已经开通，为广大群众提供了一系列全面的、一站式的服务，包括知识产权业务的办理和企业征信信息的查询。

我国知识产权质押融资主要分为市场主导的直接质押融资模式（如北京）、政府主导的直接质押融资模式（如上海）和混合模式（如武汉）三种类型。不同模式中的政企担保角色定位各有差异，在运作过程中也存在着门槛与贷款对象的个性问题以及法律、估值和经营风险的共性问题。

2）知识产权专利组合

为实现知识产权专利许可收益的最大化，专利战略的实施主体逐渐从单一科创个体发展为由众多有融资需求的个体组成的专利联盟。专利联盟也被称为专利池，它是在技术发展与专利系统互相融合的基础上，以专利组合为基础，以其在价值增值和风险回避上的优点为基础，对成员企业所持有的专利进行高效的融合。专利联盟对于金融机构来说，可以增加对质押物收益的心理预期，降低金融机构对风险规避和损失控制的担忧，其竞争优势主要源于规模化与协同支持所引致的价值增值和风险规避。

专利联盟是一种能够快速转变产业竞争结构的公司，能够给公司带来规模化专利产品的多种收益。随着行业链和供应链的细化延伸，专利交叉许可普遍，与特定产品或技术相关的专利数量激增，形成错综复杂的专利网络。专利联盟通过建立专利合作伙伴关系，可以有效地解决知识产权的相互授权问题，提高知识产权的实践效率，减少法律纠纷。国内科技创新产业正在形成自己的专利池，可以通过交叉许可等方式与竞争对手的专利架构竞争，避免在专利纠纷中过于被动。专利池可以帮助科创企业消除专利障碍，降低专利许可中的交易成本，促进研发创新。

2022年4月22日，科创中国知识产权保护联盟在天津滨海高新技术开发区正式启动，联盟将努力将知识产权从创造、运用到保护、管理与服务的全链条模式进行打通，并探讨建立起一套能够实现知识产权价值的方式与机制，从而积极推进知识产权运营体系的发展，加快对知识产权的产业化进程。

3）知识产权证券化

从各地实践来看，知识产权质押融资规模不大，融资授信额度也低于预估值。在一些城市，专利权的信用额度不超过评估值的30%，授信额度不超过评估值的20%。在此背景下，知识产权证券化应运而生，形成了更为长效支持的知识产权质押融资方式。知识产权证券化通过市场化定价和价值评估，将科技型企业的知识产权具体化为可质押资产，长线助力科技型企业融资。和常规ABS一样，知识产权证券化也可以提供上千万元的融资，使得权利人可以得到足够的资金。我国知识产权证券化业务在不断发展过程中，探索出包括供应链模式、融资租赁模式、二次许可模式等多种模式。

2015年3月，国家知识产权局印发了《关于进一步推动知识产权金融服务工作的意见》，明确要大力支持相关领域的创新和发展。2018年12月18日，上交所推出我国首个知识产权供应链金融资产支持专项计划——"奇艺世纪知识产权供应链金融资产支持专项计划"，成功获得4.7亿元的融资支持。2019年3月28日，在国家知识产权局、证监会等监管下，"第一创业-文科租赁一期资产支持专项计划"于深交所成功发行，所有标的资产均为知识产权，成为我国首个获得批准的知识产权证券化标准化产品。2019年12月20日，国家知识产权交易运营试点推进会在郑州召开，正式宣布郑州成为全国唯一的知识产权交易专业市场。随后在2021年11月4日，"西丽湖国际科教城-高新投知识产权资产支持专项计划"在深交所正式挂牌，是我国第一个面向高等院校的知识产权证券化产品。

从快速发展的知识产权质押贷款到知识产权证券化的首个试点，标志着知识产权质押融资方式的实践性突破，具有重大现实意义。与知识产权质押相关的金融工具可以为中小企业提供更多样的资金支持，有利于提升以知识产权的价值为基础的具有增值功能的融资服务能力，从而最大化科技创新成果的外部性效应。

3. 投贷联动

我国《中华人民共和国商业银行法》第四十三条明确规定，"商业银行不得在境内从事信托投资和证券业务，不得向非自用不动产投资或者向非银行金融机构和企业投资，但国家另有规定的除外"。在这种"分业经营"的金融背景下，商业银行不得向实体企业进行股权投资，只能提供信贷资本，担任公司债权人。这种对综合化投融资业务的政策限制，阻断了银行从股权高回报中平衡风险承担的可能性，抑制了银行对科技创新型中小企业提供信贷服务的积极性。2016年4月21日发布的《关于支持银行业金融机构加大创新力度开展科创企业投贷联动试点的指导意见》（以下简称《投贷联动指导意见》）已批准5个地区的10家试点银行设立投资子公司，为科创企业提供"信贷+股权投资"的综合金融服务。试点区域主要包括北京中关村国家自主创新示范区、上海张江国家自主创新示范区等，试点银行包括国家开发银行、中国银行等。

我国商业银行对非金融类的权益投资活动主要采取三种战略：一是以四家国有大银行为主，持有国际投行资格，积极介入国内的股权投资活动。例如，中国工商银行旗下的工银国际投资集团设立的 Harmony China 不动产基金；中国农业银行旗下的农银国际设立的海南国际旅游业产业基金。二是招商银行和浦发银行等国有控股银行，通过与高市场化程度的私募股权投资公司合作，开展"贷款+股票期权"模式的投贷联动业务。金融机构在提供信贷时，约定好转化比率、股权行使条件，把一定额度的贷款转化成股票和选择权，使其可以在股票增值时行权购买股票并出售获利。三是多家中小银行与市场化 PE 机构合作，推出"贷款+理财顾问"模式。PE 机构对贷款企业进行尽职调查和投后管理，协助中小企业提升经营能力和估值，中小银行可以为 PE 机构提供较为全面的金融方案，并从中获得贷款、理财咨询等收益。

在投贷联动不同模式的实践过程中，境内投资银行子公司也面临突出问题：①其他股权投资风险权重的设定比例要求，给商业银行带来了巨大的资金压力；②投资收益过高，而忽视了对科技创新企业的投资试点目标；③由于专业人才匮乏，商业银行直接投资股权，风险隐患较大；④商业银行审慎信贷文化与激进的投资文化有明显的理念碰撞，在投资与信贷资金之间存在风险隔离，认股权贷款业务应运而生。认股权贷款即"贷款+认股权"投贷联动模式，商业银行与合作者签订信贷协议，除了按期还本付息的约定外，还有附加的股权协议，即商业银行可以按照指定价格得到科创企业一定比例的股份，该协议经由银行通过委托集团内部的投资子公司或者第三方投资公司与企业签订。此种模式具有两个特点：一是在向企业提供资金的时候，需要签订一份认股权；二是认购合同中对科创企业股权和期权行使所得利润进行了明确分配。认股权贷款普遍存在于科创企业的种子期或初创期，通过把一部分未来的股票溢价进行转让而获得贷款。认股权是对银行贷款风险进行定价的一种方式。当商业银行不行使股权时，它不会占据企业的实际资金，对企业经营管理影响较小；同时，通过未来的股票行权，商业银行可以获得投资收益以抵消信用风险。

在投贷联动业务的实践基础上，我国各地银行也积极探索对科创企业的贷款融资新模式，例如根据合作对象不同而创新的"贷款+对外直接投资"模式和"贷款+远期股权"模式。"贷款+对外直接投资"模式是银行机构将信用发行与对外投资公司的直接投资有机结合起来，加强科创企业对外投资与贷款的联动。例如，华夏银行广州分行、招商银行广州分行推出"投连贷"等产品。"贷款+远期股权"模式是金融机构向借款人提供贷款时，与银行合作的投资机构能够在一定时间里以约定的价格将借款人约定数额的股份转让给借款人，或通过增资扩股获得公司一定数量的股份。

4. 科技保险

科技保险是一种针对科技创新活动中可能发生的风险而设计的商业保险或政策工具，其主要作用是分担科创企业在成果转化过程中面临的可保风险，为科技创新提供保障。科技保险将保险功能和资金优势充分发挥出来，投入实践的保险险种可以覆盖科技创新的各个阶段，如知识产权侵权责任保险、高新技术企业研发中断保险等。

2006年，原中国银保监会与科技部联合出台《关于加强和改进高新技术企业保险服务的通知》，明确科技保险的定义，阐述科技保险的目标，提出科技保险的发展模式，标志着我国科技保险顶层设计体系的初步建立。科技保险创新试点于2007年7月20日正式启动。作为科技保险试点城市（区），北京、天津、重庆等九市三区签署了《科技保险创新试点合作备忘录》，标志着我国科技保险试点正式启动。试点期间，国家税务总局明确了第一批享受税收优惠政策的科技保险险种，涵盖了科技创新活动中的研发风险、财产风险、经营风险、贸易风险和人员风险等，为科创企业提供了全方位的保障。

2010年3月，科技部、中国保监会联合印发了《关于进一步做好科技保险工作的通知》，旨在扩大科技保险覆盖范围，提高科技保险服务水平。各省相继在辖区内开展科技保险试点，制定多项明确的政策措施，对发展新型科技保险进行激励，拓宽保险服务领域，为科技型中小企业提供有针对性的保险保障。随着科技保险的规范化，保险公司开始专业化经营，建立科技保险专营机构。2012年11月，人保财险苏州科技分公司获准开业,成为全国首家科技保险特许经营机构;2018年1月,太平科技保险股份有限公司获准开业,成为全国首家专业科技保险公司;2021年10月,武汉光谷建成全国首个国家级科技保险创新示范区。

2021年11月26日,原中国银保监会发布《关于银行业保险业支持高水平科技自立自强的指导意见》(银保监发〔2021〕46号)(以下简称《意见》),《意见》引导科技保险"立体式"发展,科技保险嵌入产业链、共保体,保险机构应建立覆盖科创企业从研发到生产销售等全周期的科技保险产品体系。

5. 供应链金融

供应链金融是一种以供应链为基础,以核心企业为信用中枢,由金融机构基于真实贸易交易产生的应收账款或应付账款为上下游企业提供融资,向供应链上的上下游企业提供涵盖贸易融资、供应链管理、结算服务等在内的全方位金融服务。供应链金融将物流运营、商业运营和融资管理有机地结合在一起,在基于产业链的贸易中建立买家、卖家、第三方物流商、金融机构之间的紧密联系,利用供应链物流盘活资金,同时发挥资金对供应链物流的带动作用。

2018年4月,商务部发布了《关于开展供应链创新应用试点的通知》,提出要推动以核心企业和商业银行为中心的供应链融资方式的改革;2020年9月,中国人民银行等八部门发布了《关于规范发展供应链金融支持供应链产业链稳定循环和优化升级的意见》,明确提出要强化金融机构与企业之间的信息交流,推动供应链融资线上化、数字化,是目前国内供应链金融发展的重要指导思想。在2021年的政府工作报告中,首次提到"创新供应链金融服务模式",并重点强调供应链金融在解决中小微企业融资难题及金融脱实向虚等方面的关键意义。

6. 政策性"股转债"

政策性"股转债"是政府相关部门利用政策性资金对初创企业进行股权投资,在培育企业可获得高标准股权回报后,将企业创始人的股权转换为债务的新型融资方式。政策性"股转债"由政府出台政策支持,鼓励和引导社会资本投资科技创新领域,投资期限较长,一般为5~10年,为科创企业提供稳定的资金支持。该模式能够满足科技创新企业的融资需求,为企业创始人提供流动性,鼓励企业创始人长期持有股份,有效地激发企业创新积极性。

政策性"股转债"在支持企业创新方面发挥着至关重要的作用。一方面,政策性"股转债"可以解决正外部性特征和金融资源供给不匹配问题。创新活动具有正外部性,私人投资者往往难以充分获取这些正外部收益。在收益不足以覆盖成本的情况下,私人投资者没有动力提供金融支持,导致金融资源供给与创新需求之间出现不匹配。而政府资金的长期性可以为创新企业提供稳定的资金支持，弥补私人投资者的局限性。另一方面，创新企业往往面临融资约束，导致其投资决策受到限制。政策性"股转债"通过提供长期融资支持，缓解了企业的预算约束，使其能够选择回报率更高的创新项目。

(三) 创新型金融产品和方法的应用实践

1. 创新型金融产品和方法的国际应用梳理

本节选择部分国家或地区的科技银行、政策性金融、风险投资、创业板市场等金融产品和方法进行分析与总结。

1）美国：完善的科技资本市场 + 科技银行

（1）多层次完备的资本市场。美国是全球最大最完善的金融资本市场。其中，证券市场由纽约证券交易所（NYSE）、美国证券交易所（AMEX）和纳斯达克（NASDAQ）主导，进一步细分为全球精选市场（NGSM）、全球市场（NGM）、资本市场（NCM）等。美国建立了以市场化竞争为核心的全市场转板制度，不同市场具有不同的财务和流动性标准，不同发展阶段的企业都能在美国金融市场找到最契合的融资方式。此外，美国对公司债券的发行没有严格的法规约束，公司可以通过双方当事人之间的协议来获得公司债券的发行数量和发行条件，多样化的债务融资工具还可以向科创公司发行信用评级为"低级"或"无级"的证券，其债券市场具有发行机制完善、融资工具丰富的特点。

（2）分阶段帮扶科创企业的计划。除了完备的资本市场外，美国政府也一直推行针对中小科创企业的融资计划项目：一是小型信贷项目，即由本地的社会中间商贷款机构，为中小型企业发放规模较小的信贷；二是依靠于政府资金支持，为科创类中小企业设立"小企业研发创新计划（SBIR）"和"小企业技术转移计划（STTR）"。政府还提出了与 SBIR 计划相应的配合计划，包括联邦和州技术合作计划（FAST）和州匹配计划（SMP），达成了整体上 SBIR 计划分三阶段促进企业创新的政策效果。这些定向支持方式除了把科研机构与市场相结合，减少技术创新风险，促进创新科技成果商业化转化外，还可以利用政府采购、合同分包等方式的政策功能把创新产品更好地推向市场，提高创新产品的市场竞争力，促进商业化转化。

（3）以硅谷银行为代表的科技银行。硅谷银行构建了包括投贷联动、企业创业平台等的科创金融服务创新体系，为科技企业设计专属服务方案。一方面，对初创企业信贷一般采用跟投模式，获得一定比例的公司认股权证，未来行权分红；

授信额度按股权风险投资的一定比例授予，抵押知识产权，为第三方机构担保；通过向对利率低敏感的新兴技术企业发放贷款，可以使贷款的资金回报率得到提升，从而形成"高息差"。另一方面，在风险控制方面与风险投资（VC）合作，从风投公司和技术公司中吸取资金，避免资金转移外流；附加贷款对于企业存款免息的规定，也大幅压缩了债务成本；通过投资风险投资基金建立客户网络，促进业务分析和咨询，同时持有认股权证。

2）新加坡：创新券 + IP 计划

新加坡标准、生产力和创新局（SPRING Singapore）于 2009 年推出了"创新券计划"，限定适用领域，简化申请流程，降低准入门槛，扩大计划覆盖面，企业可将其兑换为现金补贴或服务，用于创新活动。该计划通过提供现金补贴或服务，为企业提供创新激励，建立新型产学研合作关系，促进了知识产权转让和科技成果转化。同时，该计划覆盖面广且门槛低，确保资源公平分配，促进中小企业整体技术提升。创新券计划的成功为其他国家和地区提供了有益经验，其明确的目标导向、简化的申请流程和灵活性使其成为支持中小企业创新和推动经济增长的有效政策工具。

新加坡创新体系中相当重视无形资产，特别是知识产权的保护，形成了新加坡知识产权局等一系列专业管理知识产权的机构。2017 年，新加坡成立 Startup SG 作为新创资源整合窗口，致力于创建完善的金融环境与知识产权保护机制，提供便利的无形资产融资通道。目前，新加坡已经出现 Grab、Acronis、Trax 等独角兽企业，此类轻资产公司对人工智能、云端、RPA 等技术的知识产权保护需求逐年增长，也间接促成新加坡政府在 2021 年 4 月公布其"知识产权保护计划"（IP 计划）——《新加坡 IP 策略 2030》。该计划是由参与融资机构（Participation Financing Institution, PFI）提供资金，用以协助在新加坡登记的高科技公司，鼓励企业将知识产权转化为商业产品和服务，促进创新成果的市场化。该策略的目标有二：一是强化新加坡无形资产的国际竞争力；二是运用 IA/IP 来吸引新创企业在新加坡设点营运，同时带动相关人才流动与技能培养。

据《2021 全球创新指数报告》数据显示[①]，新加坡创新指数名列世界第八位、亚洲第二位。新加坡科技研究局 2021 年成果报告[②]显示，该国 2020 年启动了 6000 多个企业研发项目、吸引超过 1.8 亿新加坡币的 R&D 投资，新加坡在 2020 年疫情导致全球创新速率放缓的背景下，依然保持较强创新势头，与其推行的 IP 计划密不可分。

[①] 《2021 全球创新指数报告》由世界知识产权组织（World Intellectual Property Organization, WIPO）公布。

[②] 新加坡科技研究局，https://www.a-star.edu.sg/.

3）英国：中小企业成长基金

英国探索发展了"中小企业成长基金"模式，巴克莱（Barclays）、汇丰（HSBC）、渣打（Secret）等银行在2011年共计投入25亿英镑建立英国中小型企业发展基金（Brothers Global Fund，BGF）。BGF针对的是有成长和发展空间且具备一定国际竞争力但信贷风险相对较高的科技创新型中小企业。

BGF模式的特征：第一，BGF仅在科创企业中投资少量股份，不直接参与公司的决策，也不直接参与公司的实际运营，但是公司股权分红、并购重组等重大对外投资的决定都要经过BGF的审批，保留了初始团队的控制权；第二，中长期和大规模的技术创新投资，侧重于中小企业的技术创新；第三，英国金融行为监管局允许银行机构将其在BGF中的资金转化为自身风险权重，减少银行机构持有BGF股权所需的资本金，提高资金利用效率。BGF广泛多元化的投资组合降低了银行机构的风险敞口，增强了金融体系的稳定性。BGF将债权和股权投资相结合，并按比例收取管理费，建立了类似于看涨期权的回报结构。债务部分的利息收入提供稳定的5%～6%年化回报，保留项目退出收益中的部分回报。BGF通过独立开放的组织架构吸引多个机构投资者，为其提供稳定的长期资本；银行可以对BGF的股权投资应用较低的风险权重，从而为BGF提供一定的经济优势。这种独特的投资模式使BGF能够为企业提供具有吸引力的融资选择，同时为投资者提供风险调整后适当的回报。此外，BGF拥有强有力的独立董事资源、专业的投资队伍，以及一个覆盖广泛的运作网络。

4）以色列：风险投资基金

以色列第一家风险投资公司Athena于1985年正式成立，这既是以色列风险投资行业的正式开端，也是以色列风险投资行业发展的重要里程碑。在经历了技术解化器计划、Inbal计划的演变后，以色列政府于1993年启动YOZMA计划，由以色列政府、各大银行以及国内外风险投资机构共同发起，建立一个具有国际竞争力的风险投资生态系统，通过营造有利的投资环境和合作机制，吸引国际风险投资机构在以色列投资，增强以色列风险投资行业的国际化程度，帮助以色列创新型初创企业进入全球市场，参与国际竞争。该计划于1998年推出第二期YOZMA II计划，进一步扩大了对创新企业的投资规模。2018年，以色列高科技企业（互联网、IT与软件、生命科学、半导体）共融资5.07亿美元，YOZMA计划通过为风险投资基金提供资金支持和税收优惠，促进了以色列风险投资行业的蓬勃发展。

以色列YOZMA基金的运作结构采用了"母—子基金"模式，即两级联动的母基金+直接投资（见图5-1）。在组织架构方面，实施有限合伙制（LP）的形式，在子股权基金结构的股权安排方面，设计了政府所持股份的让渡机制。YOZMA基金将投资重点放在电信、生物科学、医疗技术等行业，体现了政府扶持高新技术产业的政策导向和意愿。YOZMA 计划在运作模式上具有以下创新特点：采用"引导而不主导"的政府介入方式，政府机构以有限合伙人身份参与风险投资基金，承担有限的资金责任，聘请专业的管理团队确保风险投资基金的市场化运作，在风险投资基金成功运作后，政府主动退出，将盈利所得返还给投资者。

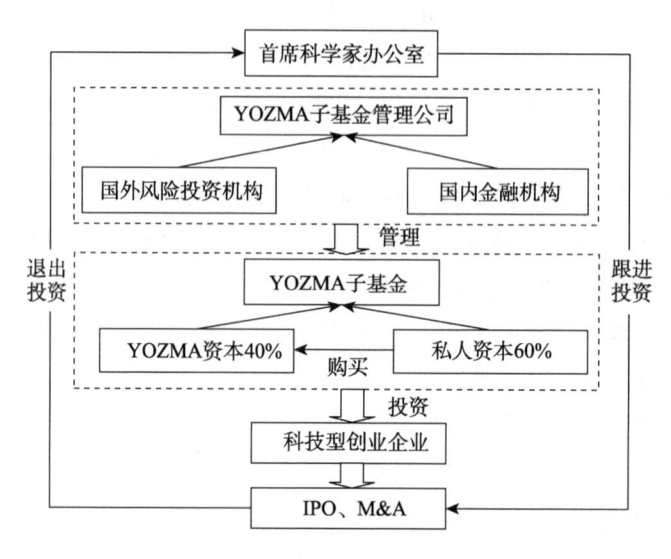

图 5-1　YOZMA 的基金运作模式

2. 创新型金融产品和方法的国内应用梳理

1）上海：浦发银行"股债贷"

浦发银行立足集团内多部门协同优势，与集团内浦银国际、上海信托、浦发硅谷[①]等单位合作，依托数字化服务平台，构建"股、债、贷"一体化科技金融生态服务模式。

在业务创新方面，浦发银行通过推出"投资贷款联合＋认购期权＋直接投资"等方式，对高成长性技术公司的客户进行了全方位的培养，向科技公司推出"万户工程培育库"服务，为已经获得或即将获得资金的科技公司推出"投贷宝"和"科技快速贷款（投贷结合）"等服务，协同推动认股选择权业务，为科技型企业提供"科技含权贷"，与合作基金，来搭建利益共享机制。

在客户管理方面，浦发银行对优质客户融资需求全覆盖，重点着眼于客户发展的长线评估主线，以高技术公司运营状况、团队经验、技术专利、外部认证等

---

① 2024 年上海金融监管局同意浦发硅谷银行有限公司名称变更为"上海科创银行有限公司"。

为评估指标，构建出一套科学规范的"定量+定性"的评估指标体系。与浦发硅谷形成"贷贷联动"机制，达到优势互补、资源共享和信息互通的目的，共同促进科技金融的发展。

在供应链金融方面，浦发银行针对高科技企业的产业链提供多场景的一体化金融服务，为其提供"1+N"的供应链金融服务，建立高科技金融的项目推荐会+高科技金融服务平台。通过强化数字化平台服务能力，构建以数字科技金融服务平台和在线融资平台为核心的服务体系。

在风险管控方面，浦发银行积极运用数字科技，建立全方位评价体系，用于动态识别科创企业的风险；基于大数据、人工智能等技术，建立科技金融项目库和资金需求方数据库，实现项目与资金的智能匹配和高效对接；运用数据挖掘技术，明确高价值客户名单，为平台用户提供精准的引流服务等。

2）广东：全链条知识产权+供应链金融

广州以"政府、银行、保险、评估等多方共担风险"为指导思想，先后创建4000万元的知识产权质押融资风险补偿基金和2000万元的知识产权质押融资补偿资金池，激励银行业金融机构对科技型中小微企业的信贷支持。截至2022年末，广州所拥有的有效发明专利和高价值发明专利数量提升明显。其中，高价值发明专利量达47000余件，同比增长26.0%[①]。

2016年11月，广州市建立了以政府资金为基础的知识产权质押融资风险补偿基金，旨在降低金融机构为科创型企业提供专利质押贷款过程中的风险成本。该项目已与广州银行等10家银行和6家知识产权评价公司开展业务往来，知识产权质押融资备案企业库入库企业近8000家，涉及多种专利质押融资的风险分担模式。主要的协作模式有："55模式"（基金、银行各分担50%风险），"5311模式"（基金、保险、评估、银行按比例分担风险），"541模式"（基金、保险、银行按比例分担风险）。

同时，广东省注重供应链融资，通过建立供应链融资的"双支柱"制度推进供应链金融发展，形成广东供应链融资模式。人民银行广州分行，通过推行全国统一动产融资服务平台，向中小微型科技公司提供了多种供应链金融服务：①鼓励金融机构充分利用中国应收账款融资服务平台，发挥大数据、人工智能等数字化技术的优势。引导金融机构依托平台开展供应链金融服务创新，探索新的融资模式和风险管理方法。②全面推行动产融资统一登记公示制度，推进动产融资业务标准化规范化发展，保障交易安全和信息透明。③加强省政府采购智慧云平台

---

① 资料来源：《2022年广州知识产权发展与保护状况》。

和应收账款融资服务平台之间的联系，推进政府采购贷款业务在全省落地。

3）深圳：全链条科技金融体系

成立于 2004 年的深圳市投资控股有限公司（简称"深投控"）始终按照特区要求调整方向和步伐，形成了"科技金融、科技园区、科技产业"三大产业集群，拉动深圳经济强劲增长。深投控构建了全方位、全周期、多功能的金融服务体系，业务涵盖证券、保险、担保、基金、信托和风投等领域，打造的科技金控平台已累计支持近 10 万家高新技术企业创新发展。深投控拥有较为完整的金融牌照，旗下包括国信证券、国任财险等金融公司，还持有国泰君安等股份。目前，金融资产已经是深圳投资控股集团最优质的一类资产，也是深圳投资控股集团向金融控股集团转变、服务于深圳经济社会发展的核心优势。2022 年的 ESG 年度报告显示，深投控累计投资高科技项目资金 472 亿元。

深投控以构建科技型融资产业链为主要发展方向，充分发挥综合金融服务优势，为科技公司提供股权融资、债券融资、并购重组财务、新三板挂牌等服务，运用科技保险、科技基金等多种金融工具，积极推进科技创新与金融业态融合。例如，深投控对国内第一只由政府出资的百亿元天使基金进行管理和运作，构建了涵盖天使、VC/PE、并购投资等企业发展全生命周期的基金群；发挥国任财险的科技保险保障作用，把科技保险列为公司的主要经营策略，创新多种科技保险产品与服务；充分利用深圳高新技术投资公司、深圳中小担保公司等金融机构的优势，以保险联动、风险贷款为主、多元金融为辅的经营模式，在国内金融保险领域树立典范。

此外，深投控以旗下六个高科技产业园区为依托，通过引进多渠道的金融资源，构建"孵化平台＋天使投资"的融资模式，为高科技产业发展提供"孵化、产业基金、风险投资、贷款担保和投资银行"等全方位融资服务。通过以旗下深高新投、深圳担保等为助力，推动科技与金融对接，促进高技术产业的发展。

4）陕西：秦创原创新平台

陕西省通过构建秦创原创新驱动平台，促进了金融支持科技创新的实践。秦创原作为陕西省对外科技实力展示的平台，综合采用多种金融手段为地区科创企业提供层次完善、功能齐全的融资支持体系。

在信贷融资领域，秦创原把对科创企业发放的贷款、办理的贴现再贷款都列为重点扶持对象；同时对科创企业的贷款利率定价机制进行实践性完善，开展投贷联动和投保贷相结合的融资方式；积极实践知识产权质押融资、供应链融资和股权质押等金融产品，鼓励政府金融担保公司创新开展股权、应收账款、订单和知识产权等资产抵押贷款服务，助力科创企业在秦创原获得更多的信贷服务。在融资方式方面，西咸新区（沣东）建立"政采贷"和"科技金融超市"等服务体系，推动"银税贷"、承兑汇票质押等面向中小微企业的贷款方式。

秦创原在健全多层次资本市场方面开展以下举措：一是大力推进科创公司上市；二是重点扶持具备资格的公司申报省级上市候补公司；三是推进具备资格的公司在全国范围内公开发行股票；四是在陕西股权交易中心科技创新专板下设秦创原特色化企业专区，运用好中央和各地的金融投资资金、启动天使资金、拓宽科创企业的前期资金来源等措施，为科创企业创造一个衔接有序、具有竞争优势的良好发展空间。该地区同力股份（834599.OC）是首批在北京证券交易所挂牌的公司，是西咸新区沣东新城引领区域公司走向多层级资本市场的一个重要开端。

迄今为止，作为秦创原总窗口建设的重要力量，西咸新区沣东新城引入金融机构60多家，初步构建了以银政保为主体、基贷担为主要支撑的全方位金融支持系统。此外，西咸新区沣东新城还成立了城市更新发展基金，为科创企业发展提供较为完备的融资支持。

（四）金融支持科技创新的产品方法优化

1. 按照地区产业结构特征和发展规划来设立并优化科技银行

借鉴美国硅谷银行的实践经验，我国也开始重视成立以高风险科创企业为服务对象的科技银行支（分）行。作为专门为科技型中小企业提供融资的金融机构，科技银行根据科技型企业的成长特点和融资挑战，提供定制化的信贷产品和综合金融服务。科技支行为当地的科技企业贷款制定单列授信规模、简化授信审批，从制度上落实"一站式服务"等，大力支持科技企业成长。

依据国内外科技银行实践经验，各地的科技支行也可以根据地区的产业禀赋和结构发展特点，设立并优化科技支行。一是加强与风险投资基金合作，提升对贷款客户的行业理解、投资评估和风险管理能力。利用VC机构的引荐和跟进式融资战略，银行可以发现高质量客户。同时，在VC机构的业务范围内，进一步开展托管、现金管理和外汇兑换等传统金融业务。二是可以设立专门面向初创公司的信贷批准程序，针对各产业发展阶段的特征，对其放款流程进行相应的调整。如以科技创业公司的特征为依据，在贷款审批中适度降低现金流的权重。三是提高风险管理技能并拓宽风险管理策略，探索建立完善的风险隔离体系，实现创投与信贷业务的风险隔离，防止风险传递。

2. 构建政企保监多方参与的科技保险体系

我国于2006年正式开始科技保险试点工作后，保险机构面向高新技术企业的创新性、风险性活动推出了一系列专用保险产品。目前，我国大部分的技术专业险都是衍化于传统保险产品，没有相应的关联度和层级，难以真正满足高技术公司的创新风险需求。同时，我国的保险从业队伍过于依赖外资券商和专业公估人，缺少面向科技创新的专业队伍。

从政府机构的角度，应该加强对科创保险的扶持，比如将科技保险的保费补助列入财政预算，拓宽补助保障的范围；增加与企业的创新行为有密切关系的险种补助，如研发责任险和专利险等；在保险公司和重点高校中设立专项资金，以支持科技保险相关的研发创新和实践开展。保险机构应提高对科技创新产业的承保能力，分类评估各类高新技术领域的发展情况，以特定的科技产业引导来确定适合的公司或项目清单，探索开展"一揽子"保险服务的示范与推广，如借鉴中国核保险共同体的发展经验，建立半导体等大型高科技项目保险共同体，提升对重大高新技术工程的保障水平。保险公司需要建立适合高科技企业的利益约束模式，以满足高科技企业的激励需求，对"银行+保险+企业""保险+股权投资"等不同的经营方式进行完善。

3. 积极开展专利组合、知识产权证券化等创新型知识产权产品

知识产权作为科创企业最重要的资产，变"知产"为"资产"的金融方案既是企业获取融资的重要保障，也是金融机构在对科创企业进行融资评估时的重要衡量标准。但是，目前我国的知识产权质押融资还面临着以下几个方面的问题：专利权的资金转化率不高，风险分担机制不完善，专利的总体价值偏低。

知识产权质押融资在我国有着一定的实践基础，为科创企业融资困境提供了解决路径。一是无论科技支行还是商业银行专营机构，在开展知识产权质押融资业务时，积极与第三方机构合作，引入担保、抵押和保险等风险分担角色，探索构建多层次、全方位的担保模式，建立完善的风险分担机制。政府可以以贴息补助和风险补偿等融入"银政保企担"多方合作的机制。二是积极推动开发专利组合、知识产权证券化等创新型知识产权产品。单个企业的知识产权产品易陷入价值不稳定、保值性差等困境，而在专利联盟结构中，可以将各个企业有价值的专利产品结合起来，在联合体基础上增信评估，作为整体向金融机构抵押借贷。

4. 完善促进直接融资体系，建立多元包容共享的融资生态

直接融资方式不经过金融中介机构（如银行或其他机构），资金供给方可以直接与资金需求方进行交易，拥有资金流动迅速、成本相对较低、受法律限制较少的优势。在科技金融方面，完善促进直接融资体系对于多元化支持科创企业发展具有重要价值。

建立较为完善的直接融资体系的重点在于债券市场、股权市场等领域，需要从市场结构、服务创新、制度优化等方面统筹推进融资生态建立。一是大力发展企业债券市场，支持私募股权投资基金的发展，规范和发展股权众筹市场，强化对直接融资市场的监管协调。继续保持以"硬科技"为核心的科创板的服务定位，以更好地为创新型中小型企业提供服务；完善基础市场制度，建立健全退市制度。2020年美国债券融资占社会融资规模的78%左右，而我国债务融资占同期社会融资增量的37%左右，仍有很大空间。债券市场使得企业和政府能够以较低的利率获取中长期资金，满足其投资和发展的需求，为企业和政府提供了稳定、可靠的资金来源，在直接融资方式中发挥着重要的作用。二是在各证券交易所应持续优化债券发行登记制度，以提高债券发行效率和市场透明度；补齐服务创新不足的短板，审慎管理债券市场违约风险，构建监管制度健全、市场约束有效的制度体系，推动债券市场高质量发展。三是完善功能衔接的多层次股权市场架构，为不同发展阶段的企业提供匹配的融资服务，拓宽资本市场所提供服务的深度和广度。例如IPO、再融资、并购、债券这些直接融资方式会更偏向于以重资产比重较大、有资产重组业务需求的成熟期公司，创投和私募股权则对从初创到成熟的行业提供相匹配的融资支持。四是统筹推进科技融资的政策体系和职责明确的制度体系。加强对资本市场发展的政策协调，提升产权和投资权保护、强化财税政策支持，营造出促进直接投资发展的良好环境，利用先进技术如人工智能、大数据等，加强对资本市场的监管和风险防控，提升监管的科技化和智能化水平。

二、商业银行支持企业科技创新的模式与相关政策

科技金融市场需求的快速增长为商业银行的产品服务创新与转型升级提供了广阔的"蓝海"。本节从传统的投贷联动入手，结合各国国情和产业禀赋，对国内外商业银行支持科技创新的模式与政策进行分析评述。

（一）商业银行支持企业科技创新的背景

党的十八大以来，以习近平同志为核心的党中央始终将创新放在我们整个现代化建设的中心位置，将科技自立自强视为一个民族发展的重要战略支柱，立足于在2035年前建成创新型国家，促进我国经济转型升级。科技创新依赖于高效务实的金融资源支持，金融资源可以将创新链、产业链与资本链连接起来，培育具有全球性、战略性的重大科技成果优势，助力创新型国家建设总目标实现。

从政策层面来看，国家近年来出台了一系列政策，持续构建和完善多层次、

专业化和特色化的科技金融体系。作为我国金融行业的中坚发展力量，商业银行要充分利用国家的各种政策，为高科技企业和"专精特新"中小企业提供行之有效的金融服务。随着经济转型升级、金融脱媒及利率市场化的推进，我国的商业银行经营环境发生了显著变化，传统的发展方式不再适应新时期要求。一方面，由于宏观环境下的产业结构优化，传统重工业大客户的信贷融资需求减少，直接融资方式也更加多元化；另一方面，在利率市场化的宏观背景下，大型企业客户对利率的议价能力稳步提升，上升的存款成本和下降的贷款利率使得银行息差、利润率降低。在此背景下，商业银行迫切需要寻找新的增长极，积极探索科技金融的业务发展模式，推动银行创新升级。

然而，科技企业由于其发展秉性，呈现"四高一轻"的特点，即较高的技术成长价值、伴随高风险的高收益，以及资产大多是以知识产权为主的轻资产。而我国商业银行传统的信用风险评估主要集中在企业抵押担保和盈利能力上，注重足值的抵押品，这种不匹配引发了银企之间的资金供需矛盾，传统经营背景下的商业银行无法向处于初创期和成长期的科创企业批放信贷。具体而言，表现在以下几个方面：第一，在商业银行的经营"三性"中，最重要的原则是安全性。而在科创企业的初创阶段，由于缺乏标准的流程体系，大多数科创企业管理和财务体系都还不健全，银行缺乏渠道来准确掌握企业的实际经营和财务状况。科创企业在该阶段也会因为巨大的研发支出而处于经常性的亏损状态，让其无法通过传统的银行授信审批方式获得融资。第二，大部分科技公司属于以知识产权为主的轻资产，缺乏足够的银行融资抵押品。科创企业从研发到产业化耗时较长，需要长期资金支持，而商业银行传统授信种类集中在中短期流动资金贷款，不能匹配科创企业的研发资金需求。第三，客观环境也制约了我国科技信用产品的创新，比如知识产权的评估和转让场所的匮乏，导致轻资产面临评估难、质押难等诸多障碍，基于贸易融资的商业保理也易出现欺诈和买方违约等问题。

（二）商业银行支持科技创新的国外模式与政策梳理

我国在实现科技自立自强战略目标的过程中，在立足于本国客观现实情况以及结合本国发展特点的同时，也要适当借鉴吸取国外的先进经验，这样才能在不可逆转的全球化大势下获得更为宽广和国际化的发展空间。

1. 美国银行支持科技创新的实践模式

1）硅谷银行的投贷联动模式

作为投贷联动模式的先行者，美国硅谷银行（SVB）虽已破产，但其破产的根本原因在于资产负债管理问题，而非其核心业务——科技创新金融。在2022年末之前，硅谷银行的不良贷款率持续保持在远低于美国银行业的平均水平，显示出其信贷资产的优质性。

SVB 曾与风险投资机构广泛合作，为中小型科技创新企业提供综合金融服务，其投贷联动业务运作具有以下几个基本特征：①"利率+期权"盈利模型，即除了对其科技创新贷款收取相对较高的利息外，还通过旗下的硅谷资本及其他投资机构进行股权投资，从而实现收益的多元化。②信用额度授权模式，即在 SVB 设定的放款限额内，企业可以灵活使用资本进行流动性回笼，并只需支付一定比例的利息。这一模式在一定程度上减轻了创业公司面临的高利率压力，增强了其融资的灵活性。③有效的股权投资退出机制，即 SVB 主要通过首次公开募股（IPO）实现其股权投资的退出，对于未上市企业，则采用兼并收购或介入收购的策略，以确保投资收益的实现。

此外，早期的硅谷银行建立了较好的风险控制机制，主要包括：首先，SVB 旗下的硅谷资本专注于股权投资，与其传统贷款业务明确区分开，从而实现股权与债权业务之间的风险隔离。其次，SVB 并不向大众提供零售服务，而是聚焦于科技产业、生命科学、高端酒类和能源资源领域的客户。这种战略专注使其能够在客户选择上设定较高的准入门槛，从而保障服务品质与风险控制。

2）摩根大通的金融创新模式

作为见证了美国金融业 200 多年演变的金融巨头，摩根大通金融集团（J. P. Morgan Chase，JPM）积极推动数字化转型，并鼓励技术创新。针对不同创新项目的特点，JPM 采取专业化的合作策略，以促进其与科技创新企业的协同增长。JPM 于 2016 年与 Techstars 合作推出了 JPMorgan Accelerator Program，[①]旨在支持来自多元背景的创业者，特别是那些在传统风险投资中受到忽视的企业。该计划不仅提供资金支持，还通过量身定制的指导，帮助企业在发展过程中实现持续成长；摩根大通的 Innovation Economy 团队[②]为创业公司提供全面的金融解决方案和市场洞见，帮助它们在资本筹集、首次公开募股（IPO）等关键阶段有效管理业务。该团队专注于高增长企业，与初创企业紧密合作，以应对其特定的挑战和需求。

此外，JPM 还专注于提升自身的金融科技能力，积极投资于金融科技公司，如移动支付平台 Square、在线投资平台 Motif 和云支付平台 Bill.com 等，以推动技术创新和业务转型。在 2015 年，JPM 与金融服务创新中心（CFSI）共同成立了金融解决方案实验室（FinLab）。[③]该实验室致力于通过信息技术创新金融产品和服

---

① https://www.techstars.com/jp-morgan.
② https://www.jpmorgan.com/commercial-banking/startups.
③ https://www.jpmorgan.com/commercial-banking/startups/benefits-beyond-banking.

务，提高普惠金融水平。任何初创技术公司或创新型非营利组织均可申请参与，获胜者将获得来自 CFSI、摩根大通及风险投资公司顾问委员会成员的为期八个月的指导，以开发具有市场价值的金融产品。

2. 英国银行支持科技创新的实践模式

在 2008 年金融危机的影响下，英国金融机构也审慎收紧了信贷，科技型中小企业融资渠道变得狭窄。为改善这种情况，英国开创了中小企业成长基金（BGF）等投贷联动实践。BGF 的股东身为一家有牌照的商业银行，也受到了投资监管政策的惠顾，其采用的风险比重在 170%至 190%之间，比普通股权的 370%要低。BGF 以政策扶持科创企业，诸多资金的注入使得 BGF 能够实现规模效应与分散化投资，降低了投资组合的风险。作为一种新型私募股权基金，BGF 累计为英国 300 余家科创企业提供了 21 亿英镑的融资支持，其影响几乎辐射到英国所有行业。这种模式也在世界范围内引发了各国关注，在汇丰银行的积极推动下，BGF 模式在加拿大、澳大利亚等国进行了因地制宜的应用。

由于其开放式的组织架构，BGF 具有以下特点：一是 BGF 完善的架构设计，由银行董事和独立董事组成的董事会主要负责整体战略决策的制定，下属包括风控委员会、提名委员会、薪酬委员会在内的专业委员会负责不同的业务领域。开放式的架构与传统分红导向的封闭式股权架构有明显差异，利于保留中小企业的初创团队控制权。二是 BGF 能得到丰富的投资回报，BGF 的投资结构是类似看多期权的股债权结合模式，通过债权投资的稳定利息收入以及股权投资的资本利得来获得稳健回报。三是强有力的外部董事网络，不仅为 BGF 的投资提供专业支持，也能借助董事的实践经验，强化所投资科创型中小企业的公司治理水平。

3. 德国银行支持科技创新的模式梳理

截至 2021 年，德国银行业的整体资产已达 9.23 万亿欧元，约占全部金融资产的 60%。德国的银行系统与我国银行系统具有相似的层级结构，都由政策性银行、商业银行、储蓄银行和信用社组成，保证了实体经济融资在实际中的可操作性。德国科创型中小企业融资的资金来源主要是以银行信贷为主的间接融资。在长期的发展与完善中，德国逐步形成了政策性银行为主导、商业银行为投资主力军、担保银行和政府提供担保支持、其他金融机构协同的金融体系。第三章图 3-1 描述了商业银行、德国复兴信贷银行和担保银行的连锁过程，在这个过程中，作为主要代理行的商业银行发挥了资本流通和信息媒体的作用，储蓄银行则是"公共资本＋私人信息"机制的实际应用。金融机构在投资科创企业时所顾虑的风险问题，由完善的包括商业银行、担保银行和政府在内的担保体系来解决，其中担保银行健全了公司的金融担保制度，并建立了一套有效的信贷风险分摊制度，各级政府则为其提供反担保。通过各方的密切合作，不仅银行的信用风险得到缓解，科技公司也可以获得更优惠的信贷期限和利率。该过程也体现出资本流动与信息流动的密切相关，有效缓解了融资各方的信息不对称问题。

德国金融体系支持科技创新的特点主要体现在完善的政策性银行和富有韧性的银企关系上。作为主导者的政策性银行——德国复兴信贷银行（KFW）始终根据德国发展需要，对信贷支持策略进行适应性的调整。作为唯一的政策性银行，KFW不仅受到包括《德国复兴信贷银行促进法》等的法律保障，还有国家信用为其贷款、债券、期权等业务做担保；而以德意志银行（Deutsche Bank）为代表的商业银行以混业经营特点以及"全能银行制"运行体制起到了投资主力军的作用。商业银行除了承接德国复兴信贷银行的"转贷"外，自身也在对科技型企业提供金融产品和服务上不断实践创新。例如，德意志银行可以向新兴的中小型企业发放10年免利息或者低利率贷款；在2022年度，德意志银行与XTransfer开展合作，为微型和小型企业提供更好的跨国融资服务等。

综上所述，在国外支持科创企业的各项举措中，各国具备共性特点，也存在特色之处。整体来看，在商业银行对支持科创企业发挥重要作用的同时，政府政策的支持作用非常明显，形成了较为完善的"政府+银行"支持体系。

（三）商业银行支持科技创新的国内模式与政策梳理

1. 我国商业银行支持科技自立自强的模式研究

我国各大商业银行由于经营模式、地区、客户群体等差异，在支持科技自立自强的政策实施上各有侧重，但依然具备共性特点。例如，积极创新科技金融产品和服务、探索投贷联动、股权融资等业务的发展、设立科技支行等，同时完善金融服务并制定配套的政策。商业银行不仅可以通过参与政府产业引导基金，按照地方行业发展战略和区域发展规划，对科创企业提供融资资金，也可通过与非银行金融机构合作，构建投贷联盟的方式对科创企业进行融资支持。

1) 商业银行与政府引导基金

政府引导基金是一种以政府资金为主导，通过对地方金融机构、投资机构以及其他社会资本的投资，以股权或者债权形式来对目标企业进行扶持的形式。政府引导基金以其国有有限合伙人身份，凭借其规模上的优势，成为股权投资的主要融资渠道。自2002年启动中关村创投引导基金开始，政府引导基金以其显著的资金撬动优势而发展迅速。2015—2016年，政府引导基金呈井喷式发展，至2021年，国内累计设立政府引导基金 1988 只，规模高达 12.45 万亿元人民币[①]。政府引导基金在我国的投资方式以母基金（Fund of Funds）为主，其所占的比例达到了 47.9%。

商业银行在政府引导基金中的作用主要聚焦在：一是通过 PPP 金融资产的标准化，培育有潜力的科创企业等来布局资本市场；二是整合运营，打造某一类产业的特色基金；三是整合金融资源，以提供融资咨询的方式进入顶层设计。其中，杭州银行科技支行具有一定实践代表性，该行依托对"创业投资引导基金"和"产业投资引导基金"两个母基金的管理，吸引了包括摩根士丹利（Morgan Stanley）和经纬中国（Sequoia China）在内的 40 余个创投机构和 30 余个风险投资基金，不仅拓展了科技支行原有存款业务，也拓宽了与创投相关的客户渠道，促进投资与贷款的结合。此外，该行围绕着科技贷款贴息、科技投入风险池等与政府展开合作，建立信贷风险补偿基金，共同助力地区企业的科技创新。

2）商业银行的投贷联动

历经多年的投贷联动业务实践，商业银行实施投贷联动的合作主体已经从原先的集团子公司扩展到外部投资机构和产业基金等，形成了"银行+子公司""银行+基金""银行+VC/PE"等主要模式（见图 5-2）。

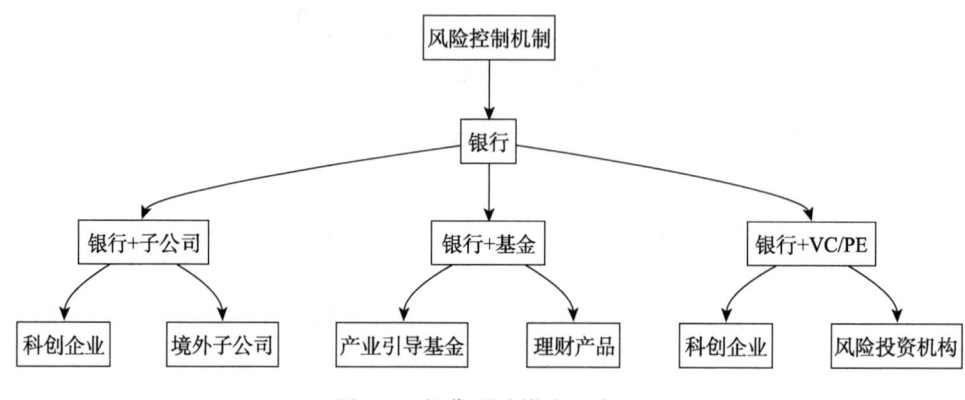

图 5-2　投贷联动模式示意图

"银行+子公司"模式是在《投贷联动指导意见》"鼓励银行业金融机构设立具有投资功能的子公司"的背景下实施的，以"母行贷款+子公司股权投资"为主要形式的投贷结合，依据子公司的特点又细分为直接投资子公司和境外子公司。直投模式的股权投资部分由集团内持有许可证的子公司开展实施，国家开发银行和上海银行等实践了此模式。境外子公司方式是指银行向其境外子公司提供资金，

---

① 资料来源：清科研究中心，https://www.pedata.cn/.

对优质目标企业进行股权投资，然后母行再根据企业发展水平提供信贷支持。五大国有银行及一些股份制商业银行已经在国外建立了自己的投资子公司。然而，该模式在母公司和子公司之间有着风险决策、行业研判等矛盾。

"银行+基金"模式通常发起人是政府或投资机构，以产业引导基金（母基金，FOFs）的形式让银行加入。银行通过发行理财产品、债券等形式来筹集公众的资金，然后投资于科创企业，作为 LP 购买优先股，与其协商好退出时间和模式，降低投资风险，获取更高投资回报。基金经理通过购买劣后股票，在收益权优先分配给银行后再获得剩余收益，采用"优先+劣后"或"优先+夹层+劣后"等结构性金融安排，以及通过股票回购增加信用，能有效降低银行的投资风险。该模式在我国地方政府中广泛应用，具有明显的政策导向，一般与区域性支持产业密切相关。但该模式"明股实债"的特性也具有资金流向不符合要求、投资进度缓慢造成资金沉淀、变相增加地方政府债务等缺点。

"银行+VC/PE"主要是与境外风投、私人股本（VC/PE）等企业开展业务，是当前我国商业银行开展投贷联动研究的主要方式，构建了一套有效的信息分享与风险分摊的体系。在合作初期一般采用"跟贷+外部直投"方式，银行和合作机构签订战略合约后，先由 VC/PE 以专业角度对科创企业进行评估并投资进入，银行接着以贷款和金融产品支持的方式介入标的企业。银行通过与 VC/PE 的战略协约，把贷款作价转换为对应比例的股权价值增值后，这种溢价就通过协约里的股权转为银行收益，实现了股权投资背景下的债权介入。随着合作实践深入，"银行+VC/PE"模式逐渐演变为"直接投资+认购股份"，在发行股票的时候，银行会签署认购股份的合同，约定行权期限、价格以及认购股份。如果标的科创企业在合同期内被收购或上市，银行可指定第三方机构获得股权溢价，并通过 IPO、转让或回购等方式退出，也可以通过财务顾问等其他配套业务获得相应回报。这类认股权证占公司总股本的 2%左右，没有过度稀释公司股本的风险，持股时间一般在五年左右，也不影响企业的自主经营管理。因而，"银行+VC/PE"模式中的认股权模式应用广泛。

投贷联动三种模式对比分析如表 5-3 所示。

表 5-3 投贷联动三种模式对比分析

模式	形式	优势	劣势
"银行+子公司"	1. 母行信贷+境内子公司股权投资 2. 母行信贷+直投子公司股权投资	1. 信息沟通成本较低，相互协作能力强，较为灵活 2. 商业银行可以获取更高的收益	1. 风险过于集中 2. 适合于具备综合化经营业务的大型银行开展 3. 内部股权投资与债务融资部门之间容易相互影响

续表

模式	形式	优势	劣势
"银行+基金"	1. "优先+劣后" 2. "优先+夹层+劣后"	1. 商业银行承担的风险是可控的，收益也是可控的 2. 政策导向，利于调动当地社会资本、拓展客户资源	1. 该模式"明股实债"的特性，在实践中往往易引发资金流向不符合要求的问题 2. 投资进度缓慢造成资金沉淀 3. 商行多以优先级LP的身份入资、收益较低
"银行+VC/PE"	1. "跟贷+外部直投" 2. "外部直投+认股权贷款"	1. 可以充分发挥各自的优势 2. 有利于商业银行拓展顾问业务、托管业务等配套服务	1. 不利于银行培养自身风险投资能力 2. 商业银行和股权投资机构理念上的分歧易导致投资效率低下

投贷联动模式帮助商业银行在债权收益的基础上增添了股权增值溢价，实现股权收益和信贷投放风险相匹配。通过股权投资，商业银行可以参与企业运营管理，既增加了银企互动，减弱了信息不对称所带来的风险，放松银行的风险容忍度，也拓宽了商业银行的获客渠道。其他业务也会随着科创企业的发展而逐步扩展，反过来推动商业银行自身盈利模式的转型升级，从以往单纯的资金提供者逐步转变为联结企业、风投、政府等各个方面的综合性商业平台，从而不断拓展商业银行的业务领域，丰富银行的收入来源。

3）商业银行的其他实践

以我国代表性的商业银行在科技金融上的实践为例，对我国商业银行支持企业科技创新的典型模式与特征进行评述总结（见表5-4）。具体而言：

表5-4 代表性商业银行支持科创企业的模式对比

银行名称	科创金融特点	代表性产品/模式
中国建设银行	创建完备的科创评价体系；设立专业服务的科创金融中心；根据地区行业集聚优势，推行创新金融产品与服务	科技企业创新能力评价体系 "双创云贷" "创业者港湾"
招商银行	投贷联动模式实践经验丰富；采取境外投资子公司与PE/VC/券商等合作的方式开展科创金融	"千鹰展翼"计划
浦发银行	发挥集团协同优势，建立"股、债、贷"一体化科创金融生态服务模式；用互联网思维、投行思维、供应链思维发展科技金融业务	"万户工程培育库" 1+N供应链融资方案
兴业银行	根据科创型企业不同发展阶段的资金需求，综合应用商行和投行两大门类金融工具，打造全产品、全周期综合金融产品体系	"芝麻开花·科创小巨人"培育计划"三板通"系列产品

续表

银行名称	科创金融特点	代表性产品/模式
中国民生银行	针对中小型科创企业融资需求和发展特点，引入独立第三方机构开展专业科技评估，综合考量企业技术创新能力、市场竞争优势、成长潜力等因素，提升科技实力和资本市场认可度在信贷审核中的权重	"民生易创"专属产品包 "易融通" "易投通" "创慧通" "创富通"

（1）中国建设银行。中国建设银行（简称建行）采取多项举措提升对科创企业的金融服务能力，包括率先构建全行系统内通用的科技企业创新能力评价体系、完善科创授信审批程序、设立专业服务的科创金融中心等。《中国建设银行 2023 年半年度报告》显示，截至 2023 年上半年，建行科技贷款 1.50 万亿元；与上年末相比，增幅为 21.57%[①]。一方面，建行在对科创企业的信贷评估上具有同业优势，如建行广东省分行早在 2017 年首创"技术流"评价方法，运用大数据等技术手段量化企业的持续创新能力，在知识产权"信用化"的基础上对创新能力强、市场潜力突出的企业给予差别化增信支持。建行更是在 2021 年 10 月 12 日印发了《科技企业创新能力评价体系全行应用推广方案》，对科创评价体系的推行提供了配套政策支持，帮助科创企业进行信用评估与质押，迄今已覆盖全国 27.7 万户国家高新技术企业。另一方面，科创评价体系在建行内部得到广泛的优化实践，如建行上海分行在科创评价基础上推出"建知贷""上市贷""研发贷"等，高度匹配科创企业在不同发展阶段的资金需求；建行江苏分行运用科创评价梳理辖内高企分布，形成"百户优质科技企业行动方案"，有力地支持了包括源卓光电科技、中创新航等在内的"硬科技"企业。

此外，建行各分行在支持科技创新上也会根据地区行业集聚优势，推行创新金融产品与服务。如 2020 年建行北京分行建立了专门面向科技创新的创新工作小组，并下设了科创业务监管中心以及科创支行，负责对整个分行的科创业务进行统一监管，从银行全部门层面上建立了专业机构；同时，打造"股债联动"金融服务模式，创新"双创云贷""科技创业贷"等产品，借助大数据对企业信贷全流程风控。建行深圳市分行利用南山科兴科技园区的地理位置，建立了"创业者港湾"，构建政银企科多平台合作的科创企业孵化方案，通过合作平台实现精准获客，为具有高成长性、长远科技发展前景的科创型企业提供资金支持。

（2）招商银行。招商银行（简称招行）投贷联动的模式主要有境外投资子公司和与 PE/VC/券商等合作两种。招行在投贷联动方面最具创新性的实践是于 2010

---

① 资料来源：中国建设银行 2023 年半年度报告（A 股）。

年正式推出、2017年首项目落地的"千鹰展翼"计划。通过债股联动的架构体系，该计划建立了"商业银行、私募股权基金和券商三位一体"的融资服务框架，为新一代成长型科创企业提供全方位的融资服务，项目覆盖了智能制造、信息科技、生物科技、新材料和新能源等领域。

"千鹰展翼"计划在投贷联动上有许多引领性的创新实践：一是业务架构上将投资端和信贷端均设置在招行体系内，实现总行、分行两级层面内的投贷联动；投资决策由总行专业投资团队负责，信贷方案由分行小企业发起申请，在客户风险识别上投贷统一，提高投资效率。二是在业务形式上突破了认股期权形式，采用了股权直投，有效解决了银企之间的信息不对称问题。三是在传统银行股权投资的LP角色上做了突破，充分利用母行的庞大客户群体和丰富的行业资源，为股权投资业务拓展提供强有力的支持。招行将以所投资的公司为核心，组建科技金融生态合作联盟，促进双方深入合作，包括后续的投资、并购、上市等业务。

（3）浦发银行。浦发银行充分利用集团公司的资源整合能力，与集团公司下属的浦银国际等集团公司建立"股、债、贷"一体化科技金融生态体系。在产品创新方面，浦发银行通过推出投贷联合+认购期权+直接投资等方式，对高成长性科技公司的客户进行了全方位的培养，向科技公司推出"万户工程培育库"服务，向初步获得投资的科技公司推出"投贷宝"和"科技快速贷款"等服务，协同推进认股选择权业务，与合作基金构建起良好的利益共享机制。

浦发银行积极布局科技金融业务，取得许多实践经验：一是浦发银行在业务中应用数字科技，构建多维度的全指标动态评价体系，动态识别科创企业风险；二是以在线数字化科技融资平台为核心，加强金融项目对接、智能名单引导等全方位的业务功能；三是对高科技企业的上下游产业链提供了多场景的全方位金融服务，并率先提出了"$1+N$"的供应链金融模式，实现金融服务与资源的对接。

（4）兴业银行。兴业银行自2013年开始就积极与全国股转公司合作，共同建立综合性中小企业融资服务平台，并在2019年成为新三板投融通道首批上线银行。伴随着新三板改革的不断深入，兴业银行创新拓展业务，立足于"专精特新"、高技术领域中小型企业的客户金融需求，实行"主办银行式"金融服务架构。

兴业银行运用商行与投行相结合的组合融资手段，构建了一套支持科创企业全发展周期的融资服务体系。一是针对初创期科创企业，兴业银行建立银政保多方合作的风险分担机制，推行"线上科技贷"；二是针对成长期企业，兴业银行根据公司扩大生产规模的融资需求，推出了"工业厂房贷款"，并推出以研究开发成果为基础的知识产权证券化业务；三是在挂牌公司方面，兴业银行继续改进以"三板通"为代表的股债联动和投融结合类产品，加速推进三板贷、三板股权质押融资等业务发展；四是兴业银行还将投贷联动进一步深化，以"贷款＋入股选择权""信贷＋直接投资"等方式支持科创企业发展。

（5）中国民生银行。中国民生银行围绕中小型科创企业的发展特点，引入独立第三方机构对目标客群进行专业科技评估，建立专属的信贷评级模型，根据企业实际经营情况与发展需要，灵活调整授信额度；基于企业科技实力和市场前景，提供差异化利率优惠，降低企业融资成本；针对科技产业园区内的科创企业以及头部投资机构已投企业等，先后推出工业厂房贷、PE贷等特色信贷产品。

中国民生银行在分析"专精特新"企业客户特征和需求痛点的基础上，创新推出了"民生易创"专属产品包，其中包括"易融通、易投通、创慧通、创富通"四大系列产品，涵盖了股权融资、债权融资、财富管理、咨询顾问等科创企业全周期服务模式，依托"投、融、富、慧"四大产品线打造全场景金融服务体系，集成科创贷、认股权融资等匹配科创企业研发需求的金融产品，支持培育专精特新企业发展。在"民生易创"专属产品包中，"易融通"产品便包含了"易创信用贷""易创知识产权贷"等。"易投通"系列产品面向服务客群，可拓宽企业股权融资渠道，提供定制化服务，丰富了债权产品贷款，主要包括信用类（信用贷、生态贷）、质押类（股权质押贷、知识产权贷）、场景类（项目贷、厂房贷、并购贷、股权激励贷）等匹配科创企业需求的产品，全面提高服务质效；"创富通"系列产品则为科创企业打造了从研发到上市的一体化综合服务，配套高效账户管理与优质增值服务；"创慧通"系列产品致力于发挥商业银行资源整合优势，提供一体化顾问咨询，实现全面财务优化与生态资源嫁接。

2. 我国银行体系支持科技自立自强的政策研究

为发挥金融资源在科技创新中的配置作用，我国从1985年开始，就持续出台指导方针来促进各大金融机构支持战略性新兴产业、先进制造业等科创企业，推动科技创新的政策红利不断释放（如表5-5所示）。随着经济发展水平和科技水平的持续提高，支持科技创新的政策体系也经历了从萌芽到起步，再到如今发展成日益成熟的多层次、全方位结构化支持政策的演化过程，促进了金融与科技在技术、产业和企业层面的有效对接。

1）萌芽期（1985—2008年）

央行和国务院在1985年发布了《关于积极开展科技信贷的联合通知》，第一次把金融资源投入创建创新型国家这一战略目标，提出了以政策引导金融支持科技创新的构想。但由于经济水平滞后，科技金融在2000年后才得到长足发展。在2006年2月发布的《国家中长期科学和技术发展规划纲要（2006—2020年）》中，

表 5-5　银行体系支持科技自立自强的政策汇总

发布时间	发布单位	文件名称	主要内容
2006年2月9日	国务院	《国家中长期科学和技术发展规划纲要（2006—2020年）》	1. 开启了我国金融支持科技发展之路 2. 国家引导商业银行等金融机构利用基金、知识产权质押等方式为科创型中小企业提供信贷支持
2009年5月5日	科技部、银监会	《关于进一步加大对科技型中小企业信贷支持的指导意见》	3. 鼓励各银行加大对科技型中小企业的信贷支持和金融服务力度 4. 探索建立科技支行
2011年10月20日	科技部、中国人民银行、银监会、证监会、保监会	《关于确定首批开展促进科技和金融结合试点地区的通知》（国科发财〔2011〕539号）	5. 确定北京中关村示范区等16个地区为首批科技和金融结合试点地区 6. 鼓励银行等开展订单融资、应收账款融资、知识产权质押贷款等多种金融工具的创新
2015年6月16日	国务院	《国务院关于大力推进大众创业万众创新若干政策措施的意见》（国发〔2015〕32号）	7. 创新银行金融服务产品，对创业创新活动给予有针对性的股权和债权融资支持 8. 鼓励银行业向科创企业提供结算、融资、理财、咨询等一站式系统化的金融服务
2016年4月21日	银监会、科技部、中国人民银行	《关于支持银行业金融机构加大创新力度开展科创企业投贷联动试点的指导意见》	9. 我国商业银行实施投贷联动的纲领性文件 10. 从机制隔离、资金隔离、风险缓释三个角度完善风险控制机制 11. 推行由银行与投资子公司、政府补偿基金、担保公司等所共同构建的贷款风险分担机制
2016年5月9日	国务院	《促进科技成果转移转化行动方案》（国办发〔2016〕28号）	12. 支持银行探索股权投资与信贷投放相结合的模式，为科技成果转移转化提供组合金融服务
2019年8月5日	科技部	《关于新时期支持科技型中小企业加快创新发展的若干政策措施》	13. 开展贷款风险补偿试点，引导银行信贷支持转化科技成果的科技型中小企业 14. 加强科技金融结合试点工作，加快推进投贷联动、知识产权质押、融资租赁等
2021年12月3日	银监会	《关于银行业保险业支持高水平科技自立自强的指导意见》（银保监发〔2021〕46号）	15. 根据科创企业生产运营周期，适应变动利率定价和还息期限 16. 持续探索"投贷联动"新模式，拓宽科创企业的融资渠道 17. 加强信贷授信环节优化和对科创企业不良贷款的容忍度 18. 探索在科创资源集中地区设立科技金融专营机构的可能性 19. 探索实践从促进科技金融发展的角度对产品、业务、人才组建等做出适应性改进
2022年1月7日	中国人民银行	《金融科技发展规划（2022—2025年）》（银发〔2021〕335号）	20. 新增了对金融机构数据要素发展以及数字化监管建设的内容 21. 将对金融机构的"监管沙箱"机制逐步扩展到科技公司

续表

发布时间	发布单位	文件名称	主要内容
2022年4月1日	科技部	《科技金融"一体两翼"助力企业创新能力提升行动方案》	22. 加强金融体系对企业自主创新的支持力度 23. 探索政企银合作的新机制，为科技企业提供全生命周期金融服务 24. 支持科技领军企业做大做强，集成有关政策工具和专属金融产品，为科技领军企业开展投资并购、重组等业务提供综合授信、债券发行、资金托管、知识产权和股票质押、上市服务等综合服务

国家层面将金融系统看作创建创新型国家的关键力量，引导商业银行等金融机构用基金、知识产权质押等方式为科创型中小企业提供信贷支持。政府是这一时期的主导者，通过政府财政手段等推动金融行业对科技创新工作的支持。

2）起步期（2009—2015年）

2009年5月，科技部发布《关于进一步加大对科技型中小企业信贷支持的指导意见》，强调加大对高科技企业的贷款广度和金融服务强度，并逐步探索建立科技支行。杭州银行科技支行就是在2009年7月建立的，是此时期具有代表性的实践案例。2011年10月，《关于确定首批开展促进科技和金融结合试点地区的通知》发布，进一步推动金融与科技结合的实践。试点地区出台了数百项科技金融政策文件，商业银行相继开展订单融资、应收账款融资、知识产权质押贷款等多种金融创新，极大地推动了以银行为代表的金融体系对科技创新的支持力度，上述金融创新产品服务等业务也逐渐兴起。

3）蓬勃发展期（2016年至今）

自2016年《投贷联动指导意见》公布后，商业银行打破过去"分业经营"的格局，开始尝试多种投贷联动方式，探索一种能够均衡投资和融资风险的金融服务范式。作为我国商业银行实施投贷联动的纲领性文件，《投贷联动指导意见》从组织架构、财务报表和发展模式上对投贷联动试点作出了较为详尽的安排。2021年12月3日，原中国银保监会印发的《关于银行业保险业支持高水平科技自立自强的指导意见》从利率定价、授信优化、科技金融专营机构、人才引进等多角度引导商业银行等金融机构增强对科创企业的金融支持力度。

与此同时，对金融体系的"顶层设计"不仅局限于协同多主体以间接或者直接融资的方式支持战略性、新兴尖端科创企业，而且逐步提高了对金融机构内源科技水平的要求。2022年4月，科技部发布《科技金融"一体两翼"助力企业创新能力提升行动方案》，突出强调金融系统对企业自主创新的支撑，推动技术、资本、人才和数据等多层面要素的深度整合,并结合我国银行业的科技金融实践,探讨"政、企、银"合作新模式。在该方案中,还重点提到"支持科技领军企业做大做强"的战略要求。

(四)商业银行支持科技自立自强战略的实践启示

我国目前金融体系仍然是以银行为主导,商业银行能否提供有力支持对科技自立自强目标能否实现起着至关重要的作用。但从目前实践来看,商业银行在加强支持科技自立自强方面仍然有很大的提升空间。

1. 商业银行的实践困境分析

目前,金融支持实体经济的力度不够,金融体系风险大、金融模式的实践深度不够等问题仍然突出。立足于现有的实践情况,目前商业银行还存在银行自身、合作方和发展环境多方面的困境。

1)投贷联动业务困境

从银行目前广泛开展的投贷联动业务来看,对科创企业进行权益性投资,能够缩小高风险科创领域所存在的融资缺口。作为有限权利产物的商业银行,投贷联动不仅是简单地豁免商业银行的业务限制,关键在于如何创新信贷机制,平衡信贷业务与权益性投资业务,在效率与稳定之间寻找投资业务的最优边界。

投贷联动当前的业务困境主要表现在三个方面:第一,从投贷联动的自身属性、企业需求和运行机制来看,投贷之间的风险隔离问题制约了债权资产和股权资产的有效协同。在"银行+子公司"模式下,子公司在进行股权投资时,将形成与母公司的机构与资金"双隔离"的局面,该隔离措施可以防止高风险的股权投资转移到如表内贷款的低风险领域,但是也使得投与贷两者难以同步。第二,投贷联动模式的核心是投资收益对贷款损失的抵补,但目前尚未形成有效融资机制。一方面,股票投资收入和银行贷款本金利息的回收存在时间差异;针对多重投资风险的项目处置方式还未取得实践性进展。另一方面,如IPO、二级市场交易的投资退出渠道具有过于依赖市场环境、退出时间不确定、低流动性、回报不确定等局限性。第三,除科创企业本身缺少有效抵押等客观因素之外,财政资金在风险补偿相关业务方面也面临实施困境,包括风险评估困境、资金管理挑战、利益分配矛盾、确保结果的可验证性等难题,急需健全针对利益相关者的风险缓释与补偿制度。

2)银行企业合作困境

抵押担保是信用风险较低的传统信贷业务,但是绝大多数科技企业都具有中小微企业所特有的资产薄弱问题。同时，科技企业未来科技研发和成果转化前景不明朗，风险水平较高。尽管目前正在推广运用知识产权进行融资，但该方式仍存在估值困难、质押登记、处置困难等诸多障碍。

从银行经营角度来看，银行借贷的利息收入并不能抵补银行承担的风险，导致其支持科创企业融资的动力不足，形成典型的银企合作困境。第一，信息不对称问题是银企合作面临的主要阻碍因素。科创企业由于规模所限，存在财务管理不规范、信息不完善等内生问题，影响商业银行的评估预期。第二，科技企业的研发属性，常常具有知识密集和高度专业化的特点，银行中同时具备理论储备和实践经验的复合型人才少，导致银行对科技企业的信用评价、知识产权评估不完备、不精准。

3）融资担保制度约束

从现有担保体系来看，商业银行未能建立完整且与其业务发展相适应的融资担保体系。尽管各地政府积极推动担保基金和风险补偿基金的设立，但在实际操作过程中，中小担保产品数量不足、担保比例体系不清晰以及风险成本较高等问题仍然突出。从德国和日本的实践经验来看，其成功的关键是建立并完善担保机构与银行的风险分担机制，确保强有力的法律保障，构建更全面、更有效的融资担保系统，从而降低中小微科技企业的融资风险。此外，以商业银行为代表的间接融资市场在我国受到国家金融监督管理总局的严格监管考核，在将资金投向高风险、周期长的科技型中小微企业时，商业银行往往会承担很高的监管成本以及风险管理成本，同样也急需健全的融资担保机制帮助商业银行缓释风险。

2. 商业银行支持科技创新的优化方向

商业银行应将服务科技创新领域作为业务重点，这不仅是国家经济高质量发展的必然要求，也能促进商业银行提升自身服务质效，创新利润增长点。为了更好地服务科技创新，商业银行可以从以下几个方面加快创新优化，推动对科技创新的支持力度和效能。

1）优化信贷决策机制和信贷技术

商业银行可以以决策链体系为出发点，对与其运营治理相适应的制度体系进行深入探讨，并对其约束机制和激励机制进行优化，提高运作效率。同时，可借鉴德国经验，完善对科创企业的信息评级技术，采取更为灵活的方式为科技型企业提供更多的资金支持。针对不同评级状况的中小企业采取差异化的贷款期限与利率，使得利率与企业成长挂钩。例如，对初创期企业实施远期共赢利率，在发展初期财务薄弱的情形下收取较低利率；待企业培育成熟后，按约定向其收取远期共赢利息。此外，针对科技企业高风险、高成长性的特点，还可以考虑"银税互动"贷款、"固定优惠息+一般收益浮息"的组合式贷款价格模型以及与高技术企业成长阶段相适应的"先低后高"分级贷款价格模型。

此外，还可以通过金融业务结合数据信息技术，如云计算、人工智能和区块链，探索和开发更多新商业模式、业务流程和金融产品，如建立"科技流"信用评价模型、知识产权评估平台等，实现金融服务模式的优化和金融服务科创企业职能边界的拓展，通过科技手段促进金融科技服务创新。

2）在非投机原则和隔离原则下配套出台审慎监管措施

商业银行可以围绕信贷需求配套权益性投资，以实现利差收益。此种信贷机制通过投资专业化和跨期优化获得资产组合的多期综合收益，实现风险可控和收益最大化，为此也需要建立专门的风险监管机制。

以上海银监局所实施的"六专机制"为借鉴，商业银行应该为科技企业建立客户准入、信用审查和信用管理的独立信贷审核机制。在客户准入和贷前调查中，贷款标准除了以过往业绩和担保为依据，还增加对企业技术和专利水平、研发团队、商业模式、市场前景等重要因素的评估；贷款审核时，组建由技术和政策专家组成的联合信用审核委员会，综合评估项目的成本、效益、风险状况；在贷后检查过程中，除了分析财务指标等显性经营业绩外，还应关注人才吸引、技术，行业发展前景等隐性经营业绩，将企业的成长性和可持续融资性纳入多层次的评价因素，优化信贷投资结构，提升信贷投资效益。

3）加强银行内外部协调合作

银行内外部协调合作，包括与银行内部托管、零售、资产管理等部门的协作，能够拓宽科创企业获客渠道，为客户提供多样化服务并提升客户黏性。如私募股权投资基金通过集中管理和托管的方式，让投资者对多个科创企业进行批量开发和投资；通过资管业务为客户提供并购贷款、定向增发、信托融资等全链条的服务；还可以强化与外部机构的合作，从客户开拓、风险缓释、数据共享、IPO等角度拓展科技金融服务的生态圈，以强化多方协作提升获客效率和风险评估的准确性。同时，加强与投资机构、证券公司等各类机构的合作，利用此类机构的信息和专业优势，为科技企业提供全生命周期服务。这些举措还能为银行提供更多中间服务，为其提供更多样的配套贷款收益。

4）加强风险分担和补偿体系建设

在"稳字当头"的背景下，2022年我国商业银行的盈利速度和资产质量维持在一个相对平稳的水平上，新的经济发展方式、新的经济结构和新的经济增长点将会继续发挥作用，我国商业银行的战略经营结构将会得到进一步的调整，新的行业和重点区域的服务方式也会得到进一步改善。

我国金融机构的组织架构和中小企业生存环境与德国类似，德国各大商业银行的贷款和转贷业务模式对我国有一定借鉴意义。尤其是政策性银行和商业银行之间的职能衔接，以及统筹合作的风险分担机制，具有重要作用，不仅能够使政策性银行的政策引导功能得到最大限度的发挥，还能够将商业银行的资金流动和信息中介功能完全释放。因而，政府、银行、企业等参与部门要协同建立层次清晰、权属明确的风险分担机制，统筹金融资源配置，减少银行间的无端竞争，聚焦于提升中小企业融资服务质量。

三、其他金融机构支持科技自立自强的产品创新

（一）其他金融机构支持科技创新的产品创新机制

1. 保险行业支持科技创新

科技保险是利用保险功能和资本优势，通过商业保险或者政策手段，对科创企业在成果转化中会遇到的可保风险进行分担的重要科技金融工具。科技保险突破了传统的投保理赔模式，以类似于创投融资的形式参与企业研发，保险资金在这个过程中也得到增值。

1）科技保险模式

在科技保险的实践发展中，针对技术风险的不同特征和保险公司的经营特征，在传统的"投保—理赔"型运行模式上，根据保险机构所扮演的不同角色，又演化出来"担保"型运行模式、"半参与"型运行模式和"全参与"型运行模式（表5-6）。

表 5-6 科技保险的运行模式及特点

运行模式	定义	特点
"投保—理赔"型	根据保险合同约定，当科研活动中发生的风险导致损失时，保险公司承担赔偿责任，向被保险人支付理赔金	传统模式
"担保"型	保险公司承担部分贷款风险，降低银行的放贷风险	适用于融资困难且项目风险较大的科技企业
"半参与"型	保险公司在项目失败时履约理赔，项目成功时分享部分收益	这种模式中，科研成果的转化与保险公司的收益相关，保险公司会参与科技企业的风险管理工作
"全参与"型	保险公司直接参与，作为投资人参与科研项目研发	一般适用于初创型科技企业，企业没有足够的资金和能力完成转化，需要借助其他资本帮助，并且项目本身可获利性强

2）科技保险产品及实践案例

自 2006 年开展首个科技保险试点以来，科技保险已经围绕发展政策、研发机构、科创产品转化等衍生出许多与科技创新相关的险种。市面上的科技保险产品分为五类：一是加大政府补助力度，以政策为主导的保险产品，主要有"三首"科技保险，如首台（套）重大技术装备综合保险、重点新材料首批使用保险、软件首次品质和安全责任险。二是对知识产权的保护，主要有专利实施保险和知识产权侵权保险。三是针对科创企业员工和产品设计的保险，包括高科技研发活动中断保险、高管及核心研发人员群体健康保险。四是为科研费用损失提供保险，包括科研成果转化损失保险和重大科研项目中断保险等。五是以推动新开发的技术产品进入市场和减少客户担心为目的的责任险，如高技术公司产品责任险和药品临床试验责任险。以下选取应用最为广泛的三类科技保险："知识产权保险""科技项目研发费用损失保险""贷款保证保险"概要介绍。

（1）知识产权保险。根据国家知识产权局的数据显示，截至 2022 年 12 月，在全国范围内知识产权保险的保障金额高达 1100 亿元，保障了 2.8 万家公司，4.6 万余件专利等[①]，我国的知识产权保险行业发展持续呈现增长态势。按照知识产权的确权、运作、保护与其他四个阶段，知识产权保险在保护阶段上的产品实践应用最为广泛。保护类产品主要有两类：一种是维权型或进攻型保险产品，这类产品旨在帮助知识产权持有者进行维权行动，提供包括侵权行为调查和监控、诉讼支持经济补偿等法律服务和资金支持，常见的类别有知识产权维权费用保险、知识产权被侵权损失赔偿保险等。另一种是侵权型或防御型保险产品，主要为潜在的侵权行为提供保护和防御措施，包括预防措施、风险评估和管理以及法律咨询和纠纷解决等，产品有专利侵权责任保险、知识产权海外侵权责任保险等。

中国人民财产保险股份有限公司（PICC）已开发多款专利保险产品，建立行业最为领先、全球最为完备的知识产权保险产品体系。其中，专利执行保险帮助企业主动出击，打击侵权行为；侵犯专利权责任保险为企业提供被动防御，支持企业的正当抗辩维权；专利代理人职业责任保险及其附加险可以有效转嫁专利代理人的职业责任风险；境外展会专利纠纷法律费用保险护航企业短期参展，提供法律费用保障；知识产权海外侵权责任保险是 PICC 联合现代保险起源之一英国劳合社提供覆盖全球的风险保障；专利许可信用保险有效促进科研成果向实体经济的成果转化；专利质押融资保证保险为企业增信，助力知识产权质押融资。迄今为止，我国知识产权保险主要是在政策推进下的本土专利实施险，以保障维权成

---
① 资料来源：《中国知识产权保险发展白皮书（2022）》。

本，更多维的保险产品还在探索中。

（2）科技项目研发费用损失保险。由于研究开发初期投资大、耗时久，转化成本和风险也较大，企业对于新产品创新的动力不足、投入保守。科技项目研发费用损失保险是被保险企业在保险期间，由于研究开发的不确定性，科技成果转化项目没能按照计划推进，或是没有能够通过后续的测试、开发等工作，或是没有能够产生新产品，或是新产品的推出滞后于市场需要等。保险标的会按照所签订合同的条款，获得人员费用、材料成本以及一些重要的设备成本等资金补偿。这类以补偿风险损失为主的险种，可以最大限度地降低由科技企业所承担的科研风险，为企业提供更多的试错时间。

中国人民保险公司（PICC）南京分公司于2019年5月正式开展"科技项目研发费用损失险"综合业务。从保险行业的角度看，这些创新做法旨在为科技企业的不确定性提供保障，降低研发风险，加快科技保险成果转化，对科技保险行业创新有着积极影响。

（3）贷款保证保险。科技行业由于所固有的轻资产与高风险等特点，不易获得看重抵押的银行信贷支持，银企之间需要第三方进行协调，减弱信息不对称造成的风险。企业贷款保证保险就是基于此目的而产生的融资增信机制，是一种使用贷款担保风险补偿基金、贷款担保保险等来作为增信手段的金融信贷产品。贷款保证保险是当借款人（投保人）没有按照与债权人的约定履行自己的还款义务时，由保险人按照合同的约定进行代偿。在科技金融风险补偿基金的集中管理方面，其中的贷款风险补偿基金也是用于补偿业务过程中拖欠贷款的本息损失。

2020年12月，东莞"科保贷"首笔200万元贷款成功放贷。该保证贷款由东莞人保财险、东莞农商银行、东莞市科技局联合发起，意为科技企业提供保险贷款担保，实施"政府+银行+保险"风险分担机制。其中，东莞市财政承担20%的科技创新不良贷款损失，剩余80%由金融机构和科技保险公司承担。本产品服务的核心对象是由东莞市科技局按照国家和地区产业政策和扶持导向审核认定的国家高新技术企业和科技型中小企业。本产品保物包含企业所缴纳的履约保证金以及财政所补贴的风险补偿金等，其担保额度最高可达300万元。

2. 基金行业支持科技创新

1）支持科技创新的基金模式

作为我国直接融资制度中最主要的一环，基金行业为各类企业提供了融资渠道，通过投资科技创新和高成长性企业促进科技产业发展。目前，实践中主要包括五种类型的科技基金：一是跟踪中证科创创业 50 指数的 ETF 和 ETF 联接基金；二是以"科创板"为名，跟踪上证科创板 50 成份指数的科创板 50ETF、科创板定期开放式基金两类；三是以"科创主题"为名，主要投资于高新技术、互联网、人工智能、生物技术等领域股票，倾向于封闭式管理的基金；四是以"科技创新"为名，大多属于主动管理的开放式基金，具有一定的灵活性，可以根据市场情况灵活调整持仓、选择投资机会和风险控制；五是名字中带有"新动力""新动能"等字样的基金，无须以科技股名字为限定条件，具有较大的经营弹性。此外，还有人工智能（AI）基金、科技创新驱动基金等。

随着科创板的建立和试点注册制的推广，以及创业板注册制改革和新三板改革的不断深入，资本市场为新兴行业和科技创新型行业提供了更为便利透明的融资渠道，吸引汇集了越来越多的高科技企业。在这种背景下，"双创"板块给予长线投资者持续释放利好信号，投资者会保持长线投资，进而形成良性循环。

2）基金行业支持科技创新的常见产品与机制

按照设立目标、基金发起人、资金来源、资金投向的差异，可以将基金分为政府引导基金和非政府引导基金。根据投资目标和业绩激励机制的不同，可分为私募基金和公募基金。

（1）政府引导基金。政府引导基金是由政府出资的、具有政策性质的基金，撬动包括金融机构与投资机构在内的社会资本，共同设立相应的投资机构后，再以股债权形式投资于特定阶段或行业的科创企业。政府引导基金遵循"政府引导、市场运作，科学决策、防范风险"的投资运作原则，通过增加创业投资资本的供给，克服市场配置的失灵风险，引导基金解决科技企业的融资问题。作为一种市场化的间接资金支持，政府引导基金在撬动社会资本、发挥了杠杆作用的同时还优化了财政资金的使用效率。政府引导基金可分为创新创业引导基金、产业引导基金和 PPP 基金等，支持对象为风险投资机构和科技型、创业型中小企业。各地政府引导基金在组织形式上各不相同，但运作架构都采用母基金—子基金—投资项目的框架。政府引导基金作为母基金（FoFs），与合作机构共同设立子基金，达到接近 10 倍的杠杆效果；子基金成立后选择负责具体项目投资的基金管理人。

政府引导基金与金融机构的合作方式有股权投资和无偿资助两类。股权投资的形式具体包括阶段参股、融资担保和跟投。阶段参股是指引导基金通过股权投资方式参与创投机构，创投机构再参股科技型中小企业，从股权溢价中获得资本增值收入，其侧重点为吸引社会资本，选拔优秀管理团队，引导基金在规定时间内退出创投机构，收回本金和利得；融资担保是通过信用机构为信用记录良好的风投公司提供担保，帮助他们通过债务融资扩大投资能力；跟投是指引导性基金通过跟投来支持具有较强行业或区域导向的科创企业的发展，并引导其投资方向。无偿资助的形式包括风险补贴和投资担保。其中，风险补贴是鼓励各类风险投资机构的早期投资行为，投资担保旨在为创投机构拟投资企业提供担保支持，鼓励创投机构培育孵化项目，助力科创获得市场机构投资。

以佛山市南海区为例，2016年南海区设立了20亿元的创新创业投资引导基金，该引导基金已对外公开发布合计五期的子基金征集，毅达资本、尚颀资本、宏源汇富等知名机构也加入了募资行动。到2022年3月，合作子基金33只，投资规模合计95.54亿元，包括南海区精钢海工、科源电气等24家优势企业[1]。

（2）私募股权基金。私募股权基金（PE）以其注重企业的长期增值潜力、资本规模较大、提供战略指导、丰富的产业网络等特点，成为支持企业发展的重要资金来源。据统计，2021年上半年全球有约304.3亿美元的私募股权基金投向企业，主要分布在美、欧、澳等国家地区。2019年，我国成为PE行业全球第三大市场，同年新增私募股权基金对境内非上市公司的投资金额高达7000多亿元，占新增融资总额的2.0%。截至2021年6月，私募股权基金已经投资到各种权益项目的资本总额达到7.6万亿元，其中投资到中小企业的资本比例达到28%，高新技术企业的资本比例达到26%，种子期企业的资本比例达到33%。

随着资本市场的改革深化不断演进，特别是注册制的推行，对私募股权基金的投资逻辑产生了深远影响，私募权益基金投早、投小的倾向变得更为显著。相比以往IPO市值、盈利等严格限制条件，注册制将重点放在信息披露和投资者适当性上，使得私募股权基金有着更为畅通的退出渠道，更容易选择合适的时机和方式退出投资。在进行投资时，尤其是Pre-IPO的投资时，私募股权基金更关注长期价值投资。作为多层次资本市场的重要组成部分，私募股权基金也是支持培育"专精特新"企业发展的重要力量，其特殊的投资属性缓解了企业资金约束，帮助企业破解科技成果转化瓶颈。2001—2010年，私募股权基金增加了对医药生物、机械设备、化工和电子等高科技行业的投入，通过"募投管退"循环过程，私募股权基金将社会资金转化为金融资本，为资本市场提供了更多的投资机会和流动性，有力推动了我国制造业高质量发展。

（3）公募基金。截至2021年12月，我国公募基金资产净值为25.32万亿元[2]。

---

[1] 资料来源：广东省佛山市南海区金融业发展办公室. 2020年（总第四批）佛山市南海区创新创业投资引导基金合作机构评选结果公示. http://www.nanhai.gov.cn/fsnhq/bmdh/qzfpcjg/qjrb/xxgk/tzgg/content/post_5768152.html.

[2] 资料来源：中国证券投资基金业协会2021年披露数据, https://www.amac.org.cn/researchstatistics/datastatistics/mutualfundindustrydata/.

公募基金通过在二级市场收购科创公司的股票、债券、参与定向增发等途径来支持科技创新，以其广泛的投资渠道和投资组合构建能力，成为支撑我国实体经济发展的长期力量。在以公募基金为代表的机构投资者的引导下，更多的金融资源从股票市场朝着科技创新类企业的方向流动，带动市场对科创企业的投资关注。

3. 证券行业支持科技创新

1）多层次资本市场的支持

资本市场上的公开透明、高灵敏度的价格数据信息，能够有效引导科技创新所需要的多种资源要素协同配置，是科技企业成长的重要平台。随着企业和社会融资需求日益多元化，我国在持续不断地从根本上推进资本市场改革，从单一分散的结构，逐步完善成为定位清晰、错位发展、功能互补的资本市场。

2019年6月，我国在上海证券交易所（简称上交所）设立科创板并试点注册。作为科技企业上市的主要场所，科创板定位于信息技术、高端装备、生物医药、新材料、新能源等高科技领域，旨在集聚创新型企业、高成长性企业和未来有望成为龙头企业的新兴产业。科创板的上市组合标准采用多维度的评估方式，综合考虑了市值和财务指标以及市场发展前景、核心技术、知识产权等。2023年上半年，科创板企业的研发费用与2020年同期相比有19%的增长，研发投入总额达到706亿元，研发投入占营业收入比例中位数为12%[①]。2021年11月，北京证券交易所（简称北交所）的开市标志着我国多层次资本市场的进一步发展和完善。北交所首批上市的81家公司大多在国民经济行业中处于领先地位，其中17家是专精特新"小巨人"企业，主营业务涵盖先进制造业、现代服务业、高技术服务业和战略性新兴产业，企业占比达87%。

通过资本市场的长期实践，我国逐步形成了清晰定位、错位发展、功能互补的多层次资本市场。科创板致力于支持"硬科技"，创业板关注创新创业，而北交所则凭借其错位发展的特点，专注服务"更早、更小、更新"的创新型中小企业。以转板制度为例，北京证券交易所完善了分阶段渐进式转板制度，企业在北交所上市后，可转板去沪深交易所，也可去创新层。在北交所初步建立的跨交易所的转板制度基础上，后续以全面注册制为启动点，开展交易所内部转板和降级转板制度探索，这类职能衔接、层次有序的转板制度加强了各级资本市场的联通，提高了资源配置效率，促进资本市场更加有序健康地发展。

2）股债联动中的证券角色

"股权+债权"融资是投贷联动的创新模式，银行机构与投资基金通过纯信贷、

---

① 资料来源：上海证券交易所科创板公司2023年半年度报告披露。

组合信贷、股权质押、股权基金增信等多种模式，为已投资的优质企业与银行机构搭建对接通道，解决科创企业抵押物少、融资难、融资贵的融资困境。如引导银行机构与投资基金合作，将授信客户企业引入合作基金，助力授信客户企业获得更多的资金支持，投资基金的专业投资经验和资源可以帮助企业实现更好的战略规划和运营管理，进一步提升企业市场估值；"投贷担"模式由政府建立相应企业库，引入融资担保机构，利用担保机构准公共产品属性对入库企业进行增信，增强银行对投资基金及企业的信任度等。

2016年9月，国务院印发《关于促进创业投资持续健康发展的若干意见》（国发〔2016〕53号），提出各类金融机构可以在"依法合规，风险可控"的原则下，与创投机构开展适应性的长期化市场化合作。以陕西省西咸新区为例，由财政局牵头设立总规模1亿元的"西咸新区股债联动创新创业企业帮扶基金"，该基金着眼建立立体联动"孵化器"、科技成果产业化"加速器"、两链融合"促进器"三大目标，以股债联动形式帮助符合条件的科创企业维持资金周转，同时以较为灵活的退出机制，最大限度地促进区域内资金联动。

3）支持科技创新的证券化产品

中小型科技企业在进行资金融资时，通常会采用知识产权质押融资的方式，在传统的知识产权质押融资的基础上，演变出了知识产权证券化这一更为长效支持的融资方式，这也是最典型的支持科技创新的证券化产品。知识产权证券化是指发起人（知识产权权利人或企业）以知识产权未来可预见的许可使用费或已签订的许可合同中的担保支付作为标的资产，通过一系列金融结构安排，重组和分离收益要素和风险，然后将其转移到专门机构以发行可流通的融资权证的过程。知识产权证券化在其演进和应用过程中发展出多种操作方式，包括创建基础资产池、组建特殊目的机构（SPV）破产风险隔离等。

创建基础资产池是指发起人确定证券化对象后，梳理其拥有的知识产权，将符合证券化条件的知识产权进行组合，建立基础知识产权资产池。通过SPV的风险隔离设计，基础资产池中的资产与SPV的债务和风险相互隔离。一旦发起人通过合约将资产池中的资产转让给特殊目的机构，即使发起人宣布破产，合约内资产池中的每一项资产也都是独立的，会被排除在破产清算类别之外，从而达到隔离破产风险的目的，保护投资者的资产安全。

知识产权证券化能够通过价值评估使其价值具体化，进而抵押高科技企业的知识资产，它是拥有高科技知识产权的中小企业最受欢迎的融资模式。该产品的创新点在于，基础资产是企业所持有的知识产权所产生的现金流，可以是专利许可使用费、知识产权许可合同的未来现金流、基于知识产权的产品销售收入等。

根据北京知识产权交易中心2022年2月发布的《2018年—2021年中国知识产权证券化市场统计报告》，知识产权证券化累计发布了149亿元。

4. 互联网金融行业支持科技创新

互联网金融依托移动网络技术，以云支付、云计算、社交网络、搜索引擎等为基础，通过用户反馈持续迭代，促进了金融支付和信息中介的高效运作。其在科创企业融资中具有以下创新优势：拓宽了信息获取和传播渠道，缓解了信息不对称问题；线下线上相结合的信用审核方式，提高了信用评估的准确性；递减的边际成本，使互联网金融能够惠及信贷长尾企业。

1）互联网众筹模式

互联网众筹与传统融资方式相比有着突出优势，包括成本低、门槛低、投资方向多元、宣传效果好、利用网络平台进行舆论监督。具体的机制包括：捐赠式众筹、股权式众筹、回报式众筹和P2P网络贷款模式等。互联网众筹投资也面临着投资者投资偏好差异与知识产权风险、平台质量参差不齐与投资者选择评估问题，以及缺乏有效资金隔离和监管问题。

2）互联网金融风投

互联网金融风投模式，能够更好地推动中小高科技企业进行融资，解决其融资难、融资成本高的问题。以一站式股权投融资平台鲸准平台为例，其2023年提供的融资次数已达到3125000次，累计融资金额为43.27亿元，认证的活跃投资人为55132人，一周平均约谈项目45人[①]。其中活跃投资人包括红杉资本、经纬中国、IDG资本、深创投、腾讯投资、达晨创投与君联资本。鲸准平台的发展初步表明了互联网金融风投模式能够高效接洽投资方与融资方，进而提高资本投资的成功率和融资的效率。鲸准平台同时具有投资机构、创新项目、核心产业和数据海量支持的特点，为科创企业提供企业融资对接、智能投资系统、产业创新服务、行业数据研究等功能，对国家战略性新兴产业与新一代信息技术提供聚焦型支持。

通过数据系统的多维数据对投资人准确分析、利用鲸准BP定制等功能为投资人提供对口项目，优化投资人的商业计划书等对口服务。鲸准平台通过这样的双向服务，提供了更高效的投资可能性，将投资人与被投资人双向连接。鲸准平台所提供的金融产品主要包括以下几类：①产业创新服务，主要提供产业资讯服务、委托产业链对意向企业定向对接、以城市产业名片打造、产业园区运营、区域企业上市培育计划等方式，帮助了成都天府海创园、江北新区智能制造产业园等客户群，基于当地的产业特色和区位优势为上海、苏州等地的政府提供数字化招商

---

① 鲸准平台信息：https://www.jingdata.com/。

引资服务，专业对接和引入高质量的战略性新兴项目。②功能层次完善的投资管理系统，囊括主数据系统、结构化填报模块、资管系统托管行报送模块、FA 再融资系统、远见投研系统、鲸准数据层、PaaS 在内等，主要以区分于其他金融机构的海量数据和完备的数据系统，为投资人和投资项目提供技术支持。③行业数据研究，通过行业指数研究、生产产业月度报告、行业分析报告等，来深入了解行业和市场发展趋势。

（二）其他金融机构支持科技自立自强的监管

1. 我国对其他金融机构支持科技创新的监管

1）保险和信托行业支持科技创新的监管

我国对于保险业支持科技自立自强政策的基本原则是创新引领、市场导向、统筹协调和风险可控；对科技保险业的主要政策方向为完善监管框架，建立更为严格的资本充足度标准，建立健全的风险管理框架，提升对风险报告和披露质量和透明度的要求，规范对数据隐私安全的监管条例；强化科技保险保障作用，促进各机构之间的协作，提高保险市场的整体效能和创新能力。

2006 年，科技部、保监会发布《关于加强和改善对高新技术企业保险服务有关问题的通知》，首次从顶层设计的角度对科技保险进行了定义。随后，北京、天津、重庆等九市三区签署了《科技保险创新试点合作备忘录》，于 2007 年 7 月 20 日启动科技保险试点。第一批享受国家税收优惠政策的险种包括高新技术企业产品研发责任保险、关键研发设备保险、科技保险发展营业中断保险、出口信用保险、高管人员及关键研发人员团体健康保险和意外保险。

2010 年 3 月，科技部、保监会印发《关于进一步做好科技保险有关工作的通知》（保监发〔2010〕31 号），进一步放开投保区域、投保范围和承保机构。各省市相继在辖区内开展科技保险试点，出台多项具体政策措施，鼓励发展新型科技保险，扩大保险服务范围，为科创企业的金融活动建立稳固的保障体系。为构建科技金融服务长效机制，2021 年 11 月 26 日，原中国银保监会印发了《关于银行业保险业支持高水平科技自立自强的指导意见》（银保监发〔2021〕46 号）（以下简称《意见》），《意见》引导科技保险"立体式"发展，科技保险嵌入产业链、共保体，保险机构应建立覆盖科创企业从研发到生产、销售等全周期的科技保险产品体系。

2）证券行业支持科技创新的监管

2016 年 9 月 20，国务院日颁发的《国务院关于促进创业投资持续健康发展的若干意见》中，明确按照"依法合规，风险可控，商业可持续"的原则，构建和完善科技企业和各种金融机构之间的长效合作机制，通过简化保险准入程序、优化资质审核等举措进一步降低商业保险的准入门槛，大力发展投贷联动、投保债联动新模式，对创投公司进行有力的投融资支持。

根据财政部和国家知识产权局发布的《关于做好2020年知识产权运营服务体系建设工作的通知》，明确提出应"推进知识产权证券化和深化知识产权金融服务"。具体措施包括：在知识产权应用与管理上，应完善评估体系、监管标准和风险分担机制，地方财政可推动设立知识产权质押融资风险补偿基金，落实项目管理人制度，使知识产权经过估值定价、流通转让后，市场化为可经济交换的资产形式。证券业通过对知识产权的证券化和深化知识产权金融服务这两类机制创新和制度建设，能够为科技企业自立自强提供基础的保障。

3）互联网金融业支持科技创新的监管

互联网金融是以包括区块链技术、人工智能技术、云计算技术、大数据技术和移动支付技术等多种技术手段为核心的金融形态。中国人民银行发布的《关于促进互联网金融健康发展的指导意见》（简称《互联网金融指导意见》）中明确指出，金融与互联网技术的融合是必然的，科技的引入将会改变金融现有的服务范式与产品结构。推动互联网金融的良性发展，可以进一步加深金融改革，推动金融创新发展，扩大金融业对内对外开放，建立多层次的金融体系。《互联网金融指导意见》中鼓励金融创新支持实体经济发展的同时，也明确划出了底线，指出了方向。互联网金融"缺门槛、缺规则、缺监管"的问题成为监管的重要切入点。

《互联网金融指导意见》虽然明确了客户资金第三方存管制度、互联网交易等基本业务规则、监管范围与职责部门等内容，但是具体配套细则和措施推行仍有滞后性，现实执行过程中的系统协调也需要较长时间。该监管制度的出台意味着互联网金融进入更加规范发展的时期，通过有序监管推动互联网金融健康发展、助力科技创新具有重要意义。

2. 发达国家对其他金融机构支持科技创新的监管

1）美国对其他金融机构的监管

美国拥有全球规模最大、层次结构最完整的资本市场，能够满足不同类型、规模和发展阶段企业的融资需求。升降板机制（Up-listing and Down-listing）是美国资本市场最显著的特点。当上市科技公司满足进入顶级市场的条件后，可以通过正规程序进入顶级市场；如果公司不再符合其当前市场的上市要求，则会被转移到下一级市场。这种流动性分层实现了资本市场各层级之间的无缝衔接，给予企业更高的市场曝光度和更多的投资者关注，为企业提供更多的融资机会，激励公司提高治理规范水平和透明度。

（1）对中小型科技企业融资的法律支持。美国国家立法机构陆续通过多项有利于中小科技企业融资的法律，以完整的法制为中小科技企业提供支持。1953年，美国议会通过《国家小科技企业法》，1958年通过《小科技企业投资法》，该修订版本增强了政府对中小科技企业的控制和财政支持，从投资的角度给予小科技企业投资者减税、免税、提供贷款服务等各种激励措施。此后，历届美国政府先后通过《中小科技企业投资鼓励法》《中小科技企业政策法》和《中小科技企业出口法的扩大》等10余项法律，从政策层面初步奠定了美国政府对中小科技企业的支持方向和政策导向。随后，2012年和2013年，美国国会通过了《就业法案》和《创业科技企业支持法案》，进一步支持创业融资，为中小型科技企业提供了更方便的金融服务。

（2）对互联网金融的监管。美国政府对互联网金融采取鼓励创新和适当监管的立场。一方面，美国政府根据网络金融的特点，从现行的立法中查找与之有关的规范，并对其进行适用性的补充与改进。比如，美国将非金融机构的支付业务视为传统财务业务的一种扩展，由联邦和州立法机构共同制定法律加以规制；网络贷款被认为是证券业务，美国证券交易委员会（SEC）规定网络贷款公司在经营之前需要有券商牌照。另一方面，实行适当的、不严格的规制。如美国《统一货币服务法》对科技企业的经营领域以及第三方支付公司的进入方面有着清晰的规定，但是对于注册资金的限制并不像对商业银行那么苛刻。

（3）对网络众筹的监管。美国证券交易委员会于2008年10月宣布，网络借贷平台是证券交易活动的一部分，必须进行登记；同时，制定了美国股权众筹监管规则，对美国众筹行业进行了资质、业务范围、从业者的限制。网贷平台则需要接受美国联邦贸易委员会（FTC）的调查和监督；美国消费者金融保护局（CFPB）细化网络借贷平台的信息披露和投诉处理数据库，确保网络借贷平台更加透明和标准化。2011年11月，美国众议院通过的《科技企业金融法案》为网络众筹提供法律保护，以获得联邦证券法规的豁免。2012年4月，美国颁布的《乔布斯法案》明确了筹款人、投资者和小微众筹平台的权利和责任，将众筹平台合法化，为网络众筹行业的发展提供了明确法律框架，同时也为企业和创新者提供获得资金的新途径。

2）英国对其他金融机构的监管

作为网络借贷的发源地，英国政府从次贷危机和债务危机开始就把网络借贷行业当作金融创新的发展方向，给予了宽松的政策发展环境和政策导向。英国成立了网络借贷市场中的自我约束组织，并引入了安全基金计划、支付保证保险等制度，有效地维护网络借贷市场中的投资人权益，推动网络借贷市场良性发展。

2005年，第一个在线借贷平台Zopa在伦敦诞生；2011年1月，第一个基于权益的股权众筹款平台Crowdcube在英国成立。目前，英国已形成了Micro Ventures、Crowdcube、Seedrs等股权众筹机构，通过股权众筹平台实现对创业小微科技公司的融资。

（1）对网络借贷行业的监管。英国对网络借贷行业的监督主要从政府监管机构和行业自律协会两个方面展开。英国金融行为监管局（FCA）作为独立的公共机构，负责监管英国的金融市场，其职责之一就是授权和监管所有类型的网络借贷平台。除了FCA监管之外，网络借贷行业还受到行业自律组织P2P金融协会（P2PFA）的约束。P2PFA主要通过制定和执行行业自律准则来促进负责任的借贷行为和保护投资者。

（2）对网络众筹行业的监管。英国FCA于2014年4月发布《关于网络众筹和通过其他方式发行不易变现证券的监管规则》（简称《众筹监管规则》），针对不同众筹类型做了专门的监管框架。《众筹监管规则》从平台最低资本金要求、投资者资金保护机制、消费者申诉保护等方面对借款众筹进行详细规定，推动建立公平、有序的借贷众筹市场。同时，《众筹监管规则》在股权众筹方面突出"合格投资者"的进入条件，并对其相关信息披露与定期汇报制度进行了完善。

（三）其他金融机构支持科技自立自强的实践启示

从金融实践情况来看，包括保险、信托、证券以及其他类金融机构在内的金融主体在支持科技创新方面存在一些实践困境，在加大支持科技自立自强方面仍然有很大的提升空间。

1. 其他金融机构的实践困境分析

1）政策问题

科创企业的部分筹款行为的法律界限定位模糊，导致了不规范的投融资行为，现有的配套法律存在短板。以私募股权为例，中国目前并未设立专门的私募股权投资法律，导致境内私募股权投融资活动缺乏明确的法律依据。同时，政府对资本市场管制过严，我国资本市场是在计划经济的基础上演化出来的，设立资本市场的初始目的是缓解国有科技类企业的经营资金压力，这赋予了其较强的统筹行政色彩。政府除了日常管理和执法职责外，还参与市场培育和产品设计，在行政权力干预下市场资源配置效率低下，不能有效支撑科技创新体系。

2）金融机构问题

从保险机构来看，保险业支持科技创新存在以下问题：一是科技参保率较低，科技保险覆盖面较小；二是科技保险险种较少，服务水平较低，难以覆盖科创企业发展过程中的诸多风险，业务流程不规范；三是保险机构本身缺乏足够动力研发科技保险产品。科技险理赔的可能性大于一般承保事件，大多数保险公司出于风险回避而拒绝提供保险服务，且保险产品的同质化使其易于复制，存在"搭便车"的空间。

私募基金对科技创新的支持也存在几个方面问题：一是私募投资的准入门槛过高。二级市场处于起步阶段，估值定价体系尚未成标准化体系，相关的私募股权投资资格标准确实较为严格，包括资本量要求、业绩要求、投资经验要求等。二是风险投资退出机制不畅通。公开发行是风险投资人最好的退出策略，但由于我国现行资本市场体系不完善，完善的风险投资机制尚未建立，我国风险投资以IPO退出的比例极低。三是资本市场制度不完善。上市发行制度仍以核准制为指导原则，在推荐公司承担连带责任的情况下，证券公司不愿意对风险较大的科创企业担保发行，增加了中小科创公司的融资难度。

3）市场环境问题

从市场环境来看，我国金融资本市场的市场秩序正在逐步完善，资本市场监管体系也在持续加强，政府通过推出注册制改革、加强信息披露要求等措施，不断推动资本市场改革和发展，但仍在市场监管、信息披露、市场流动性、投资者保护等方面存在不足之处，面临发展挑战。监管机构需要不断提高监管能力和效率，加强对市场操纵、内幕交易等违法行为的监控和打击，提升市场公平性和透明度，进一步提高投资者保护的有效性和力度，以及加强金融风险监测和防范。

2. 其他金融机构支持科技创新的优化方向

1）保险业

保险业的优化路径主要为：第一，提高参保率，扩大保险的覆盖面。由于科技自立自强政策的相关保险产品普及程度不高，科技企业对这类产品的了解太少，因此保险机构这一产品的待挖掘市场份额还很多。第二，持续扩充科技保险的险种。由于现阶段支持科技自立自强的保险种类还很少，尤其在风险高的领域中缺乏产品创新，应该在这方面加以研究和扩充，从而在支持科技自立自强的同时拓宽保险机构的发展空间。

2）私募行业

私募行业的优化路径主要为：第一，拓宽多种风险退出机制，为私募行业的投资提供更好的基础环境。第二，私募行业的优化路径还依赖于政策和环境的支持，在控制风险的前提下，提高融资概率、扩大融资机会才能够更好地支持科技自立自强政策。

3）证券行业

证券行业的优化路径主要为：第一，健全市场机制，完善多层次的上市制度，针对中小型的科技企业，建立有针对性的上市机制。可以参考国外的"升降版"制度或者扩充一些中小企业的融资机会和融资渠道。第二，根据国家政策，可以在知识产权证券化方面着手，创新和研究相应的产品，通过提供知识产权的定量评估，既能扩充证券机构的产品种类，又能在配合国家政策的基础上，为科技公司提供金融支持。

4）互联网科技公司

互联网科技公司的优化路径主要为：第一，利用大数据优势，响应国家政策，充分挖掘一些中小型科技企业的优势，利用市场的资源配置作用，为中小型科技企业提供更完善的产业金融服务。第二，虽然现阶段的法律法规尚不完善，但互联网科技公司仍可根据政策热点开展有针对性的产品和服务开发，进而扩展面向科技企业的金融服务和绿色金融服务等。

第六章

金融支持科技自立自强战略的制度创新

金融体系对科技自立自强战略的支持不仅体现在金融产品与服务创新上，更体现在金融制度的创新上。两者相辅相成，构成了金融支持科技自立自强战略发展的双螺旋结构。一方面，金融机构研发设计的各类金融创新产品服务不仅需要满足客户需求，还必须满足金融制度的合规性要求；另一方面，在金融支持实体经济发展过程中，金融机构逐渐意识到一些制度机制对金融业务开展产生了一定的羁绊作用，制约了实体企业的科技创新发展。

本章节从实际案例出发，深入归纳分析金融支持科技自立自强过程中的制度问题，详细剖析金融制度制约科技创新活动的重要成因；通过探究现有制度约束的底层逻辑，探索不同底层逻辑下驱动金融支持科技自立自强的制度创新思路。

一、金融支持科技自立自强战略的制度约束

（一）股权投资禁区影响了金融支持的积极性

1. 金融支持科技型企业的合作案例

研究人员于 2021 年 10 月对中国建设银行陕西分行和西部超导材料科技股份有限公司（简称西部超导）进行调研，深入研究了两家公司过去的金融合作案例，从中梳理出金融支持科技自立自强战略过程中银行等金融机构可能遇到的股权投资羁绊问题。

西部超导是中国高端钛合金和低温超导材料领域领军企业。该企业的宗旨是抢占超导新材料产业发展的制高点。公司依托已有的"超导材料制备国家工程实验室"和"特种钛合金材料制备技术国家地方联合工程实验室"等科研平台，为我国的先进战机、大飞机、航空发动机的研制生产以及热核聚变实验堆、核磁共

振成像仪、粒子加速器等大型科学工程和高端装备制造提供了有力支撑,确保我国的国防军工在稀有金属超导材料领域不会面临国外技术"卡脖子"的情况。西部超导是一家典型的符合国家科技自立自强战略的科技型领军企业。

从公司结构看,西部超导是西北有色金属研究院下的一家控股子公司。自 2000 年开始,西北有色金属研究院就开始实施事业单位"转企改制"进程,从刚开始有 150 人的事业单位发展成为现在有三家主板上市子公司和四家新三板挂牌子公司的企业型研究院。西北有色金属研究院在"转企改制"的初期面临着巨大的资金需求,当时中国建设银行陕西分行在充分协商后给予了大力的银行信贷支持,为企业转型发展提供了重要的资金保障。多年来,西部超导和建行陕西分行也保持着良好的金融合作关系。但是随着企业的快速发展,金融合作面临着诸多挑战。

从当初的"转企改制"公司到现在的主板上市公司,企业对资金的需求也发生了重大变化。早期企业融资困难,主要的融资渠道是建行的信贷资金。在主板上市之后,公司的融资渠道变得更加多元化,更倾向于从资本市场获取融资。在这个过程中,建行为企业提供的信贷资金也就相应地有所减少。从企业的角度讲,这是从利润最大化或者降低融资成本等方面所做出的理性决策。但是从中国建设银行的角度,早年承担着巨大的金融风险为企业提供了信贷资金支持,帮助企业度过了资金难关。而在企业做大做强之后,金融机构却无法继续与其保持高水平的信贷合作关系。为此,中国建设银行陕西分行的相关部门需要从更宏观的角度再次审慎思考当年的决策,是否有更加合理的融资方案,既能满足企业的资金需求,又可以保障金融机构从企业成功发展中分享一定的红利。金融机构愿意提供资金支持那些有潜力为国家科技自立自强做贡献的企业,但是这样的合作也必须保障金融机构能够获取相应的利益,能从企业未来的成功中获得一定的回报。建行陕西分行当初为西北有色金属研究院提供的全部是信贷资金,只能收取相应的利息作为回报。它无法因为孵化出西部超导这类非常成功的高科技企业而享受其成长红利。在金融支持科技自立自强的背景下,中国建设银行等金融机构希望能对优质的目标企业进行"债权+股权"双重投资。如果企业发展成功,则金融机构可以通过股权投资部分获取相应的额外收益,来抵补信贷投放承担的风险。

2. 合作案例的剖析与启示

建行陕西分行和西北有色金属研究院的案例并不是个例。然而,这种由银行直接对企业进行"债权+股权"的混合投资模式是与现行的金融机构分业经营制度相违背的。《中华人民共和国商业银行法》第四十三条明确规定:"商业银行不得向非银行金融机构和企业投资。"现行的金融制度禁止商业银行直接对目标企业进行股权投资,从而影响了银行等金融机构在支持科技自立自强战略中的积极性。

商业银行利用信贷投放为科技自立自强企业提供融资服务,虽然解决了企业对资金需求的燃眉之急,但是同时也面临着巨大的风险。一方面,如果企业研发失败,银行手中的实物抵押品不足以弥补风险敞口,知识产权等无形资产抵押物虽然具有一定的价值,但是因为市场流动性差,相应的变现能力亦不足以覆盖风险敞口;另一方面,如果科技自立自强企业在银行的资金支持下研发成功,后期在市场上获得广泛认可,公司业绩蒸蒸日上。而作为早期研发资金的提供者,商业银行只能通过信贷利息获得微弱的回报。商业银行无法因为孵化出一家成功的科技公司而获得额外的股权投资收益,因此会更倾向于传统的"重资产"的信贷模式。

换言之,如果不能从股权投资的角度给予商业银行额外的风险补偿,单纯利用信贷投放为科技自立自强企业提供融资对商业银行来说是一件"高风险、低回报"的投资。这也是商业银行对科技型公司融资积极性不高的根本原因。因此,《中华人民共和国商业银行法》中"商业银行不得向非银行金融机构和企业投资"的制度约束,严重地制约了金融机构在支持科技自立自强战略过程中的积极性。

(二)投贷联动制度下"投"与"贷"不协调

1. 投贷联动业务试点实践

针对商业银行不能直接对科技创新性企业进行股权投资的制度制约,金融机构和监管机构推出了"投贷联动制度"。2016年4月20日,银监会、科技部、人民银行联合印发了《关于支持银行业金融机构加大创新力度开展科创企业投贷联动试点的指导意见》(简称《投贷联动指导意见》),鼓励和指导银行业金融机构开展投贷联动业务试点,并明确5个国家自主创新示范区和10家银行成为首批试点(见表6-1)。

表 6-1 首批投贷联动试点

5个试点示范区	10家试点银行	
北京中关村国家自主创新示范区	国家开发银行	中国银行
上海张江国家自主创新示范区	恒丰银行	北京银行
武汉东湖国家自主创新示范区	天津银行	上海银行
天津滨海国家自主创新示范区	汉口银行	西安银行
西安国家自主创新示范区	上海华瑞银行	浦发硅谷银行

该制度允许银行机构以"信贷投放"与银行集团下属的具有投资功能的子公

司的"股权投资"相结合的方式，联合为目标企业提供融资。投贷联动制度是在现有《中华人民共和国商业银行法》的框架下，通过银行与子公司（内部投贷联动模式）或者银行与非本机构设立的外部投资公司（外部投贷联动模式）来为企业提供"股权+债权"混合融资。投贷联动制度为商业银行通过其具有投资功能的子公司涉足股权投资提供了可能性，拓宽了商业银行的盈利渠道，也满足了商业银行业务转型的需求。尽管投贷联动制度在一定程度上突破了"商业银行不得向非银行金融机构和企业投资"的法规要求，但在业务推广过程中仍然面临着诸多制度约束。

2. 投贷联动业务增长缓慢

在投贷联动制度中，银行的表内资金是信贷资金的主要来源；而股权投资则是由具有投资功能的子公司采用自有资金的形式来操作。两者资金来源不同，对风险的偏好截然不同。投贷两部门在协商过程中不易达成一致意见，是导致投贷联动业务量低的一个根本原因。如图6-1所示，在2014年之前，我国开展投贷联动业务的企业数量非常少；2014—2017年，开展投贷联动业务的企业数量出现短暂的增长；2018年开始，开展投贷联动业务的企业数量开始呈现下降趋势。

图6-1 我国开展投贷联动业务的企业数量
资料来源：国泰安数据库。

从业务角度看，现行的投贷联动制度门槛较高，既要满足信贷部门提供信贷资金的条件，又要具有成长性和投资价值，满足投资部门的需求。这样的优质企业在市场上凤毛麟角。解决投贷联动业务成长慢问题的关键在于探索是否存在放宽投贷两部门的审核标准的可行性。换言之，金融机构必须转变传统的信贷思维，有效降低企业的融资门槛，充分发挥"投"与"贷"业务的联动作用。

3. 投贷联动业务效果欠佳

投贷联动制度的本质就在于投贷两部门彼此相互协调联动开展业务。但在实操过程中，投资部门和信贷部门协调联动效果较差，在业务前、业务中和业务后都有比较明显的体现。

在投贷联动业务开展前，在选择目标企业时，银行信贷部门以传统信贷标准为企业做信用评估，而投资子公司以项目投资的标准评估企业的成长性。投贷双方不易寻找到满足双方条件的目标公司，从而影响投贷业务开展。很多金融机构为了完成监管部门的投贷联动业务要求，简单地把既有"信贷投放"又有"股权投资"的企业定义为"投贷联动业务"，这类企业的投贷业务是由两个部门独立决策并独自开展业务，不符合投贷联动的制度设计。

在投贷联动业务开展中，投贷双方如果不沟通对项目的风险监测和评估标准，非常容易带来"资金期限错配"的问题，从而可能导致其中一方决策失误。特别是对于项目持有期限和资本退出的时机，投贷双方意见分歧较大。信贷资金具有"投资期限"固定的特征；另外，子公司的股权投资具有"投资期限和退出方式自由灵活"的特征，可以随时根据项目风险情况做出退出项目止损的决定。当投贷两部门沟通不畅时，很大概率发生股权资本及时撤出，而信贷资本被锁定错过最佳退出时机的问题。

在投贷联动业务结束后，如何利用并表处理来完成投资收益抵补信贷风险，从而实现风险和收益的匹配，也是一个非常困难的问题。同样也需要投贷双方在既定制度的安排下进行沟通和协调联动，并表管理还涉及风险隔离制度带来的一些问题。

4. 投贷双方激励匹配不足

投贷联动制度利用"信贷投放"和"股权投资"相结合的模式，由投资收益抵补信贷风险，促使科技型企业信贷风险与收益的匹配。《投贷联动指导意见》仅提出了投贷双方要进行利益分成和风险分担的指导原则，具体如何通过并表业务来处理利益分成和风险分担等方面还面临着诸多制度问题。

投贷联动业务的整体盈利情况是由投贷两个部门的经营情况共同决定的。虽然投资部门是银行的子公司，但是两个部门的业绩考核和激励仍然是分开独立进行的。有可能开展投贷联动的信贷部门一直处于业务亏损状态，而从事股权投资的子公司却是一直盈利。从联动角度来看，该笔投贷联动业务是成功的，但是参与投与贷业务的两部门业绩考核则直接面临孤立评价问题。同时，由于缺乏明确的量化指标，投贷审批决策部门及相关业务人员的积极性不高，影响投贷联动业务的整体发展。

（三）知识产权质押制度中的估值难和交易流转难

1. 知识产权质押业务实践

为满足这类"轻资产、高风险"的融资需求，原中国银保监会和国家知识产权局、国家版权局于 2019 年联合出台了《关于进一步加强知识产权质押融资工作的通知》，鼓励科创企业利用自身的商标、专利等无形资产向银行抵押获取贷款。知识产权质押制度是从企业客户的角度出发，制度性地拓宽了质押品的范围，也是对现有金融支持制度的另一次创新。

2017—2021 年这五年，我国专利商标质押融资登记金额逐年创新高（如图 6-2 所示），知识产权质押制度在不同地区取得的效果不尽相同。在东部沿海经济发达区域，推广效果良好；但是在中、西部地区的推广明显遇到了很多制度性阻力。

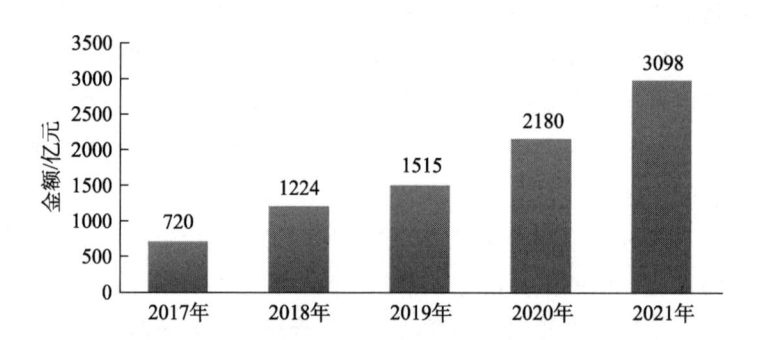

图 6-2　2017—2021 年我国专利商标质押融资登记金额
资料来源：国际知识产权局。

2. 无形资产评估质押难

在与中国建设银行陕西分行调研座谈时，一线业务员表示认同知识产权质押制度的设计，该制度可以将专利、商标等无形资产纳入质押品的范围，在制度上开辟了为科创企业提供信贷的新途径。但是从银行等金融机构的角度出发，该制度在具体实践过程中仍面临一些问题。

第一，金融机构缺乏专业人才，难以对知识产权质押融资提供专业的估值意见。由于知识产权的种类繁多，涉及专业知识纷繁，从巨量的知识产权信息中筛选出能真正反映其市场价值的信息是十分困难的。当商业银行缺乏独立评估能力时，不得不求助于独立的第三方科技估值平台。而由于具有行业认可的第三方科技评估机构数量较少、权威性不足,且科技创新评估费用偏高,从而变相地提高了知识产权质押贷款业务的成本。

第二,无形资产的质押权不易实现。当企业出现资不抵债的情况时,金融机构理论上享有对质押品的优先受偿权。但是由于市场上缺乏完善的无形资产交易流转平台。当违约发生后,金融机构不能有效地将质押品变现,从而很难实现资金回笼来弥补违约损失。因此,商业银行内部对于知识产权是否能够充当质押品仍然存有疑虑。

第三,知识产权质押贷款业务的风险管理与传统风控不同,需要专业化的团队。无形资产的价值受到市场、技术、地域和时间等众多因素的影响,这大大地增加了金融机构对贷后风险管理的成本。商业银行只有将知识产权质押业务的规模做到一定量,才能够弥补引入新型风控手段所带来的额外成本。在业务规模没有跨过一定门槛时,规模效应无法发挥作用,银行开展业务推广的动力不足。

第四,对于新型的知识产权质押贷款业务,金融机构内部缺乏明确的风险补偿机制。差异化的内部考核制度也因为太过于原则化而变得条文笼统模糊,缺乏可操作性。尽职免责制度也不够清晰,金融机构内部从业人员没有足够的动力来推广该业务。

3. 质押品交易流转难

知识产权等无形资产在实务中面临的评估难问题背后还蕴含着另一个问题,就是质押品的交易流转难。一方面,当企业发生违约时,银行没有渠道通过处置手中的知识产权等无形资产来完成资金回笼,导致现阶段商业银行对知识产权质押业务的开展积极性不高;另一方面,因为知识产权种类繁多,涉及的学科门类也较为复杂,对跨学科、跨专业的知识产权定价需要非常专业的资产评估机构。2021年11月15日,国家知识产权局发布了《专利权质押登记办法》公告,规范了专利权质押登记工作。尽管专利权质押登记工作实现平台化,但平台交易功能还不完善,不能成为严格意义上的统一的知识产权交易平台。

4. 估值平台公信力不足

在调研陕西省西咸新区秦汉新城生物医药科技研发公共服务平台时,平台负责人反映,"考虑知识产权的种类多样性,一种比较符合实际需求的方式,是按行业、按地域成立局部的具有公信力的知识产权估值平台"。要建立一家精通航空航天、微电子芯片和通信制造技术的资产评估平台是非常困难的,因为学科跨度太大,对跨学科专业人才的需求太高。但是成立一家局部性的具体细分行业的知识产权评估平台则是可行的。这正是秦汉新城生物医药科技研发公共服务平台的创立初衷。该平台聚焦大健康产业领域，重点围绕医疗机构、健康服务、医疗器械等方面，通过平台孵化的形式扶持生物医药类科创企业。一方面，平台为入驻企业提供各类服务，为入驻的中小企业减轻运营压力；另一方面，利用平台数据的优势，能够对入驻企业的科创能力有更精准的把握，在对入驻企业提供融资需求时能够很好地提供企业估值功能。

作为区域性行业第三方估值平台，秦汉新城生物医药科技研发公共服务平台迈出了它的第一步。不仅是生物医疗行业，其他各行各业都有各自领域的区域性估值平台来完成第三方科技创新估值的使命。目前，众多中小型估值平台的发展处于初级阶段，缺乏具有行业知名度和认可度的第三方估值平台。

5. 供应链金融推广难

在调研中航西飞民用飞机有限责任公司〔简称中航西飞（民用）〕的时候，也遇到另一类无形资产抵押贷款难的问题。公司负责人反映，"公司本身不缺乏资金支持，但是上游的零配件供货商有融资困难"。零配件供货商的体量比中航西飞（民用）小得多，可抵押的实物资产也偏少。但他们却是中航西飞（民用）的关键合作伙伴。供应链上游的企业去银行融资时也会面临缺乏"重资产"而无法获得资金支持的问题。如果中航西飞（民用）不提供信用担保或者背书，供应链上游的企业依旧无法从银行获得信贷资金支持。

在整个合作过程中，虽然中航西飞（民用）很想帮助上游供应链企业解决融资问题，但是全部为他们提供信用支持显然是不太现实的。中航西飞（民用）的负责人也曾建议供货商尝试利用应收账款作为抵押，实现信用增进，从而提升供应商企业的融资能力。虽然制度上金融机构可以提供类似的供应链金融服务模式，但是在实际操作中，仍然面临着企业诚信问题、供应链管理不透明及相关政策与法律风险等问题。

第一，供应链金融最大的问题是企业诚信。从供应链金融实践来看，经常有企业利用供应链金融进行欺诈和套取资金。最典型的方式是"重复或虚假仓单"和"一女多嫁"等。因为市场上还是存在着一些不诚信的企业，而银行也无法有效地将这些不诚信企业精准地识别出来，致使银行开展供应链金融的态度十分谨慎。另外，供应链中的核心企业也会通过侵占上游供应商和下游经销商的利益来改善自身的资金流动性，从而破坏供应链金融有效运行的基本逻辑。

第二，银行对核心企业的供应链管理存在一定的质疑，担心供应链企业与核心企业之间的关系存在虚假信息，从而产生系统风险。特别是，对于失信的供应商是否能被惩戒表示怀疑。如果制度上的惩戒机制缺位，就会让一些企业有钻空子的机会，从而使整个供应链的企业信用都受到很大的影响。当整个信用管理体系无法有效运作起来时，核心企业就无法顺利地为供应链企业增进信用。

第三，供应链金融面临着来自政策面和法律面的风险。作为一种新型的高新技术融资模式，健全完善的风控体系是必不可少的。特别是在科技金融快速发展的背景下，大数据和区块链技术可以在构建区块链金融平台的过程中发挥重大作用，在解决企业财务数据造假等方面扮演重要角色。目前，我国的供应链金融平台尚处于起步阶段，业务开展和后期风险控制体系仍有待改进。因此，研究建议试点商业银行要集中部门内的优势业务团队，经过专业的技能培训后推广供应链金融业务，并对后续存在的业务进行有效的风险管理。

（四）创投引导基金的制度效果评估难

创业投资引导基金（简称创投引导基金）是由政府设立并按照市场化方式运作的政策性基金，主要通过扶持创业投资企业发展，引导社会资本进入创业投资领域。政府的引导作用主要通过财政资金的"杠杆效用"来实现，以克服单纯依靠市场配给时的市场失灵问题。

1. 创投引导基金的设立

2008年，国家发改委、财政部和商务部联合印发了《关于创业投资引导基金规范设立与运作的指导意见》，强调创投引导基金设立的目的是进一步"发挥财政资金的杠杆放大效应，……，克服单纯通过市场配置创业投资资本的市场失灵问题"，主要支持目标是处于种子期、起步期的创业早期企业。同时，强调"创投引导基金不适用于市场已经充分竞争的领域"。由此可见，想要明确是否有必要设立引导基金就必须弄清楚"市场失灵"与"充分竞争"的边界，以防出现创投引导基金破坏市场机制的不良影响。

2. 创投引导基金的运作

为了更好地发挥政策引导作用，政府部门在实际操作中仍然会介入引导基金的日常工作中。这里面就存在着"谁掌握引导基金的运营权"的问题。一方面，政府的相关部门人员基金运作经验不足，没有专业的基金经理人业务专业性强，过多的政府干预反而会影响创投引导基金的运作水平；另一方面，政府在设立创投引导基金的时候，更关注基金运作的最终效果，对整个基金运作缺乏过程管理，包括过程风险监管和绩效评价体系。此外，政府部门介入创投引导基金的日常运作，不仅会降低基金的运行效率，更会导致权力寻租问题。

3. 创投引导基金的退出

创投引导基金成立初期需要设立明确的退出机制，只有这样，才能真正地达到扶持企业发展的目的。如果缺乏明确的引导基金退出机制，企业成长会对引导基金产生依赖性，离开引导基金的支持后，企业无法形成持续发展的态势，同时也降低引导基金的运行管理效能。

（五）内部激励制度面临的问题

在金融支持科技自立自强的过程中，上述制度性问题都聚焦于业务层面。实践中除了现有业务制度的复杂影响外，另一类非常重要的制度性因素则是内部激励问题。

1. 信贷业务创新的激励不足

无论是业务角度还是风险控制角度，大多数银行从业人员都具有业务惯性思维。当企业来银行咨询信贷业务时，业务员的第一反应还是是否有实物资产抵押。大部分业务员对传统的信贷业务熟练，有丰富获客经验与风控经验，但是由于创新风险与业绩激励制度并不完善，从业人员缺乏尝试或者开拓新业务的动力与意愿，导致为科技企业的信贷服务与创新滞后迟缓。

2. 信贷业务追责制形成制约

风险管理是商业银行的天职，但是服务实体经济也是职责所在。在业务实践过程中，相对于风控意识，商业银行服务实体经济的意识相对薄弱。由于存在信贷业务终身责任追究制度的约束，信贷业务从业人员通常更加关注业务风险（如信贷违约风险等），而非关注是否能够为科创企业提供适配的融资服务。尽管现有信贷终身追责制度有利于规避信贷业务风险，但是也对信贷资源导入实体企业造成明显制约。平衡风险与强化激励是商业银行服务科技创新过程中的关键难题。

3. 尽职免责制度存在模糊性

为了提高金融机构一线业务员的积极性，商业银行等金融机构也出台了各种尽职免责制度，来为合法合规的业务员提供制度保护。但是这些尽职免责制度更多的是一些原则性条款。业务员在开展科技信贷业务的过程中，并不确定哪些是属于尽职免责条款内容的，而哪些又不在该范畴内。"尽职免责"与"失职追责"在定义上看似是类似的，但是在业务执行层面存在着巨大的差异。前者属于"白名单制度"，即什么事应该做、可以做。后者则属于"负面清单制度"，告诉信贷业务员哪些事情是不能做的。换言之，对负面清单之外的事情，业务员是有一定的弹性空间的。制度条款认定上的不确定性，同样影响业务员开展科技信贷业务的积极性。

4. 差异化考核机制落地困难

虽然银保监会在《关于银行业保险业支持高水平科技自立自强的指导意见》中提出"对于从事科技金融业务的内部员工要采取差异化考核方案，适当延长科技信贷人员绩效考核的周期，要细化落实激励约束和尽职免责等制度，适当提高科技企业信贷不良容忍度"等原则性意见，但是在实际执行过程中，由于缺乏可操作性制度，银行内部的考核机制仍然存在不清晰、不明确的问题，一线开展科技信贷的业务员仍有"后顾之忧"，积极性难以调动起来，科技信贷工作主要遵循被动式、任务式的业务方式。

（六）风险管理制度中的专业人才不足

商业银行等金融机构的一个核心任务是风险管理。科技金融的风险识别和监管需要与时俱进。科技金融的快速发展满足了各类企业的资金需求，但同时也带来了传统信贷所不具备的科技金融风险。在银行进行内部考核时，应该对传统信贷业务和科技金融业务差异化考核，相应地，风险管理方式也应该差异化。

1. 科技信贷风险识别难

传统的信贷评级大部分依赖于专家经验、黑名单制度等方法，风险识别模式具有很大的局限性，信用评级维度单一、无法全面覆盖刻画客户的风险特征，模型精准度不够。如果商业银行依旧惯性地使用传统信贷方式授信，会使银行错失很多潜在优质客户，同时对于存量客户的风险管理也不能做到完全掌握，从而增大违约事件发生的概率。

一方面，如果银行等金融机构坚持使用传统授信模式，则"轻资产、高风险"的科技类企业可能都不会是银行首选客户。同时，传统的风险识别制度不能适应时代发展，也可能导致银行与潜在优质科技企业擦肩而过。这些问题充分暴露出传统的风控制度已经成为银行获取优质科技企业的制度羁绊。另一方面，在开展科技信贷业务后，银行风控团队要实时跟踪监测科技信贷的风险变化情况。必要的情况下采取相应的风险对冲手段。这要求银行风控团队掌握科技金融的专业知识，了解熟悉市场上已有的科技金融对冲工具，或者自行研发设计科技金融风险对冲工具，要充分利用自身大数据资源优势，完成对知识产权等无形资产科技成果评估，有效地完成科技企业的风险识别等功能。

2. 科技信贷风险管理难

科技企业与传统企业最大的区别在于业务的数字化。在数字化经济时代，科技企业的完整的风险画像可以通过所有企业数据来建立。同样，在建立数字化的风控体系对企业完成风险识别与度量后，银行等金融机构下一步需要做的是动态地对手上的风险资产进行对冲。目前，我国金融市场没有全面放开，可以用来做对冲交易的金融产品不多，新型科技信贷的风险管理难点在于风险对冲产品单一，这也与科技型风险管理人才的匮乏存在很大关系。

二、现有制度制约的底层逻辑解析

上节重点阐释了现行金融支持科技自立自强战略中存在的制度问题，从中可以发现金融支持制度正在逐步创新。本节从现有的制度约束入手，进一步探索现有制度约束形成的底层逻辑，包括风险与收益相匹配、金融创新与监管制度的权衡和市场主导与政府引领的边际分野，力图从底层逻辑上剖析寻找制度创新的可能性路径。

（一）金融风险与业务收益的匹配

现代金融学的核心理论强调收益要与风险相匹配，这也是现代金融的底层逻辑。无论是金融产品创新还是金融业务创新过程中，只想单方面的增加收益，却不附带额外风险，或是只降低风险，而收益不受影响，这些都是行不通的。这样的金融产品和制度将会在市场上投机者的套利操作下被迅速地驱逐出市场。换言之，在设计金融产品或金融服务的时候，必须确保风险与收益的匹配。

1. 打破股权投资禁区

从建行陕西分行与西部超导的合作案例中我们发现，商业银行早期承担了一定的风险，为西北有色金属研究院提供了大笔的信贷资金支持。但是在科技企业成功发展起来之后，建行陕西分行却未能因为早期的纾困融资而获得额外的企业成长红利。从金融机构的角度来看，如果金融支持科技自立自强只是单纯地由银行提供资金支持，银行却无缘分享科技企业未来的腾飞红利，那么银行的积极性就会受到极大的损伤。

换言之，商业银行信贷所收回的利息与它为科技企业提供资金承担的风险是不相称的。商业银行为科创企业这类"轻资产、高风险"的企业提供融资服务，本身就承担着远高于传统行业的市场风险，如果不能通过股权投资予以补偿，金融机构参与支持科技自立自强的积极性将会减弱。为了激励商业银行支持参与科技自立自强战略的科技企业，监管机构必须给予足够的风险补偿，在试点行业打破股权投资禁区，开放部分银行试点混业经营是一种有效的手段。

2. 打破"投""贷"间藩篱

即使在已经试点"投贷联动"这种变相的混业经营项目中，存在着风险与收益不匹配的问题。投贷联动制度本质上是"信贷投放"和"股权投资"的组合对冲，希望通过股权投资收益来抵补为科技型企业发放高风险信贷的风险。作为银行集团总部，投资部门（子公司）的收益可以用来弥补信贷部门的风险。但是投资部门和信贷部门由于存在风险隔离制度，两者之间存在藩篱，致使双方在项目决策、项目管理和项目清算过程中始终存在着一定的障碍和隔阂。

为了让信贷部门做到风险与收益相匹配，监管部门应该放松开展投贷联动业务的银行与其子公司的业务并表处理的制度约束，使得投资部门的资金能够定量、定向地输送到商业银行的信贷业务团队。

3. 健全内部激励制度

金融机构在推广科技信贷业务时面临着很大的内部阻力。虽然可以从业务员的工作惯性来解释，但是更为本质的原因仍然是开展科技信贷新业务的风险与收益不匹配。开展科技信贷本身就面临着高于传统信贷的风险，一线信贷业务员在同样的待遇条件下，自然不会选择从事科技信贷业务。出于收益与风险相匹配的考虑，内部激励制度必须向愿意从事科技信贷的信贷人员或团队予以倾斜。特别是信贷责任终身追究制度在针对金融支持科技自立自强战略时应予以部分豁免，或是在内部差异化考核的时候予以明确标示。

4. 细化尽职免责制度

除了对科技信贷的业务团队提供激励支持外，金融机构还要细化内部尽职免责制度。尤其业务人员在开展科技信贷的过程中，要细化各种意外风险的尽职免责条款，解决一线业务人员的后顾之忧，激励基层业务单元能够真正从专业角度出发，做到应贷尽贷。银保监会出台《关于银行业保险业支持高水平科技自立自强的指导意见》后，又发布了《建立完善银行保险机构绩效薪酬追索扣回机制指导意见》，通过健全绩效薪酬激励约束机制来推进银行内部激励制度的发展。然而，以上指导意见过于模糊笼统，尽职免责条款以及责任划分边界等制度约束依然存在。更为可行的方案是总行根据各个分行的实际情况，配给一定的免责额度或不良贷款容忍度，分行再授权各支行根据下属各信贷团队的具体业务内容分配免责额度。

（二）金融创新与监管制度的权衡

在金融制度演变的过程中，金融创新与政策监管也是一对矛盾且统一的概念，两者之间的权衡与博弈是金融制度创新发展的底层逻辑。因此，金融创新必须在现有的监管制度下进行，在现有制度约束下完成满足实务需求的金融创新。

1. 金融创新与监管的博弈：投贷联动

尽管投贷联动制度在实践过程中还存在着各种问题，但不可否认的是，它是一次非常重要的金融服务创新。在《中华人民共和国商业银行法》（以下简称《商业银行法》）明确规定"商业银行禁止直接进行股权投资"的监管制度下，投贷联动制度巧妙地在没有违反《商业银行法》的规定下，通过具有投资功能的子公司来完成"债权+股权"的融资方式。虽然投贷联动制度中的风险分担与利益共享还面临"隔离墙"限制，但它已经是现有制度内的一次重要突破。

金融创新与监管制度是相互促进、彼此成就的关系。当现有监管制度的金融创新始终无法满足企业的实务需求时，则需要反省监管制度是否已经发展成为扼杀金融创新的牢笼。如前文提到的信贷业务终身责任追究制度，该制度在设立早期极大地打击了违规信贷活动，大大地降低了银行的信贷违约风险。但是随着时间的流逝，该制度已经慢慢演变成了金融创新的制度枷锁，严重地阻碍了金融行业的发展。

2. 面向无形资产的金融创新：知识产权质押

知识产权质押融资制度也是对传统信贷制度的一次创新突破。土地、房屋与机器之所以能够成为抵押品，是因为它们天生具有交易的价值。因此，传统的信贷模式主要是以实物为抵押物。在企业发生违约事件后，抵押物在市场上交易处置，有效帮助银行减少信贷违约风险。

知识产权质押制度是以专利、商标等无形资产作为抵押品进行融资的制度。相对于土地、房屋和机器等固定资产，专利和商标等无形资产也具有交易价值，但是无形资产的价格波动性大、估值误差大，作为抵押品来减缓风险的功能会较弱。但这种抵押品范围的扩张，有力地解决了中小微科技型企业因为缺乏"固定资产"而无法通过抵押贷款融资的困境，对于支持科创企业融资具有重要补充作用。

（三）市场主导与政府引导的边界

"看得见的手"和"看不见的手"都是市场调节的重要手段。习近平总书记曾指出，"在市场作用和政府作用的问题上，要讲辩证法、两点论，'看不见的手'

和'看得见的手'都要用好，努力形成市场作用和政府作用有机统一、相互补充、相互协调、相互促进的格局，推动经济社会持续健康发展"[①]。然而，在实际业务层面，市场作用与政府作用要清楚地把握两者的边界，需要较为清晰的边际分野。在金融支持科技自立自强战略问题上，要坚持"市场主导，政府引导"的原则，充分发挥市场在资源配置中的决定性作用，要尊重科学和产业发展规律，强调风险与收益相匹配，因地制宜开展差异化金融服务。

1. 市场与政府的角色分野：创投引导基金

政府在通过设立创投引导基金来克服单纯依靠市场配给时的市场失灵问题时，一方面，明确扶持对象是处于种子期或是起步期的早期科创企业。当企业成长步入正轨之后，引导基金必须适时退出，以防对正常的市场运作产生冲击。另一方面，制度也明确规定了对于"市场已经充分竞争的领域"不设立引导基金。其中的"市场失灵"与"充分竞争"的边际分野正好对应着"政府引导"和"市场主导"的界限。

2. 产品创新与制度创新的边界：创新主体

宏观层面上要明确政府作用与市场作用的边界，而微观层面上则要辨清金融产品创新和金融制度创新的边界。金融产品创新是在现有的金融制度下，由金融机构及其从业人员利用制度允许的金融工具进行产品与服务的创新，其主体是金融机构及其从业人员。现有金融制度创新的主体是金融机构的监管部门，其根据金融机构和市场主体的反馈，审查现有制度可能存在的不足，分析制度制约金融创新发展的逻辑，提出可行的制度创新方案。要明确金融产品创新与金融制度创新的边界，关键在于明确不同主体的职责范围，做到"有权者，担其责"和"担责者，有其权"，实现权责统一，各司其职。

3. 科技创新企业的支持对象：关键技术领域

科技自立自强战略源于科技创新，是传统科技创新的升级部分。科技自立自强战略并不是简单地重复之前的科技创新战略，而是聚焦于关键领域的科技创新企业。之所以无法与传统的金融支持科技创新战略加以区别，本质上是对金融支持的对象——科技自立自强的企业界定不清楚，无法有效地区分一般性科创企业与高水平科技自立自强科创企业。因此，需要结合我国关键技术领域特征，按照诸如芯片、航空航天、通信等大类行业进行划分，再在各行业内梳理归类辨识具有

[①] 2014年5月26日下午，习近平总书记在主持中共中央政治局就使市场在资源配置中起决定性作用和更好发挥政府作用进行第十五次集体学习时强调。

突破"卡脖子"技术潜力的核心企业。辨析科技自立自强与一般性科技创新的边际分野有利于精准定向开展金融支持科技自立自强工作。

三、金融支持科技自立自强战略的制度创新思路

（一）在特定行业开展混业经营试点

经过相关调研和底层逻辑分析，建议针对航空航天、先进材料、智能制造、芯片制造与信息技术等在科技自立自强战略中的发挥关键作用的行业和领域内的科技型企业实行混业经营试点。允许特定的金融机构在对上述特定行业内的科技企业发放信贷资金的同时，进行股权投资试点。原因有以下几点：

1. 混业经营的试行方向

早在 1993 年，我国就明确地提出"分业经营、分业监管"的分业经营制度。"分业经营"制度有利于抑制金融风险在市场上的传播，为我国经济发展创造了稳定的金融环境，同时培养了一大批具有专业技能和专业管理能力的从业人员。但是分业经营在一定程度上也遏制了市场的充分竞争，同时削弱了我国商业银行在国际市场上与其他"混业经营"的国际化银行竞争。近年来，"混业经营、混业监管"的市场呼声也越来越多，从过去的"为商业银行发放券商牌照"，到现在"试点商业银行直接对特定行业的企业进行股权投资"，都是源自金融市场的呼声。同时，我国的监管模式也从之前的"一行三会"（央行、银监会、保监会、证监会）过渡到"一行两会"（银保监会合并），混业监管已经迈出了创新改革的步伐。因此，特定领域试行混业经营是可以探索的制度创新方向。

2. 试点改革存在可行性

《商业银行法》第四十三条禁止商业银行从事信托经营和证券经营业务，不得向非自用不动产投资或者非银行金融机构和企业投资。从立法角度看，《商业银行法》旨在防控商业银行扩展业务范围可能引发的金融市场风险，不过法律条文中的"国家另有规定的除外"的表述也为制度试点改革留下了空间。监管部门可以在不违背现有法律条款的基础上，特许部分商业银行机构在有特定需求的行业开展部分混业经营业务的试点探索。现有法律制度下的试点创新改革一方面有利于积累经验和教训，另一方面可以给执行部门和监管部门留足探索时间并转变观念。随着试点改革的推行与成熟，混业经营可以逐步从试点改革向更大范围空间规范化推广。

3. 与规范化监管不冲突

在金融支持科技自立自强战略中进行混业经营试点改革是值得探索的创新路径。一方面，早期阶段实施分业经营有利于在金融各行业之间建立风险隔离墙，防止金融风险在金融的各个子行业之间蔓延，产生系统性金融风险，而且从宏观层面更便于监管；另一方面，分业经营或者混业经营是一种金融市场的运作形式，其共同的目标是防止风险与收益的不匹配、对金融市场上的整体风险做好监管。当前的分业经营模式是能够实现上述目标的重要方式。随着金融高科技的快速兴起，市场金融风险的识别、监测与管理已经发生了质变。在特定领域重新试点混业经营模式并不会与规范化监管矛盾，相反，利用好人工智能、大数据、云计算和区块链等金融科技领域的新技术，更能够实现有力监管与有效金融支持。

（二）减少投贷联动间的制度制约

投贷联动制度是在当前分业经营制度下的重要创新。但是投贷两者之间存在风险隔离墙，不利于发挥投贷联动的科技创新支持效能。因而，商业银行开展投贷联动业务时，金融监管部门对商业银行与子公司之间的业务往来和风险计量上应该给予宽松政策。

1. 减少投贷部门间的联动障碍

投贷联动制度是为了在不破坏当前分业经营制度的前提下，为"信贷投放+股权投资"提供一定的制度弹性。如果对开展投贷联动业务的商业银行及其子公司仍然采用传统的风险计量方式，就等于变相地削弱这种制度弹性，使得投贷联动制度成为"鸡肋"，业务量体量难以规模化。此外，政府鼓励金融机构开展投贷联动业务的同时，却在对开展投贷联动的商业银行及其子公司的风险度量和业务加强监管，这会导致风险与收益不匹配。

2. 重塑投贷双方的风险偏好

传统的银行信贷部门因为习惯于开展"重资产、低风险"的国有企业的金融业务，风险容忍程度极低。现在，开展投贷联动的业务团队要改变这种业务习惯，重塑风险偏好，对"稳重"与"审慎"的职业习惯做出调整，熟悉了解风险投资等高风险、高灵活性的业务的评估方式与风险管理模式，通过改变金融机构的业务习惯，塑造正向接纳的新型业务模式。从事投资业务的子公司团队也要了解银行信贷团队考察项目时的思维方式和方法，了解银行厌恶风险的根源，做到彼此了解运作模式和经营方式，彼此能够沟通协调，实现两者高度协调统一，完成"股权投资+信贷投放"的混合金融支持任务。

（三）构建平台深挖金融数据资产价值

目前，数据已经与土地、劳动力、资本、技术等传统要素并列，成为一种新的生产要素。商业银行等金融机构掌握大量的客户资料数据、交易数据、业务往来数据和企业融资数据等。在支持科技自立自强的过程中，商业银行等金融机构可以筹建统一的金融数据平台，深度挖掘数据价值。

1. 提升金融机构数据治理能力

金融机构的各业务部门都在与不同类型的金融数据打交道。传统的金融机构也会对这些数据进行留存归档，并对数据进行加工整理，获得统计信息。但是，基于数据治理不完善、信息整合程度不够等各种因素，目前金融机构不能充分利用自身的数据资源。因此，各金融机构可以考虑先在企业内部筹建金融数据团队，建立统一的数据治理架构。金融机构需要专职团队筹建和管理金融科技数据平台，不仅要负责日常的数据治理工作，更要为金融机构的其他业务部门进行数据信息挖掘的培训，推进银行的数字化转型升级。

2. 提供多样性的业务应用场景

金融数据平台是整个金融机构的基础设施。筹建该平台不是某一个部门或者某一条业务线自己的事情，必须打破"部门墙"，完成数据资源的整合与管理。一个完善的数据平台可以为金融机构提供更多的应用化场景。目前比较成熟的应用场景有：通过构建客户画像，为零售金融和获客预测提供数据支持；通过整合客户历史业务数据为信贷部门授信提供支持；根据科技属性数据评测，辅助投资部门完成企业的价值评估；整合行业内各企业的科技数据资源，为知识产权等无形资产进行估值等。

3. 强化业务风险监测管理能力

金融数据平台不仅有助于经营业务的能力提升，在风险管理和内部控制等方面也可以发挥重要的作用，特别是对跨境追踪资金链、快速识别异常交易账户、精准监测洗钱交易等异常行为的监控。此外，金融数据平台也可以为金融机构的经营、风控、合规、审计等部门的日常工作提供数据支持。运用大数据和人工智能的方式开展风险监测工作，从而强化风险管理能力，防患于未然。

（四）深化业务层激励制度机制改革

在具体业务落实过程中，往往会出现基层对政策理解不到位，或是各层级金融机构出于自身利益把顶层的政策歪曲执行等现象。在推广金融支持科技自立自强政策过程中，要始终明确金融支持业务的责任部门。落实主体责任的同时应享有因开展新型业务所应有的尽职免责和创新激励，避免出现"既鼓励下属机构开展新型业务，又坚持传统方式进行业务考核"的矛盾。

1. 正向的业务创新激励机制

金融机构要对主动开展业务的一线团队或分支机构给予正向激励和肯定，在业绩考核方面和利益分配方面给予倾斜。为专门从事科技信贷业务的专业团队提供业务创新奖励，更多地采用正向激励制度，包括但不限于薪酬激励、职位晋升等，提高一线业务团队拓展业务的积极性。在业务团队内部也能够清晰准确地分解业务流程，确保每一位参与的员工都能够享受到金融创新业务的红利。

2. 健全的差异化考核制度

金融机构要对从事科技信贷的业务团队或分支机构进行差异化考核。与传统业务相比，新型科技金融业务具有高风险性。因此，在对新业务进行考核时，要注意考核方式的差异化，以及内容指标的可量化等问题。考核过程更多地让数据说话，让业务人员能够真正感受到不同的业务模式下考核内容存在显著差异，避免业务员在传统业务和科技金融业务之间"变通"。

3. 完善的尽职免责与容错机制

金融机构在向下传递金融支持政策时，不仅要把任务派下去，更要把责任划分清楚。要明晰哪些事项是业务员自身承担的业务风险，哪些事项属于市场正常风险，即建立可执行的尽职免责制度。现行的尽职免责制度具体事项认定标准不统一，不同分支机构对于事项的认定和把握存在一定的差异性。对于有充足证据表明业务员已经按照业务流程和内部管理制度进行了勤勉履职的事项，要及时免除业务员的责任。此外，要有容错纠错机制，建立内部申诉绿色通道，激发基层业务人员的活力。

（五）加强金融机构专业人才队伍培养

目前，金融机构在开展科技信贷业务时，因为自身缺乏具有科技背景的专业技术人才，所以更加依赖于第三方估值平台或者专家评估团队，导致科技评估团队与金融评估团队融合难、外部科技评估费用高等问题。因此，金融机构要重点做好以下三个方面工作。

1. 加强金融机构内部复合型人才培养

金融机构要聚焦科技自立自强的细分领域，特别是航空航天、先进材料、智能制造、信息技术等。要注重从金融机构内部培养专业人才队伍，对外做好企业的"顾问团"，为企业实际需求精准匹配金融服务；对内做好金融机构的"科技专家"，深入研究相关行业企业，筛选出金融机构的优质客户，解决金融机构对科技企业"看不懂、不敢贷"的难题。从金融机构内部选拔培养的人才本身就具备金融背景。通过加强科技领域专业技能的学习，一方面可以为科技信贷业务储备复合型人才，另一方面也减少了通过第三方科技评估机构的费用支出，更加有利于科技信贷业务的开展和推行。

2. 重视科技背景人才的储备培育

对于从金融机构内部培养人才的建议是基于"存量"的考虑，优先充分聚焦培养现有优秀信贷业务员工。也建议金融机构从"增量"的思维角度考虑，在社会人才和应届大学生中，有意识地侧重科技型人才储备。科技信贷是商业银行的未来发展方向，无论是从业务开展角度、客户咨询服务角度、科技金融产品开发角度，还是科技信贷业务的风险管理角度，金融机构的大学生招聘不能只看财经背景。未来的金融机构从业人员除了要具备一定的金融背景，更要具备科技自立自强战略所聚焦的行业背景。

3. 积极延揽数字化专业领域人才

金融机构要积极延揽复合型、数字化专业人才，同时强化风险管理团队的专业素养。管理科技风险的业务人员必须具备科技行业的背景、懂得科技金融背后的新型金融风险，能够熟练应用大数据、人工智能、区块链等技术及时掌握科技信贷业务的风险变化情况。对整个金融机构的风险识别、评估、预警、跟踪处理等环节完成数字化转型，利用金融科技强化风险控制制度。

第七章

支持科技创新的金融政策工具效果评价

支持科技创新离不开金融政策工具,传统的融资模式难以支撑中国科技企业的创新发展。我国在 2009 年和 2015 年先后试点了知识产权质押政策和"投贷联动"政策,以更好地缓解科技企业的融资约束,推动企业的创新能力。评价投贷联动、知识产权质押和风险投资三项金融工具的政策效果,有助于为我国完善金融政策工具,加快提升企业创新提供理论依据。

本章从企业生命周期不同发展阶段、直接融资、间接融资、天使投资和风险投资等多个维度全面对比了中美科技企业的融资方式,测算我国技术型企业的融资效率和融资约束。进一步聚焦投贷联动、知识产权质押融资和风险投资。实证分析金融政策工具对企业创新的差异化影响作用与机制,阐明支持科技创新的金融政策工具效果及未来政策优化启示。

一、科技型企业融资现状

(一)科技型企业不同阶段的融资方式

1. 种子期和创立期

科技型中小企业成长周期包括种子期、创立期、成长期、扩展期、成熟期五个主要阶段(如图 7-1 所示)。纵观我国的科技型企业,每个发展阶段企业的融资资金的来源有所不同。

图 7-1 科技型企业生命周期

我国处于种子期和创立期企业的资金来源通常为创业者的自有资金(如图 7-2

所示)。具体而言,个人存款在其创业资金来源中的比重为49%。相比较而言,处于该阶段的美国企业个人存款比例为74%,其余融资比例均很小。而对我国科技企业而言,第二大来源为企业母体单位资金(24%)。其余融资来源比例较小,均未超过10%,尤其是风险投资,其占比远低于该阶段的美国企业。

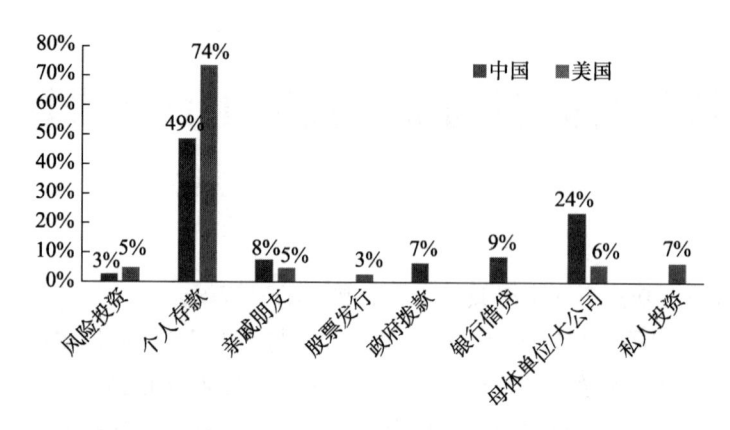

图 7-2　2016 年中美科技型中小企业种子期、创立期资金主要来源
资料来源:谢冰,蔡洋萍,欧阳飞雪. 新常态下科技型中小企业的融资:理论、策略与实践[M]. 北京:中国经济出版社,2016.

2. 成长期和成熟期

在成长期和成熟期阶段,中美两国科技型企业均经历了内部融资比例下降、外部融资比例上升的变化(如图 7-3 所示)。我国科技型企业在该阶段的资金来源比例变化幅度较小,资金仍以个人存款和母体单位为主要来源,占比超过 50%;

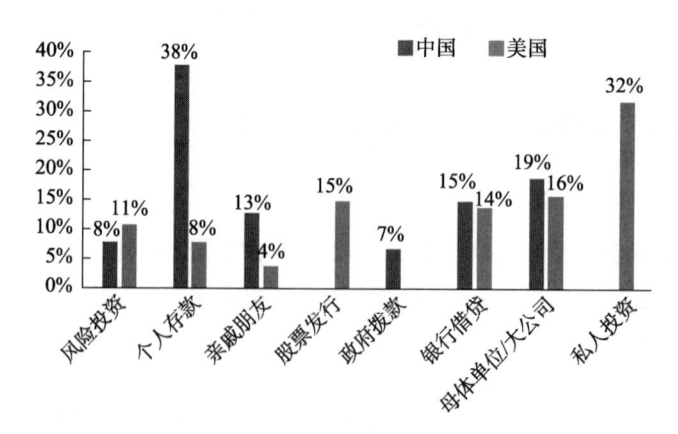

图 7-3　2016 年中美科技型中小企业成长期、扩展期、成熟期资金主要来源
资料来源:谢冰,蔡洋萍,欧阳飞雪. 新常态下科技型中小企业的融资:理论、策略与实践[M]. 北京:中国经济出版社,2016.

亲戚朋友、风险投资和银行借贷的比例略有上升，我国科技型企业未能吸引更多外部资金。相比较而言，美国科技型企业在该阶段的融资来源构成呈现明显改变，资金更加多样化，包括股票、风险资本、私人投资、银行与大型企业等，这些渠道成为创业融资的重要来源。综合来看，在我国科技企业发展过程中，内源融资仍然占据相当大的比例，资金来源渠道较窄，而且想要获取银行贷款存在一定障碍，科技型企业融资难的问题依然存在。

（二）中美科技型企业融资方式对比

1. 科技企业的直接融资

1）中美科技行业对比

如图 7-4 所示，2018 年美国科技类上市企业的市值达到 7.72 万亿美元，而我国仅为 2.08 万亿美元，总量相差近 4 倍。软件与服务行业相差最大，美国约为中国的 10 倍。在所有的科技行业中，半导体与媒体行业占主导地位。

2）科技股市值占 GDP 比重

如图 7-5 所示，2018 年我国科技企业总市值占 GDP 的 16.42%，而美国则为 39.83%，是我国的 2.43 倍，反映出中美科技企业发展存在明显差距。

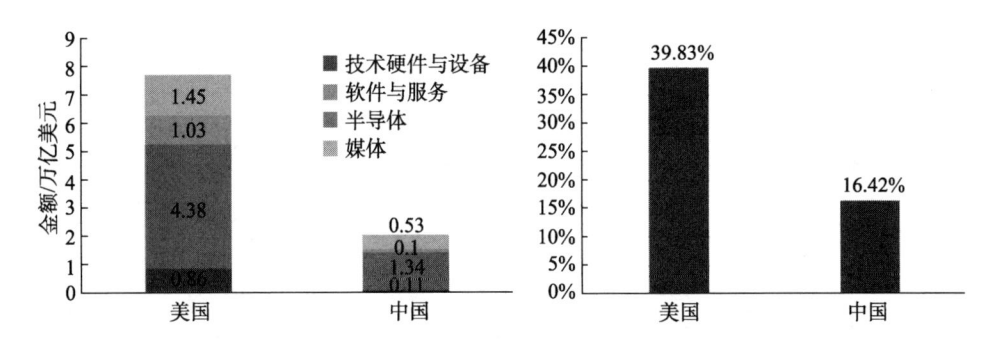

图 7-4　2018 年中美不同行业科技股市值对比
资料来源：天风证券研究所。

图 7-5　2018 年中美科技股市值占 GDP 比重
资料来源：天风证券研究所。

3）中美科技企业市值 Top50 对比

根据亿欧智库发布的研究报告[①]（如表 7-1 所示），中美科技企业市值排名前 50 的门槛约为 740 亿美元。50 家企业总市值达到 112.44 万亿元，较 2020 年底的 101.39 万亿元增长了 10.89%。平均市值为 22489.17 亿元，增长幅度为 8.67%。但

---

① 资料来源：亿欧智库。

大多数中国科技企业在榜单中的排名相对较低,且入围企业数较少,其市值低于 Top50 的平均水平。

表 7-1 中美科技企业 2021 年市值 Top50

序号	公司名称	总部	GICS 行业	市值（亿元）	年内涨幅
1	苹果	美国	电脑硬件、存储设备及电脑周边	147648.04	1.37%
2	微软	美国	系统软件	131805.65	20.36%
3	亚马逊	美国	互联网与直销零售	112079.79	4.85%
4	Facebook	美国	互联网服务与基础设施	63691.38	25.43%
5	谷歌	美国	互联网服务与基础设施	59812.59	39.72%
6	腾讯控股	中国	互联网服务与基础设施	46626.44	2.38%
7	台积电	中国	半导体产品	40256.69	9.10%
8	阿里巴巴	中国	互联网服务与基础设施	39718.47	−3.52%
9	英伟达	美国	半导体产品	32201.16	52.68%
10	维萨	美国	数据处理与外包服务	29423.97	5.62%
11	万事达卡	美国	数据处理与外包服务	23374.03	0.84%
12	PayPal	美国	数据处理与外包服务	22120.01	23.51%
13	迪士尼	美国	电影与娱乐	20631.11	3.61%
14	奥多比	美国	应用软件	18023.61	15.31%
15	康卡斯特	美国	有线和卫星电视	16923.29	8.06%
16	美团	中国	应用软件	16292.77	11.65%
17	奈飞	美国	互联网与直销零售	15130.18	−3.17%
18	威瑞森通讯	美国	综合电信业务	14985.36	−5.53%
19	英特尔	美国	半导体产品	14644.62	10.91%
20	赛富时	美国	应用软件	14612.36	9.66%
21	思科	美国	通信设备	14428.82	16.95%
22	甲骨文	美国	系统软件	14039.69	12.98%
23	美国电话电报	美国	综合电信业务	13274.81	−0.73%
24	博通	美国	半导体产品	12637.81	8.76%
25	T-Mobile	美国	无线电信业务	11665.8	6.77%
26	德州仪器	美国	半导体产品	11472.72	16.53%
27	高通	美国	通信设备	10415.3	−7.76%
28	拼多多	中国	互联网与直销零售	10284.01	28.38%
29	特许通讯	美国	有线和卫星电视	8793.05	5.15%
30	财捷	美国	应用软件	8652.88	32.87%
31	IBM	美国	信息科技咨询与其他服务	8461.54	15.61%
32	应用材料	美国	半导体设备	8407.88	63.30%
33	中国移动	中国	无线电信业务	8271.58	8.59%
34	京东	中国	互联网与直销零售	8037.83	−9.69%
35	超威半导体	美国	半导体产品	7372.71	2.33%
36	Zoom	美国	应用软件	7366.89	17.03%

续表

序号	公司名称	总部	GICS 行业	市值（亿元）	年内涨幅
37	现在服务公司	美国	系统软件	7009.7	−0.34%
38	快手	中国	互动媒体与服务	6741.18	−34.46%
39	Snap	美国	数据处理与外包服务	6706.27	36.54%
40	美光科技	美国	半导体产品	6156.34	12.36%
41	海康威视	中国	电子设备和仪器	6026.5	32.96%
42	拉姆研究	美国	半导体设备	5995.13	35.10%
43	普利斯林	美国	互联网与直销零售	5802.93	−2.51%
44	富达国民信息服务	美国	数据处理与外包服务	5675.4	−0.83%
45	小米集团	中国	互联网服务与基础设施	5632.57	−19.97%
46	自动数据处理	美国	数据处理与外包服务	5459.85	10.93%
47	网易	中国	互动媒体与服务	5057.01	17.82%
48	戴尔	美国	电脑硬件、存储设备及电脑周边	4917.23	37.14%
49	中芯国际	中国	半导体产品	4884.43	9.79%
50	隆基股份	中国	半导体设备	4808.87	38.28%

4）中美各行业市值及利润对比

根据表 7-2 所示，无论市值还是净利润，科技含量相对较高的信息技术行业在我国股市占比均显著低于美国，我国科技行业发展与美国仍具有一定差距。

表 7-2　中美不同行业市值和净利润占比比较

行业	中美各行业市值占比（截至 2020 年 12 月 31 日）		2019 年中美各行业净利润占比	
	美股	A 股+港股+中概股	美股	A 股+港股+中概股
信息技术	31.7%	18.8%	18.1%	8.7%
可选消费	14.9%	18.8%	12.8%	6.9%
医疗保健	12.6%	7.4%	7.3%	1.9%
金融	12.0%	20.1%	31.2%	46.7%
工业	7.7%	10.3%	7.8%	9.0%
日常消费	6.5%	7.5%	6.4%	2.5%
能源	4.1%	3.0%	5.9%	6.8%
材料	3.6%	6.0%	3.2%	3.6%
房地产	2.5%	4.3%	2.1%	8.5%

资料来源：Wind 数据库。

5）中美科技龙头对比

从中美科技龙头企业市值对比来看（如表 7-3 所示），截至 2020 年，谷歌公司总市值达到 11855 亿美元，约为我国龙头企业百度公司的 16 倍。类似地，亚马逊公司的总市值也远超我国电商平台龙头阿里巴巴和京东的市值总和。

表 7-3　2020 年中美科技龙头企业对比（单位：亿美元）

国内公司	总市值	对标海外企业	总市值
百度	738	谷歌	11855
阿里巴巴	6244	亚马逊	16342
比亚迪	812	特斯拉	6689
腾讯控股	6978	MeTa	7780

数据来源：Wind 数据库。

2. 科技企业的间接融资

1）融资结构分析

我国金融体系以间接融资为主，直接融资占比较低，且发展不充分。根据表 7-4 所示，2021 年我国直接融资占比为 36.74%且整体上升。据中金证券研究报告[①]可知，目前美国金融体系直接融资占比高达 81%，远高于德国、英国和法国，其中居民投资观念较为保守的德国直接融资占比仅为 45%，可见中美融资结构差距明显。

表 7-4　2017—2021 年我国社会融资总规模的直接融资占比情况（单位：亿元）

年份	社会融资规模增量	间接融资	企业债券	政府债券	非金融企业境内股票融资	直接融资	直接融资占比
2017	261536	174040	6244	55804	8759	70807	27.07%
2018	224920	123131	26318	48531	3606	78455	34.88%
2019	256735	149940	33384	47204	3479	84067	32.74%
2020	347917	188532	43748	83217	8923	135888	39.06%
2021	313407	174432	32866	70154	12133	115153	36.74%

资料来源：中国统计年鉴。

从表 7-5 的数据统计可以看出，我国企业部门的主要资金来源是贷款，其平均贷款百分比超过 60%，占比最大。而债券与股票都属于直接融资方式，其在个别年份百分比累计值大于 1，主要归因于一些取值为负的交易项目（比如国际收支错误与遗漏）。可以看出，我国企业资金缺口较大，尤其是高科技企业，其融资约束以及银行借贷难度均大于一般企业。

---

① 资料来源：樊优，于寒，蒲寒，等.《国际篇：全球领先资管市场发展启示录》，中金点睛，https://mp.weixin.qq.com/s/ZTy3ynS7VmdUHhPwLcL3Hg，2022-11-08。

表 7-5 2004—2008 年我国非金融企业部门融资结构（单位：亿元）

年份	贷款	贷款百分比	证券	证券百分比	直接投资	直接投资比例	资金来源
2004	17707.6	63.37%	2013.7	7.21%	4547	16.27%	27944
2005	19165.8	65.10%	3084.4	10.48%	6481.8	22.02%	29438.5
2006	26403	69.98%	5080	13.46%	6226	16.50%	37729
2007	26471	56.69%	7760	16.62%	9248	19.81%	46691
2008	42092	72.62%	8733	15.07%	10271	17.72%	57960

资料来源：中国统计年鉴-资金流量表。

2）科技经费筹资结构

如表 7-6 所示，在科技企业资金来源中，贷款总额逐年上升，而占比呈逐年下降趋势。由上述分析可知，非金融企业部门贷款的平均占比约为 60%，而科技企业科技经费中的金融机构贷款低于 10%。

表 7-6 2004—2008 年高新技术企业的科技经费筹资额（单位：亿元）

对比项	2004 年	2005 年	2006 年	2007 年	2008 年
科技经费筹集额	4328.3	5250.8	6196.7	7695.2	9123.8
政府资金	985.5	1213.1	1367.8	1703.6	1902.0
企业资金	2771.2	3440.3	4106.9	5189.5	6370.5
金融机构贷款	265.0	276.8	374.3	384.3	405.2
金融机构贷款占比	6.12%	5.27%	6.04%	4.99%	4.44%

资料来源：中国统计年鉴。

3. 科技企业的天使投资

如图 7-6 所示，中国天使轮及种子轮的交易规模在 2016 年达到顶峰（3.8 亿美

图 7-6 2015—2021 年中国天使轮及种子轮交易规模及数量

资料来源：PitchBook 金融数据库。

元），随后在 2017—2020 年逐年递减，在 2021 年有所回升。交易数量在 2015 年最频繁，为 1246 起，随后在 2015—2020 年逐年递减，在 2021 年有所回升。呈现出如此上涨趋势的主要原因是个别投资拉高了整体投资金额。

图 7-7 列出了美国 2011—2021 年的天使轮和种子轮的交易规模及数量，可以看出，美国天使轮和种子轮的交易数量在 2011—2018 年是逐年递增的，随后在 2018—2020 年趋于平稳。2011—2020 年这 10 年时间里，美国天使轮和种子轮的交易额增加了 5 倍。交易额在 2020 年达到峰值，其交易规模大约是 10 亿美元，在 2016 年大约是 6 亿美元，远高于中国天使轮和种子轮的交易规模。

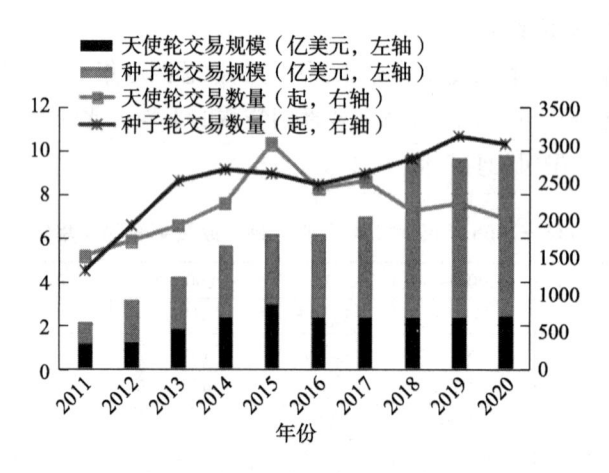

图 7-7　2011—2020 年美国天使轮和种子轮交易规模及数量
资料来源：PitchBook 金融数据库。

中国天使轮和种子轮的交易规模峰值是 2016 年的 3.8 亿美元，在 2017—2020 年逐年递减，其交易规模均在 0.5 亿～1 亿美元之间，而美国的天使轮和种子轮的交易规模峰值是 2020 年的 10 亿美元（2020 年中国的交易规模仅为 1.1 亿美元），在 2011—2020 年逐年递增，其交易规模在 2 亿～10 亿美元之间。可以看出中美天使轮和种子轮的交易规模相差巨大，中国仍有很大的提升空间。

4. 科技企业的风险投资

如图 7-8 所示，2015—2021 年美国风险投资市场的交易规模逐年增加，在 2021 年创下新高，其投资金额高达 3422 亿美元。换言之，在 2021 年风险投资机构向各大企业投资了 3422 亿美元，与 2015 年相比增长了 299%。2018 年中国风险投资的金额过千亿美元，达到 1265 亿美元，约为美国风险投资总额的 87.72%。此后，中国风险投资持续走低，直至 2021 年有所回升。2021 年中国风险投资总额是同期美国的 33%。

图 7-8　2015—2021 年中美风险投资交易金额对比

资料来源：PitchBook 金融数据库。

中国风险投资交易额与美国差距越来越大的原因在于中国风险投资机构缺乏充足资金。从图 7-9 可以看出中国风险投资募集金额的峰值为 644 亿美元，随后进入下降通道，尽管 2020 年有所回升，但也没有恢复至 2016 年的水平。

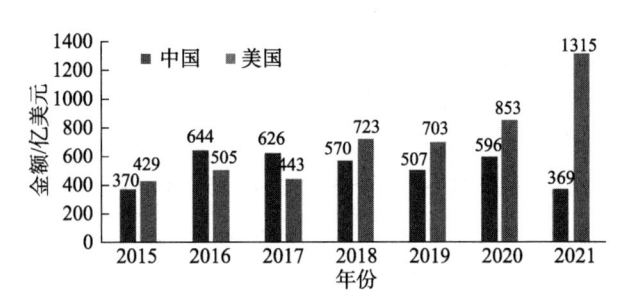

图 7-9　2015—2021 年中美风险投资年度募集金额对比

资料来源：PitchBook 金融数据库。

（三）科技型企业融资效率与约束

1. 样本选取和数据处理

1）样本选取

基于《国民经济行业分类》（GB/T 4754—2017）的划分标准，以 2010—2021 年在 A 股上市的高新技术企业为样本。本部分研究选取的投入产出指标如表 7-7 所示。

表 7-7　投入产出指标

指标类型	指标名称	指标类型	指标名称
产出指标	净资产收益率	投入指标	流动比率
	净利润		资产负债率
	营业总收入		资产总额
	总资产周转率		营业总成本
			产权比率

2）数据处理

为避免量纲差异，对指标进行归一化处理，如下式所示：

$$y_i = 0.1 + 0.9 \times \frac{x_i - \min(x)}{\max(x) - \min(x)}$$

2. 实证分析

1）融资效率标准

参考已有文献，对于融资效率的水平划分标准如表 7-8 所示。

表 7-8 融资效率等级

融资效率区间分布	0≤crste＜0.5	0.5≤crste＜0.8	0.8≤crste＜1	crste＝1
融资效率等级	无效	相对无效	相对有效	有效

注：crste 为综合效率。

2）融资效率静态分析

2016 年科技企业的融资效率在 0.98 以上，接近 DEA 有效（如表 7-9 所示）。其中，有 81 家企业综合效率为 1，占比接近 20%，表示 2016 年科技企业融资状况良好。2017 年达到 DEA 有效的企业个数较 2016 年减少，技术效率均值与综合效率均值也有所下降，表示 2017 年科技企业融资效率有所下降。2018 年与 2019 年相近，此时无论是 DEA 有效个数还是融资效率均值都达到稳定阶段。

表 7-9 2016—2021 年科技企业平均融资效率

	2016 年	2017 年	2018 年	2019 年	2020 年	2021 年
综合效率	0.982	0.966	0.965	0.97	0.909	0.886
技术效率	0.992	0.973	0.97	0.974	0.954	0.954
规模效率	0.99	0.993	0.994	0.996	0.953	0.929

2020 年达到 DEA 有效的科技企业仅为 27 家，比 2019 年将近减少一半，达到规模有效的企业数大幅下降，与 2020 年的新冠疫情有很大关系。从 2020 年开始技术效率均值高于规模效率均值，这说明公司的投入产出规模未达到最优，从而影响整体效率。2021 年 DEA 有效企业个数进一步下降，技术效率均值保持平稳。具体如表 7-10 所示。

表 7-10 2016—2021 年科技企业融资效率有效个数及比例

	2016 年		2017 年		2018 年		2019 年		2020 年		2021 年	
	有效个数	有效比例	有效个数	有效比例	有效个数	有效比例	有效个数	有效比例	有效个数	有效比例	有效个数	有效比例
综合效率	81	19.57%	47	11.35%	50	12.08%	55	13.29%	27	6.52%	22	5.31%

续表

	2016年		2017年		2018年		2019年		2020年		2021年	
	有效个数	有效比例	有效个数	有效比例	有效个数	有效比例	有效个数	有效比例	有效个数	有效比例	有效个数	有效比例
技术效率	89	21.50%	71	17.15%	64	15.46%	76	18.36%	65	15.70%	70	16.91%
规模效率	103	24.88%	96	23.19%	101	24.40%	203	49.03%	33	7.97%	25	6.04%

3）融资效率动态分析

我国科技型企业在2016—2021年全要素生产率平均变动指数为0.935，表明样本期内科技企业的融资效率水平整体呈现下降趋势（见表7-11）。分解结果表明，技术效率下降和技术进步不足共同制约了企业融资效率整体水平的提高，且技术进步不足对企业融资效率的抑制作用更为强烈。深入分析技术效率变动的原因发现，纯技术效率下降和规模效率下降共同制约了技术效率指数的提高。从效率指标历年变动来看，科技型企业的全要素生产率变动指数常年小于1，表明企业融资效率水平逐年降低且未发生明显改善。

表7-11　2016—2021年科技企业动态融资效率（全要素生产率指数）

年份	技术效率指数	技术进步指数	纯技术效率指数	规模效率指数	全要素生产率指数
2016—2017	0.984	0.919	0.981	1.003	0.905
2017—2018	0.999	1.116	0.997	1.002	1.115
2018—2019	1.005	0.922	1.003	1.002	0.927
2019—2020	0.936	0.965	0.98	0.956	0.904
2020—2021	0.974	0.844	0.999	0.974	0.822
均值	0.980	0.953	0.992	0.987	0.935

3. 科技型中小企业的融资约束

1）科技型中小企业融资缺口

如图7-10所示，我国中小企业的融资缺口明显较大，其融资需求未能得到有效满足。以江苏省常州市为例，根据2019年江苏省人民政府的调查结果，常州市有接近六成的科技企业存在强烈的融资需求[①]。

---

① 资料来源：常州市科技型中小企业融资情况调查报告，https://www.changzhou.gov.cn/ns_news/234154909176495。

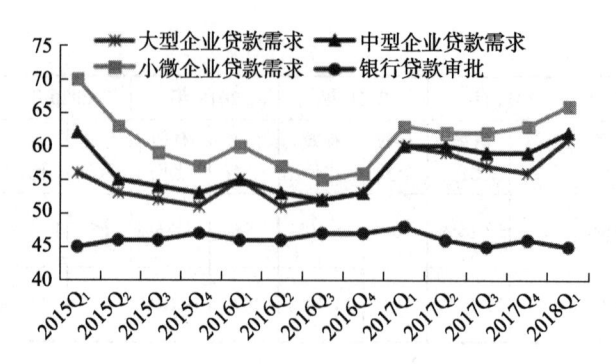

图 7-10　2015—2018 年大中小微企业贷款需求和银行贷款审批指数（%）

资料来源：中国人民银行。

2）科技型中小企业的融资成本

表 7-12 为不同规模企业的融资成本，即在获得融资时，借款人需要支付的利息和费用占借款总额的百分比。从表中数据来看，我国中小型科技企业融资成本高于大型企业。

表 7-12　2013—2016 年我国不同规模的科技型企业融资成本

企业规模	2013 年	2014 年	2015 年	2016 年
大型企业	6.6%	6.62%	5.79%	5.26%
中型企业	7.2%	7.35%	7.41%	7.31%
小型企业	7.5%	7.28%	6.38%	6.79%

资料来源：中国银行国际金融研究所。

4. 高新科技企业的融资约束

1）数据来源与指标选取

采用 KZ 指数[①]衡量企业融资约束的指标，其是一个多维度的指标，它反映了公司在融资方面的能力和承受的压力。KZ 指数源于国泰安数据库中 2009—2020 年 A 股上市公司财务数据，根据《高技术产业（制造业）分类》，样本分为高新科技企业与传统企业，观测值为 27388。其计算步骤如下：①每年度按照经营性净现金流/年初总资产、现金股利/年初总资产、现金持有/年初总资产、资产负债率和托宾 q 值对样本公司进行分类，若经营性净现金流/年初总资产低于中位数，则 $KZ_1 = 1$；若现金股利/年初总资产低于中位数，则 $KZ_2 = 1$；若现金持有/年初总资产低于中位数，则 $KZ_3 = 1$；若资产负债率高于中位数，则 $KZ_4 = 1$；若托宾 q 值

---

① KZ 指数是一种能够衡量企业融资约束的指标，它通过对样本企业进行分组并赋值，将其融资约束当作因变量，将资本充足情况、发展潜力、债务能力等指标当作自变量，构造出一个 logistic 模型，从而得出各企业的 KZ 指数。

高于中位数，则 $KZ_5 = 1$。②计算 KZ 指数，令 $KZ = KZ_1 + KZ_2 + KZ_3 + KZ_4 + KZ_5$。③采用排序逻辑回归，将 KZ 指数作为因变量进行回归，估计回归系数。④通过回归模型和系数，测算出每家企业每年所面对的融资约束程度的 KZ 指数，该指标越高，表明该企业所面对的融资约束程度越高。

2）高新科技企业融资约束

从表 7-13 可以看出，医药制造业企业和医疗仪器及设备制造业企业的 KZ 指数均值分别为 2.13 和 2.16，两个行业融资约束相较于其他行业处于较高水平，反映出医药制造业企业和医疗仪器及设备制造业企业可能会面临更大的融资约束问题。与之不同，航空、航天器及设备制造业企业面临的融资约束程度整体较低。

表 7-13 高新科技企业融资约束指标均值

高新科技企业	KZ 均值
医药制造业	2.13
航空、航天器及设备制造业	1.28
电子及通信设备制造业	2.05
计算机及办公设备制造业	2.08
医疗仪器及设备制造业	2.16
仪器仪表制造业	1.97
信息化学品制造业	2.00

从高新技术企业历年的 KZ 指标均值来看（见表 7-14），2016 年之前（除 2010 年外）整体呈递减趋势，高新技术企业融资约束程度在 2009—2016 年有所改善。进一步分析，2016 年 KZ 值达到最低值 1.74，2017 年 KZ 均值骤增至 1.94，随后 2017—2020 年 KZ 均值逐年递减，在 2020 年达到低点，但仍略高于 2016 年水平。

表 7-14 高新技术企业历年平均 KZ 指数

年份	平均值项（KZ）	年份	平均值项（KZ）
2009	2.92	2015	1.76
2010	1.97	2016	1.74
2011	2.89	2017	1.94
2012	2.62	2018	1.90
2013	2.06	2019	1.86
2014	1.92	2020	1.78

（四）研究结果与政策启示

通过大量描述性统计以及实证分析，可以得到一些基本结论：第一，从实体产业角度来看，我国科技企业规模、市值以及盈利水平均与美国存在较大差距；第二，中美科技企业的天使轮及种子轮投资、风险投资对比一定程度上反映了中美科技企业融资差距巨大且存在进一步扩大趋势；第三，尽管我国金融体系以间接融资为主，中国科技企业的信贷缺口仍然较大；第四，我国科技企业的纯技术效率指数与规模效率指数均小于1，表明科技企业的融资效率水平逐年降低且未发生明显改善；第五，我国科技企业的融资约束问题并未得到改善，且医药制造业企业和医疗仪器及设备制造业企业面临更大的融资约束问题。

基于上述基本结论，结合我国科技型企业融资实践情况，提出以下两点政策优化方向。

1. 发挥商业银行的支持作用

从研究中不难发现，我国科技企业的融资存在很多问题，其中最突出的便是科技型中小企业的信贷缺口较大，获得银行贷款十分困难。由于科技型中小企业信息披露不完全以及技术壁垒较高，商业银行难以判断其未来的盈利能力，从而造成贷款困难。商业银行可以通过提供优惠、降低贷款门槛等方式支持科技型企业发展。

2. 拓宽股权融资渠道，创新融资模式

科技企业融资面临的另一个难点是融资渠道有限。科技企业在初创期主要依靠内部融资，即创始人的个人存款。随着科技企业的扩张发展，其资金来源不断拓宽。中小科技企业的上市要求趋于严格，科技型企业难以获得银行贷款，同时风险投资及天使投资的投资额较低，这些问题对我国科技企业融资形成了极大约束。

为了解决上述问题，一方面可以适当降低场外市场的准入门槛，扩大创业板、科创板和中小板的市场范围，吸引更多科技型中小企业获得股权融资。大多数科技型中小企业上市后最主要的融资渠道是股权融资，平均股权融资比例为30%，降低科技企业的准入门槛能够在一定程度上缓解科技型中小企业的融资难问题。在准入门槛降低的同时，应加强科技型中小企业的信息披露，这有助于防范潜在的金融风险。另一方面，目前比较普遍的融资方式有银行贷款与风险投资。风险投资是科技型企业发展的重要支撑，其可以加强与银行的合作，对科技企业实施投贷联动。为了获得更多的银行贷款，技术含量高且专利价值大的科技企业可以采用知识产权质押的方式进行融资，医疗仪器行业所应用的核心设备可以通过融资租赁方式获得资金。

二、投贷联动与企业创新

(一)投贷联动试点情况对比

2015年3月,国家首次对"投贷联动"融资模式进行试点,旨在将金融机构的贷款和企业投资有效结合,从而助推科技型企业发展。2016年的政府工作报告将"投贷联动"视为重要的金融改革举措。本节从理论和实证角度系统评估了近年来投贷联动在我国的实施效果。

1. 投贷联动企业数量

从图7-11可以看出,在国家推出"投贷联动"融资模式的2015年,投贷联动企业数量明显增加,从2014年的52家企业增长为2015年的152家企业,增长速度为145.16%。实施《投贷联动指导意见》的2016年与2017年,投贷联动企业数量也在不断增加,但2018年之后,投贷联动企业数量开始下降,并且与总企业数和没有投贷联动的企业数量相比,投贷联动企业数量增速明显较慢,反映出投贷联动在当前上市企业范围内没有被较好地实施。

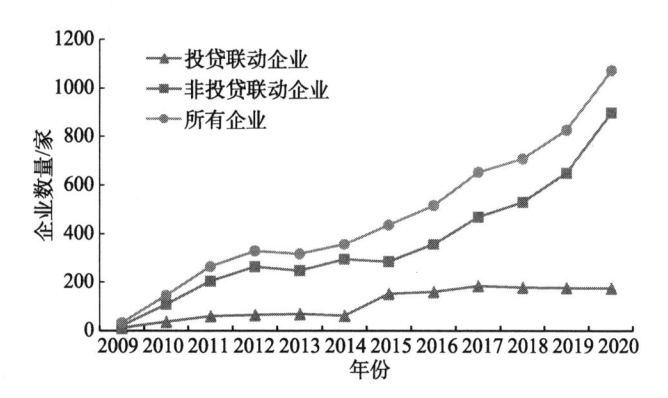

图 7-11　2009—2020 年我国涉及投贷联动业务的企业数量
资料来源:国泰安数据库。

《投贷联动指导意见》联合发布6年以来,我国投贷联动实施范围较窄,企业数量增速较慢。目前各大官网上有关投贷联动的最新动态消息逐渐减少,由此也可看出投贷联动开展逐渐变慢。

2. 投贷联动实施试点地区情况

分别对国家推出"投贷联动"融资模式的2015年、实施《投贷联动指导意见》的2016年、实施《投贷联动指导意见》之后试点地区投贷联动企业数量最多的

2017年以及2020年的数据进行统计分析。如图7-12所示，投贷联动试点地区中北京市和上海市始终位于第一、第二，且占比较大，达到一半以上。西安市2015—2017年占比逐年下降，2020年中国银行陕西省分行的投贷联动项目使得西安投贷联动企业增加。2015—2020年试点地区中分别有39家、41家、42家、35家企业实施投贷联动，投贷联动进展缓慢。

从图7-13可以看出，我国大部分科创企业分布在东部沿海地区，投贷联动与我国的科创企业需求不匹配。

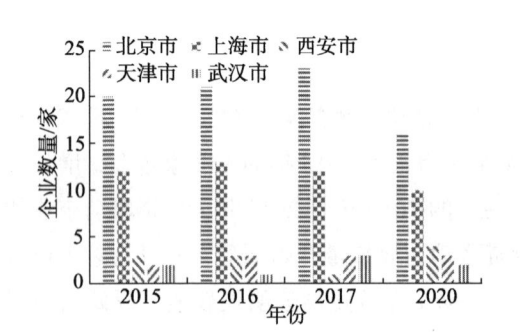

图7-12 我国投贷联动实施试点地区情况
数据来源：国泰安数据库。

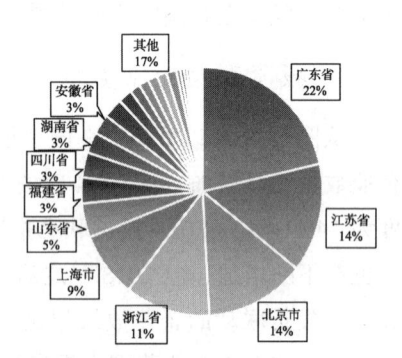

图7-13 截至2020年我国科创企业地区分布情况
数据来源：国泰安数据库。

（二）研究设计

从当前投贷联动的经济效应和创新效应研究来看，Hellmann等[1]发现商业银行通过对新型企业进行私募股权投资，可以获得较好的收益。王婵等[2]提出可以参考美国的硅谷银行经验与VC等第三方机构合作为企业定制专属产品。张诚[3]分析了我国投贷联动的模式，主要有股权直投模式、与VC机构合作等。廖岷和王鑫泽[4]指出，投贷联动可以有效解决科创企业因得不到资金支持而无法达到资源最优化配置的问题。敬志勇等[5]认为，创新投入的增加有利于推动投贷联动业务的发展，进

---

[1] 资料来源：Hellmann T，Lindsey L，Puri M. Building Relationships Early：Banks in Venture Capital [J]. Review of Financial Studies，2008，21(2)：513-541.

[2] 资料来源：王婵，田增瑞. 我国商业银行与创业投资的投贷联动模式研究[J]. 企业活力，2012(6)：5-10.

[3] 资料来源：张诚. 基于投贷联动视角的科技型企业融资模式选择研究[J]. 金融理论与实践，2018(3)：84-88.

[4] 资料来源：廖岷，王鑫泽. 商业银行投贷联动机制创新与监管研究[J]. 国际金融研究，2016(11)：45-55.

[5] 资料来源：敬志勇，赵启程，王周伟. 中国科创企业的异质资源、信用能力与投贷联动[J]. 金融经济学研究，2019，34(3)：67-82.

而降低企业的融资成本。程京京等[①]（2021）等进行了实证分析，发现投贷联动对企业创新有正向影响。关于投贷联动的研究主要集中于定性分析，包括投贷联动的发展模式及效果等，少有通过实证分析投贷联动对科技创新产出影响的文献。

本部分研究选取2009—2020年创业板和科创板上市公司数据，构建企业科技创新能力的代表性指标，从而考察投贷联动对企业融资约束、研发投入、创新产出等方面的影响效果。

1. 样本选取与数据处理

1）样本数据

通过国泰安数据库收集了融资约束指标、上市公司银行贷款、上市公司前十大股东中的风险资本以及其他财务指标数据，并借助相关网站对数据进行了补充。本部分研究对象来自创业板和科创板上市的所有企业，在剔除金融、ST企业后，选取国内1548家创业板和科创板上市企业为研究总样本。其中融资约束和研发投入的样本区间为2009—2020年，科技创新产出的样本区间为2009—2019年。

2）指标测量

（1）参考刘贯春等[②]、陈作华等[③]来构建WW融资约束指标，计算公式为：

$$WW = -0.091 \times CF_{it} - 0.062 \times DIVPOS_{it} + 0.021 \times TLTD_{it} - 0.044 \times LNTA_{it} + 0.102 \times ISG_{it} - 0.035 \times SG_{it}$$

其中，CF_{it}为经营现金流与企业总资产的比值；$DIVPOS_{it}$为现金股利支付虚拟变量，支付取1，未支付取0；$TLTD_{it}$为长期负债与总资产的比值；$LNTA_{it}$表示总资产的自然对数；ISG_{it}和SG_{it}表示行业与企业的销售增长率。

（2）采用研发投入（RDsum）金额加1取对数衡量研发投入。

（3）采用专利数量（pat_num）、权利要求数（claim）衡量科技创新产出。

（4）构建投贷联动虚拟变量DV，若当年企业同时存在风险资本的股权融资与新增银行借贷行为，即认为存在投贷联动，即取值为1，否则为0。

（5）其他控制变量包括企业规模（size）、固定资产（FIX）、盈利能力（ROA）、财务杠杆（LE）和托宾Q值。具体如表7-15所示。

3）描述性统计分析

从表7-16可以看出，企业融资约束指标WW的标准差为0.447，说明不同企

[①] 资料来源：程京京，王彧婧，俞毛毛，等. 投贷联动对企业创新的影响——来自上市公司的经验证据[J]. 统计与决策，2021，37(9)：180-183.

[②] 资料来源：刘贯春，段玉柱，刘媛媛. 经济政策不确定性、资产可逆性与固定资产投资[J]. 经济研究，2019，54(8)：53-70.

[③] 资料来源：陈作华，方红星. 融资约束、内部控制与企业避税[J]. 管理科学，2018，31(3)：125-139.

表 7-15　变 量 选 取

变量	符号	指标	变量	符号	指标
融资约束	WW	融资约束	其他控制变量	size	公司规模
研发投入	RDsum	研发投入金额		FIX	固定资产
创新产出_1	pat_num	专利数量		ROA	盈利能力
创新产出_2	claim	权利要求数		LE	财务杠杆
				Q	托宾 Q

表 7-16　变量的描述性统计

变量	观察值	平均值	标准差	最小值	最大值
WW	5654	−0.707	0.447	−1.631	0
研发投入金额	5654	17.31	2.357	0	22.26
专利数量	4581	2.029	7.128	0	115
权利要求数	4581	1.460	3.145	0	45
投贷联动	5654	0.235	0.424	0	1
公司规模	5654	21.30	0.838	19.29	26.04
固定资产	5654	0.148	0.112	0	0.685
盈利能力	5654	0.042	0.092	−1.629	0.542
财务杠杆	5654	0.295	0.181	0.011	1.687
托宾 Q	5654	2.339	1.483	0.811	22.57

业的融资情况存在较大差异。研发投入均值与最大值较为接近，表明大部分科创企业的研发投入维持在一个较高水平。从投贷联动变量来看，投贷联动的均值为 0.235，这表明只有部分企业在样本统计区间内实施了投贷联动，投贷联动在当前上市企业范围内没有被较好地实施，企业仍然存在较为严重的融资约束。专利数量标准差为 7.128，反映出不同企业的专利数参差不齐，其均值为 2.029，更接近样本最小值，说明大部分科创企业的专利数量较少。企业的权利要求数的标准差和均值分别为 3.145 和 1.460，说明大部分科创企业的专利质量水平较低。

从其他变量来看，公司规模均值为 21.3，大部分科创企业的规模不高且标准差很大，为 0.838。固定资产均值较小，为 0.148。企业整体盈利能力不高，均值为 0.042，其中最小值为−1.629，说明有个别企业存在经营亏损情况。财务杠杆最大值为 1.687，说明有个别企业存在较大的财务风险。托宾 Q 值的均值为 2.339，大于 1，说明大部分企业更倾向于发行股份购买资产。

2. 实证分析

如图 7-14 所示，将企业分为有投贷联动企业和无投贷联动企业，2016 年《投贷联动指导意见》发布后，投贷联动企业受到的融资约束明显下降。

从图 7-15 至图 7-17 可以看出，投贷联动政策颁布后，研发投入金额、专利数量以及权利要求数的变化不大。投贷联动对企业给予的资金支持转化为企业的创新产出效果不明显。

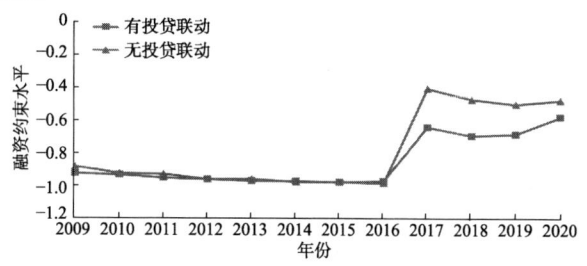

图 7-14　2009—2020 年我国有投贷联动与无投贷联动企业的融资约束

资料来源：国泰安数据库。

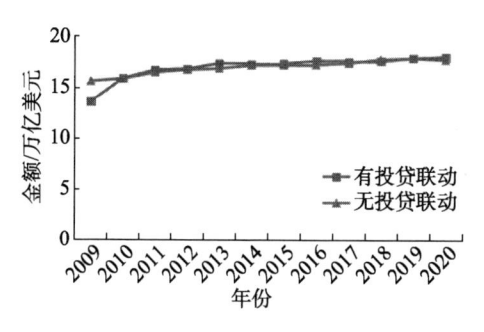

图 7-15　2009—2020 年我国有投贷联动与无投贷联动企业的研发投入

资料来源：国泰安数据库。

图 7-16　2009—2019 年我国有投贷联动与无投贷联动企业的专利数量

资料来源：国家知识产权局专利数据整理。

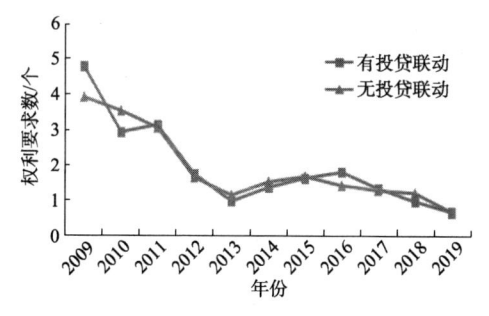

图 7-17　2009—2019 年我国有投贷联动与无投贷联动企业的权利要求数

资料来源：国家知识产权局专利数据整理。

（三）研究结果与政策启示

本节通过描述性统计以及实证分析，得到基本研究结论如下：第一，投贷联动在当前上市企业范围内没有被较好地实施，进展缓慢，与我国科创企业的需求不匹配。第二，投贷联动对缓解融资约束有一定影响，但是对企业研发投入的影响并不显著。第三，对于企业个体而言，投贷联动对企业创新产出的影响不大，无论是专利数量还是专利质量，投贷联动企业与非投贷联动企业之间的差别并不明显。该结果反映出投贷联动推进可能存在以下三个方面制约。

第一，投贷联动模式覆盖面较窄且进展缓慢。投贷联动的发展速度与我国的科创企业需求不匹配。《投贷联动指导意见》联合发布6年以来，投贷联动进展缓慢，无法满足我国大部分科创企业的需求。

第二，现有法律法规对投贷联动模式的开展存在限制。由于法律法规的约束以及现有法律法规的不健全，且相关法律禁止银行从事股权投资，我国投贷联动业务的开展必然会存在限制。

第三，商业银行等机构可能缺乏业务专业能力。投贷联动业务与银行传统的信贷业务存在较大差异。投贷联动业务要求对企业盈利、风险以及发展空间有充分了解，要求业务人员具有较高的专业知识和判断能力。考虑到科创企业的核心资产多为无形资产，对其甄别和评估难度较高。

根据基本研究结论，结合我国投贷联动业务试点与实践的情况，本节提出以下政策优化方向。

（1）加快推进"投贷联动"试点改革。扩大投贷联动的试点范围，银行、风险投资机构、科技创新企业等投贷联动的参与方需加深合作、积极参与。第一，要根据当地情况适当增加试点银行，允许其他银行开展投贷联动业务，将符合投贷联动要求的银行纳入试点范围，从而增加资金的供给量。第二，目前大部分科创企业集中在东部发达地区，而投贷联动的试点范围较窄，应进一步扩大试点范围，推动投贷联动业务开展。

（2）完善投贷联动相关法律法规体系。第一，适当调整我国对于商业银行开展投贷联动业务的限制，适当放宽《中华人民共和国商业银行法》对于银行股权投资的限制，从而给予投贷联动更多的发展空间，允许符合要求的商业银行开展与投贷联动业务相关的股权投资业务，并且在试行过程中加强业务监管。第二，完善配套政策支撑，为商业银行以及科创企业创造良好的政策环境，从而促进商业银行的投贷联动业务开展，在一定程度上缓解科创企业的融资约束。

（3）建立"金融+产业"的人才培养体系。投贷联动的开展不仅要求从业人员熟练掌握信贷方面的知识，也要求其了解投资业务。第一，银行应通过引进和培养专业复合型人才，提高从业人员识别科创企业经营风险和真实需求的能力。第二，不同的商业银行应专注于特定行业，一方面能够对细分产业了解得更加深入、透彻，另一方面有助于在全社会范围内形成金融机构对产业扶植的分工协作，实现对关键战略产业的金融扶持。第三，商业银行需加强与风险投资机构的合作，及时更新并整理企业客户的信贷或存款信息;风险投资机构应当利用其在投资和企业融资方面的丰富经验,通过构建信息交流平台,与商业银行进行密切深入的交流,提高投贷联动投资匹配效率,减少风险损失。

三、知识产权质押融资与企业创新

(一)知识产权质押融资情况

1. 知识产权质押融资现状

由图 7-18 可见,2009 年我国共出台 5 项知识产权质押融资试点相关政策,随后各省、地市争先出台知识产权质押融资相关的政策文件,至 2021 年累计出台的政策数量达 159 项,较 2020 年增长 147.37%。

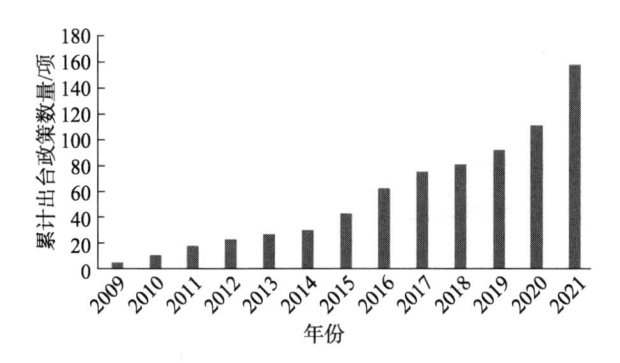

图 7-18　2009—2021 年我国知识产权质押融资政策累计出台数量
资料来源:北京大学法宝数据库。

从图 7-19 可以看出,全国知识产权质押融资额与专利质押件数总体呈稳步上升趋势。其中,2016—2019 年两者增幅较小,2019 年后两者均快速增长。

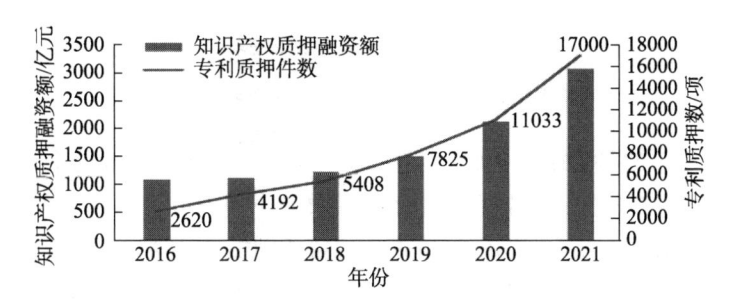

图 7-19　2016—2021 年我国知识产权质押融资额与专利质押件数
资料来源:CNRDS 数据库。

从图 7-20 可以看出，总体上专利质押融资额在知识产权质押融资额中占比极高，甚至在 2019 年达到 90%；商标质押融资额的占比较小，为 15% 左右。但近年来专利质押融资额占比有所降低，商标质押融资额的占比有所提高，2021 年专利质押融资额占比 80% 左右，商标融资额占比为 20% 左右。

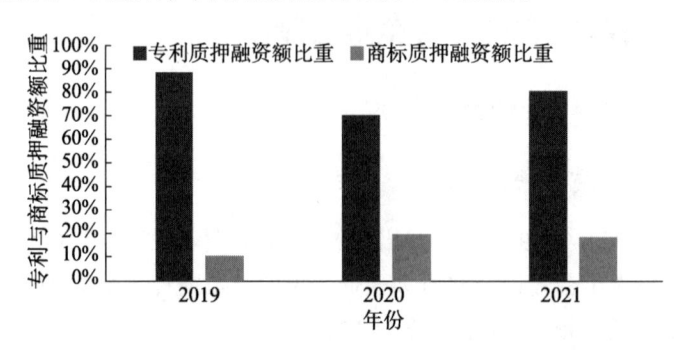

图 7-20　2019—2021 年全国专利与商标质押融资额比重
资料来源：CNRDS 数据库。

2. 各省市知识产权质押融资

我国大部分省市均制定了知识产权质押相关政策（如图 7-21 所示）。其中，东部地区较为完善，西南和西北地区相关政策偏少；广东、山东的政策出台最多，分别为 28 项和 16 项。

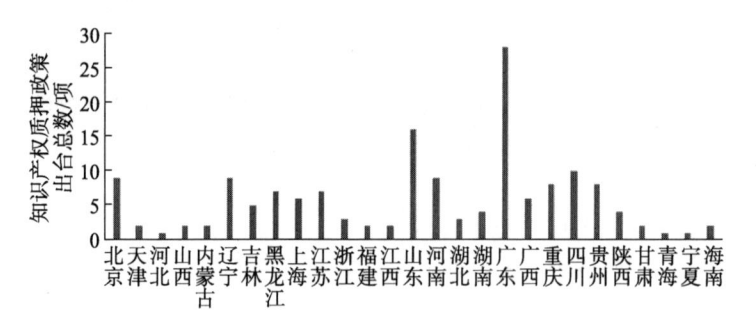

图 7-21　截至 2021 年我国各省市知识产权质押政策出台总数
资料来源：北京大学法宝数据库。

图 7-22 展示的是 2017—2021 年各省份知识产权质押融资额的平均值情况。可以看出，我国各省份知识产权质押融资额在体量上是存在显著差异的，东部地区的省份占据了知识产权质押融资额接近 70% 的比重，浙江的知识产权质押融资额占全国的比重高达 26%，中部、西部的知识产权质押融资额占比较小。

从图 7-23 可以看出，知识产权质押融资额排名前五的省份总体上呈现较为良好的增长态势。尤其是浙江在 2019—2021 年的增长趋势十分显著，2021 年的知

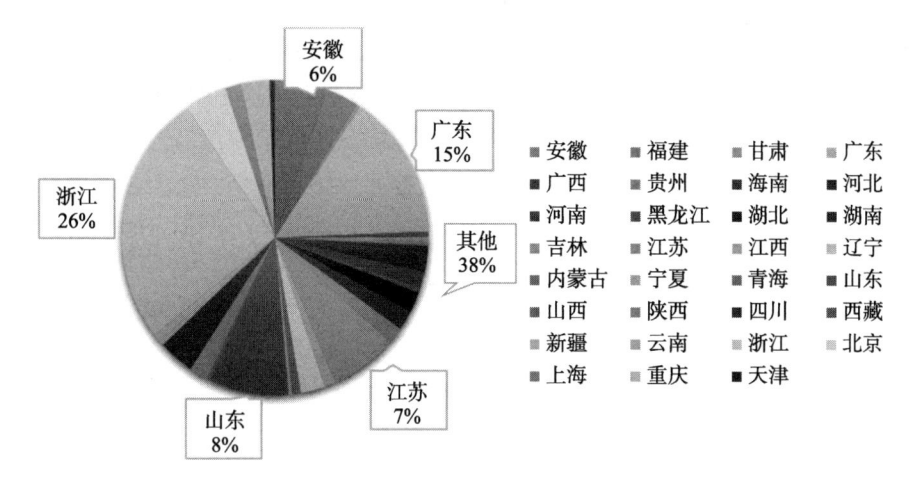

第七章 支持科技创新的金融政策工具效果评价

图 7-22 2017—2021 年各省市知识产权质押融资额占比
资料来源：CNRDS 数据库。

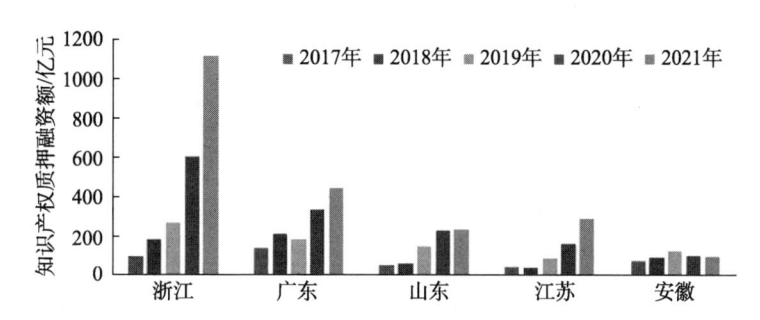

图 7-23 2017—2021 年部分省份知识产权质押融资额
资料来源：CNRDS 数据库。

识产权质押融资额高达 1116.3 亿元，而安徽近 5 年的知识产权质押融资额没有明显增长。

从图 7-24 可以看出，在专利质押融资额排名前五的省份中，除安徽的专利

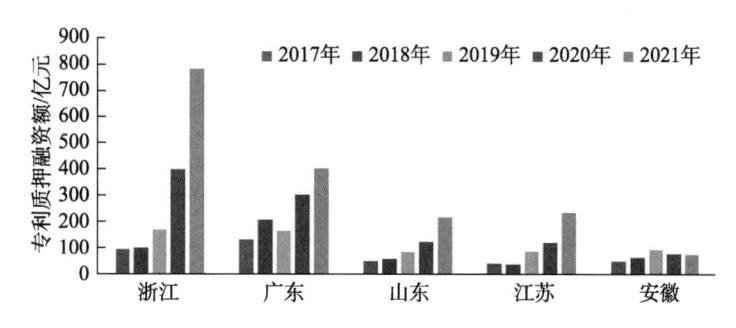

图 7-24 2017—2021 年部分省份专利质押融资额
资料来源：CNRDS 数据库。

质押融资额变化不大外,其他四个省份的专利质押融资额都呈现较快的增长趋势。尤其是浙江,2021年专利质押融资额接近800亿元,是2017年专利质押融资额的8倍左右。

图7-25显示,浙江和江苏的商标质押融资额逐年递增,广东的商标质押融资额呈现缓慢增长趋势,山东的商标质押融资额在2019年与2020年缓慢增长,在2021年则大幅下降,安徽的商标质押融资额呈现缓慢下降趋势。

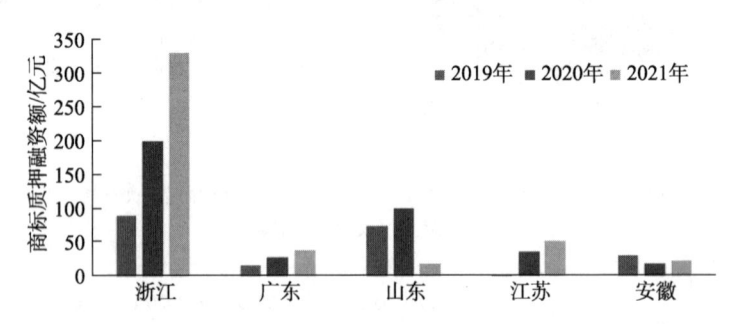

图7-25　2019—2021年部分省份商标质押融资额
资料来源:CNRDS数据库。

综合来看,自2009年知识产权质押融资政策出台以来,知识产权质押融资业务在我国得到越来越多的支持与发展,但其实施情况存在较大地区差异;东部发达地区业务开展良好,中部和西部地区的表现则较为平淡。其中,浙江在近3年知识产权质押融资业务的开展过程中表现最为突出。另外,2020年浙江参与知识产权质押融资业务的企业数目高达1317家,占全国比例近12%,是甘肃企业数目的130倍。

聚焦于知识产权质押融资政策对企业给予资金支持的具体实施过程,可以发现企业融资难、融资贵的问题依然没有得到很好解决的原因有以下三个方面。第一,缺乏有效的评估体系,导致知识产权的真实价值难以判断。银行需要通过价值评估决定可贷金额,然而银行普遍缺乏了解知识产权价值的专业人才,同时第三方评估机构也面临准确评估、提高评估结果的公信力以及解决评估费用问题的挑战。第二,知识产权质押登记耗时长,增加了科技型企业的融资成本。第三,知识产权变现和处置难度较高,成为阻碍知识产权质押融资业务顺利开展的绊脚石。

(二)研究设计

国内外关于知识产权质押融资方面的文献大多从定性角度分析政策效果。本研究聚焦企业层面，基于 2005—2015 年 A 股上市公司数据，选取企业科技创新能力的代表性指标和相应的控制变量构建计量模型，以探究知识产权质押融资政策对企业创新产出、融资约束以及研发投入的影响。根据实证检验关系，构建以下模型：

模型 1：$\quad\mathrm{pat}_{it} = \gamma_0 + \gamma_1 \mathrm{pol}_{it} + \theta V_{it} + \delta_i + \varphi_t + \varepsilon_{it}$ （1）

模型 2：$\quad\mathrm{con}_{it} = \beta_0 + \beta_1 \mathrm{pol}_{it} + \sigma Z_{it} + \delta_i + \varphi_t + \varepsilon_{it}$ （2）

模型 3：$\quad\mathrm{res}_{it} = \alpha_0 + \alpha_1 \mathrm{pol}_{it} + \delta Z_{it} + \delta_i + \varphi_t + \varepsilon_{it}$ （3）

式（1）中 pat_{it} 为企业创新产出指标（包括质量指标：标准化的维持期、维持期、权利要求数和新领域的专利数量；数量指标：企业专利数量和标准化的专利数量），V_{it} 表示第 t 年第 i 个企业的控制变量（包括企业资产、企业债务、企业付息债和企业资本），γ_0、γ_1 为待估参数，θ 为控制变量的待估系数的向量。式（2）和式（3）中 con_{it} 表示第 t 年第 i 个企业的融资约束，res_{it} 表示第 t 年第 i 个企业的研发强度。pol_{it} 表示第 t 年第 i 个企业所在城市是否实施知识产权质押政策，Z_{it} 表示第 t 年第 i 个企业的控制变量（包括企业规模、固定资产、销售收入增长率、托宾 Q 值、资产负债率），β_0、β_1、α_0、α_1 为待估参数，σ 和 δ 为控制变量的待估系数的向量。σ_i 和 φ_t 分别为个体和年份固定效应，ε_{it} 为随机扰动项。

1. 样本选取与数据来源

1）样本数据

本研究数据选取遵循以下原则：2009 年起我国开始进行知识产权质押融资试点工作，此后知识产权质押政策相继在多个地区颁布，基于此，为了有足够的对照样本，结果更具有可靠性，本研究选用 2005—2015 年 A 股全部上市公司作为研究对象。本研究所需相关数据主要来源为国家知识产权局、国泰安数据库以及万德数据库。此外，为保证数据的可靠性与研究的科学性，对上市公司的数据进行如下方面的筛选处理：①剔除样本时间范围内 ST 停牌及财务数据不全的公司；②全部选用合并报表的数据；③剔除存在缺失值的样本。

2）变量测量

①选取知识产权质押政策（pol）作为研究的解释变量，具体而言，若该企业所在城市该年实行或已经实行知识产权质押融资政策，则取值为 1，否则为 0。知识产权质押政策的数据来源于北大法宝数据库。②选取 KZ 指数（con）、研发投入（res）以及企业创新产出指标作为被解释变量。其中，企业创新产出指标包括质量指标与数量指标两大类：质量指标包括标准化的维持期（scaled_valid_time）、维持期（valid_time）、权利要求数（claim）和新领域的专利数量（new_field_num）；

数量指标包括企业专利数量（pat_num）和标准化的专利数量（scal_pat_num）。③选取企业规模（size）、固定资产（PPE）、销售收入增长率（income_r）、托宾Q值（Q）、资产负债率（LEV）、企业资产（assets）、企业债务（liability）、企业付息债（debt）和企业资本（capital）等作为控制变量。变量的具体介绍如表7-17所示。

表 7-17　变 量 说 明

变量类别	变量名称	变量符号	变量说明
解释变量	知识产权质押融资政策	pol	若该企业所在城市该年实行了知识产权质押融资政策，则取值为1，否则为0
融资约束	KZ指数	con	绝对值越大代表融资约束越高
研发投入	研发强度	res	研发投入/营业收入
企业专利质量	标准化的维持期	scaled_valid_time	企业各专利的维持期取平均
	权利要求数	claim	权利要求数取对数
	维持期	valid_time	专利维持期取对数
	新领域专利数量	new_field_num	新领域专利数量取对数
企业专利数量	专利数量	pat_num	发明和实用新型专利数之和取对数
	标准化专利数量	scal_pat_num	企业专利数量平均化后取对数
控制变量	企业规模	size	总资产取对数
	企业年龄	age	企业年龄加1取对数
	资产负债率	LEV	总负债/总资产
	销售收入增长率	income_r	本年销售收入增长额/上年销售收入总额
	托宾Q	Q	现金流/总资产
	企业资产	assets	企业资产取对数
	企业债务	liability	企业债务取对数
	企业付息债	debt	企业付息债取对数
	企业资本	capital	企业资本取对数

3）描述性统计分析

以2005—2015年1930家A股上市企业作为研究对象，描述性统计如表7-18所示。

表 7-18　各变量描述性分析

变量	观察值	均值	中位数	标准差	最小值	最大值
con	7910	1.030	1.250	2.677	−10.049	26.777
res	7910	2.988	1.830	5.022	0.000	137.450
pol	7910	0.511	1.000	0.500	0.000	1.000
income_r	7910	0.211	0.131	1.138	−0.999	50.132
age	7910	7.395	6.000	5.253	1.000	25.000

续表

变量	观察值	均值	中位数	标准差	最小值	最大值
LEV	7910	0.465	0.423	1.588	−0.195	96.959
Q	7910	2.112	1.634	2.730	0.699	192.705
size	7910	21.919	21.708	1.278	16.161	28.509
scaled_valid_time	10757	0.763	0.773	0.117	0.093	1.148
valid_time	10757	7.764	7.793	0.345	5.323	8.563
claim	10757	1.711	1.749	0.448	0.693	4.356
pat_num	10757	2.041	1.945	1.142	0.693	8.191
pat_num（原值）	10757	22.646	6.000	117.125	1.000	3608.000
scal_pat_num	10757	1.069	0.881	0.848	0.001	5.848
new_field_num	10757	1.192	1.099	0.885	0.000	5.784
new_field_num（原值）	10757	4.307	2.000	9.135	0.000	324.000
assets	10757	20.846	20.747	1.353	15.803	27.448
liability	10757	20.178	20.048	1.681	12.203	27.193
debt	10757	20.401	20.203	1.863	13.980	30.647
capital	10757	0.410	0.305	0.637	−6.571	5.408

如表 7-18 所示，知识产权质押变量的均值为 0.511，说明实行该政策的区域包含的企业数占比超过一半（51.1%）；研发强度均值为 2.988，中位数为 1.830，呈现左偏分布特征，说明大多数企业的研发强度低于平均水平；企业新领域专利数量均值为 4.307，而专利数量均值为 22.646，两者比值约为 0.190，说明新领域的专利数量占比整体较低。

2. 实证分析

1）知识产权质押融资政策对企业科技创新产出的实证分析

（1）知识产权质押融资政策对专利质量影响的基准回归。从表 7-19 的实证分析结果可以看出，知识产权质押融资政策对标准化的专利维持期和新领域的专利数量有显著的负向作用，对权利要求数和未经标准化的维持期虽产生负向影响但均不显著。由此可见，知识产权质押融资政策未能增强上市企业的专利质量，甚至在一定程度上会抑制专利质量提升。

表 7-19 专利质量指标的基准回归

变量	(1) scaled_valid_time	(2) claim	(3) valid_time	(4) new_field_num
pol	−0.019**	−0.023	−0.006	−0.067**
	(−0.009)	(−0.016)	(−0.011)	(−0.034)

续表

变量	(1) scaled_valid_time	(2) claim	(3) valid_time	(4) new_field_num
assets	−0.038***	0.019	−0.033***	0.060**
	(−0.007)	(−0.013)	(−0.009)	(−0.024)
liability	0.023	−0.046*	0.032	−0.098*
	(−0.017)	(−0.026)	(−0.021)	(−0.055)
debt	−0.023	0.049*	−0.035	0.136**
	(−0.017)	(−0.027)	(−0.021)	(−0.056)
capital	0.0004	0.0003	0.002*	−0.001
	(−0.0004)	(−0.001)	(−0.001)	(−0.003)
constant	1.860***	1.178***	8.642***	−0.998*
	(−0.163)	(−0.282)	(−0.204)	(−0.588)
企业固定效应	YES	YES	YES	YES
年份固定效应	YES	YES	YES	YES
观测值	10417	10417	10417	10417
R^2（组内）	0.065	0.033	0.518	0.025
组值	2252	2252	2252	2252

注：***、**和*分别表示在1%、5%和10%的水平上显著。下同。

（2）知识产权质押融资政策对专利数量影响的基准回归。从表7-20的实证分析结果可以看出，知识产权质押融资政策对专利数量的影响同样为负；但该负向影响未能通过显著性检验，说明知识产权质押融资政策无法促进企业专利数量的增加。

表7-20　专利数量指标的基准回归

变量	(1) scal_pat_num	(2) pat_num	变量	(1) scal_pat_num	(2) pat_num
pol	−0.017	−0.035	capital	−0.001	−0.002
	(−0.029)	(−0.037)		(−0.004)	(−0.005)
assets	0.063***	0.080***	constant	−1.674***	−1.987***
	(−0.019)	(−0.026)		(−0.522)	(−0.675)
liability	−0.0816*	−0.134**	企业固定效应	YES	YES
	(−0.045)	(−0.056)	年份固定效应	YES	YES
debt	0.118**	0.198***	观测值	10417	10417
	(−0.047)	(−0.057)	R^2（组内）	0.114	0.220
			组值	2252	2252

（3）知识产权质押融资政策对专利质量影响的异质性分析。从表7-21的实证分析结果可以看出，知识产权质押融资政策对企业专利的权利要求数在东部呈显著的负向影响，在中部不显著，而在西部显著为正；知识产权质押融资政策对企业新领域专利数的影响在中部地区显著为负，在东、西部地区均不显著。

表 7-21　权利要求数与新领域专利数量的异质性分析

变量	(1) claim（东）	(2) claim（中）	(3) claim（西）	(4) new_field_num（东）	(5) new_field_num（中）	(6) new_field_num（西）
pol	−0.048**	−0.033	0.133**	−0.027	−0.139*	−0.094
	(−0.02)	(−0.038)	(−0.058)	(−0.042)	(−0.077)	(−0.116)
assets	0.013	0.083**	−0.042	0.068**	0.062	0.028
	(−0.015)	(−0.036)	(−0.036)	(−0.029)	(−0.063)	(−0.072)
liability	−0.034	−0.09	−0.011	−0.140**	0.118	−0.106
	(−0.031)	(−0.061)	(−0.083)	(−0.063)	(−0.138)	(−0.148)
debt	0.038	0.071	0.054	0.164**	−0.064	0.187
	(−0.031)	(−0.062)	(−0.08)	(−0.065)	(−0.141)	(−0.154)
capital	0.001	0.006	0.006	−0.001	0.017	−0.011
	(−0.001)	(−0.007)	(−0.008)	(−0.003)	(−0.013)	(−0.02)
constant	1.276***	0.65	1.347*	−0.772	−1.823	−1.923
	(−0.325)	(−0.738)	(−0.712)	(−0.662)	(−1.687)	(−1.57)
企业固定效应	YES	YES	YES	YES	YES	YES
年份固定效应	YES	YES	YES	YES	YES	YES
观测值	7606	1781	1030	7606	1781	1030
R^2（组内）	0.030	0.059	0.066	0.021	0.046	0.049
组值	1668	357	227	1668	357	227

表7-22显示了知识产权质押融资政策对维持期与标准化后的维持期的异质性影响。实证分析结果表明，无论是否标准化，知识产权质押融资政策对企业专利维持期的影响在东、中、西部地区均是不显著的。

表 7-22　标准化的维持期与维持期异质性分析

变量	(1) scaled_valid_time（东）	(2) scaled_valid_time（中）	(3) scaled_valid_time（西）	(4) valid_time（东）	(5) valid_time（中）	(6) valid_time（西）
pol	−0.008	−0.035	−0.015	0.009	−0.031	−0.022
	(−0.011)	(−0.024)	(−0.027)	(−0.013)	(−0.028)	(−0.033)

续表

变量	(1) scaled_valid_time （东）	(2) scaled_valid_time （中）	(3) scaled_valid_time （西）	(4) valid_time （东）	(5) valid_time （中）	(6) valid_time （西）
assets	−0.027***	−0.061***	−0.042	−0.017*	−0.062***	−0.052
	(−0.008)	(−0.016)	(−0.029)	(−0.01)	(−0.018)	(−0.034)
liability	0.006	0.069	0.019	0.011	0.098	0.006
	(−0.021)	(−0.044)	(−0.033)	(−0.025)	(−0.064)	(−0.034)
debt	−0.006	−0.0759*	−0.014	−0.016	−0.108*	0.001
	(−0.022)	(−0.044)	(−0.036)	(−0.026)	(−0.062)	(−0.039)
capital	0.0007*	−0.003**	−0.007*	0.002**	−0.001	−0.012***
	(0.001)	(−0.001)	(−0.004)	(−0.001)	(−0.002)	(−0.004)
constant	1.681***	2.401***	1.709***	8.404***	9.314***	8.750***
	(−0.191)	(−0.337)	(−0.474)	(−0.233)	(−0.438)	(−0.614)
企业固定效应	YES	YES	YES	YES	YES	YES
年份固定效应	YES	YES	YES	YES	YES	YES
观测值	7606	1781	1030	7606	1781	1030
R^2（组内）	0.079	0.059	0.053	0.534	0.439	0.589
组值	1668	357	227	1668	357	227

（4）知识产权质押融资政策对专利数量影响的异质性分析。从表7-23的实证分析结果可以看出，知识产权质押融资政策对企业专利数量的影响在东、西部均是不显著的，反而在中部有抑制作用，标准化后其影响均不显著。

表7-23 专利数量与标准化专利数量异质性分析

变量	(1) pat_num （东）	(2) pat_num （中）	(3) pat_num （西）	(4) scal_pat_num （东）	(5) scal_pat_num （中）	(6) scal_pat_num （西）
pol	0.004	−0.162*	0.038	0.02	−0.104	0.026
	(−0.045)	(−0.091)	(−0.119)	(−0.035)	(−0.067)	(−0.123)
assets	0.0924***	0.093	−0.076	0.0691***	0.0882*	−0.064
	(−0.03)	(−0.069)	(−0.09)	(−0.023)	(−0.053)	(−0.067)
liability	−0.180***	0.176	−0.274**	−0.106**	0.165	−0.254**
	(−0.066)	(−0.149)	(−0.126)	(−0.052)	(−0.132)	(−0.107)
debt	0.255***	−0.131	0.300**	0.151***	−0.148	0.250**
	(−0.068)	(−0.153)	(−0.134)	(−0.053)	(−0.132)	(−0.112)

续表

变量	(1) pat_num (东)	(2) pat_num (中)	(3) pat_num (西)	(4) scal_pat_num (东)	(5) scal_pat_num (中)	(6) scal_pat_num (西)
capital	−0.003	0.015	0.003	−0.002	0.015	0.002
	(−0.005)	(−0.023)	(−0.019)	(−0.004)	(−0.024)	(−0.013)
constant	−2.279***	−2.344	0.827	−1.844***	−2.066	0.817
	(−0.761)	(−1.735)	(−1.93)	(−0.594)	(−1.331)	(−1.720)
企业固定效应	YES	YES	YES	YES	YES	YES
年份固定效应	YES	YES	YES	YES	YES	YES
观测值	7606	1781	1030	7606	1781	1030
R^2（组内）	0.223	0.245	0.197	0.116	0.137	0.086
组值	1668	357	227	1668	357	227

2）知识产权质押融资政策对企业融资约束和研发投入的实证分析

（1）知识产权质押融资政策对企业融资约束与研发投入的基准回归。从表 7-24 的实证分析结果可以看出，知识产权质押融资政策能显著缓解企业的融资约束，但无法对企业的研发投入产生显著影响。

表 7-24　知识产权质押融资政策对企业融资约束与研发投入的基准回归

变量	(1) con	(2) res	变量	(1) con	(2) res
pol	−0.181*	0.243	income_r	−0.133***	−0.061**
	(0.095)	(0.149)		(0.035)	(0.026)
size	−0.342**	−0.209	constant	11.650***	5.325*
	(0.136)	(0.149)		(2.917)	(3.078)
LEV	0.211**	−0.011	企业固定效应	YES	YES
	(0.083)	(0.012)	年份固定效应	YES	YES
age	−0.301***	0.308***	观测值	7906	7906
	(0.023)	(0.032)	R^2（组内）	1178	0.150
Q	0.045	−0.012	组值	0.312	1178
	(0.047)	(0.015)			

（2）知识产权质押融资政策对企业融资约束与研发投入的异质性分析。从表 7-25 的实证分析结果可以看出，知识产权质押融资政策在东部地区能够显著缓解企业的融资约束，但在中、西部对企业融资约束的缓解作用不显著；而知识产权质押融资政策在东、中、西部均无法显著影响企业的研发投入。

表 7-25　知识产权质押融资政策对融资约束与研发投入的异质性分析

变量	(1) con(东)	(2) con（中）	(3) con（西）	(4) res（东）	(5) res（中）	(6) res（西）
pol	−0.056*	0.045	−0.395	0.026	0.239	0.997
	(−0.114)	(−0.166)	(−0.264)	(−0.157)	(−0.246)	(−1.089)
size	−0.332*	−0.653***	−0.684***	−0.111	0.283*	−1.318
	(−0.19)	(−0.155)	(−0.224)	(−0.153)	(−0.157)	(−0.887)
LEV	0.185***	7.736***	6.447***	−0.008	−1.850***	0.576
	(−0.056)	(−0.524)	(−0.754)	(−0.01)	(−0.631)	(−2.512)
age	−0.326***	−0.341***	−0.293***	0.313***	0.211***	0.550***
	(−0.028)	(−0.034)	(−0.047)	(−0.03)	(−0.03)	(−0.192)
Q	0.036	0.250***	0.242***	−0.006	0.058	−0.312
	(−0.041)	(−0.065)	(−0.083)	(−0.016)	(−0.05)	(−0.199)
income_r	−0.0916***	−0.358*	−0.0638***	−0.060*	−0.03	−0.071
	(−0.022)	(−0.213)	(−0.021)	(−0.032)	(−0.067)	(−0.091)
constant	11.65***	11.21***	15.57***	3.709	−4.991	27.04
	(−2.917)	(−4.077)	(−3.208)	(−3.254)	(−3.256)	(−16.98)
企业固定效应	YES	YES	YES	YES	YES	YES
年份固定效应	YES	YES	YES	YES	YES	YES
观测值	7906	5304	1621	5304	1621	981
R^2（组内）	0.312	0.311	0.471	0.195	0.403	0.080
组值	1178	848	207	848	207	123

（三）研究结果及政策启示

从上述实证分析结果可以得到以下基本结论：第一，从企业创新产出的实证分析结果来看，无论是专利数量还是专利质量指标，知识产权质押融资政策对企业科技创新产出的正向促进作用几乎是不存在的，甚至在一定程度上呈现出负向影响；进一步的异质性分析也表明，知识产权质押融资政策对企业科技创新产出的影响在东、中、西部均不太理想，同样说明知识产权质押融资政策整体上并没有表现出良好的实施效果；第二，从企业融资约束和研发投入的实证结果来看，知识产权质押融资政策虽能够显著缓解企业的融资约束，却无法显著促进企业的研发投入。

知识产权质押融资政策作为解决科技型企业融资难问题的一项大胆尝试，颠覆了以往需要企业提供重资产担保才能获得资金支持的传统形式，以一种更灵活友好的质押形式帮助轻资产的科创企业获得资金支持，但因实施时间较短，政策效果未能充分发挥，科技型企业融资状况尚不理想。同时，由于融资反馈机制不够健全，目前无法确保企业真正将利用知识产权质押得到的资金切实用于企业的创新研发活动。

从实证研究分析来看，导致知识产权质押融资政策没能高效地将对企业的资金支持转化为企业创新产出的原因主要涉及以下两个方面：一方面，虽然随着知识产权质押融资政策不断推行完善，大多省份都已得到普及，但在真正的政策实施过程中，企业知识产权"质押"融资这一环节存在的三大难点未能得到完全解决，导致企业融资过程依旧困难；另一方面，由于知识产权质押融资的实施过程缺少反馈考核环节，导致无法确保企业真正将所获资金投入于创新研发活动，也成为阻碍企业增加创新产出的关键所在。

根据基本研究结论，结合我国知识产权质押融资实践的情况，本节提出以下政策优化方向。

1）加大力度改善质押融资政策环境

地方政府应加强宏观调控，协调各方关系助推知识产权质押融资业务发展。通过与企业和金融机构充分合作，建立互联网质押融资平台。运用大数据、区块链等技术科学评判融资企业信息真实性，有效解决平台运营过程中可能出现的互信、安全和效率等方面的难题。同时，进一步加强知识产权保护，完善相关法律法规。全面推动建立金融服务小微企业"敢贷、愿贷、能贷、会贷"的长效机制。

2）改善知识产权评估流程

金融机构应致力于构建全面科学的知识产权价值评估体系，建立和完善信息交流机制。银行和企业可以通过建立银企对接服务平台实现积极互动，进而常态化收集企业在知识产权质押融资方面的需求。此外，加强对知识产权质押资金流向的反馈考核，将企业上一轮所获资金投入研发的情况纳入当前评估体系，对投入状况良好的企业适当放宽贷款条件，从而为企业提供持续性贷款。

3）完善知识产权质押融资模式

建立由国家、省、市和社区商业机构以及担保机构组成的质押贷款市场，充分发挥科技服务机构在市场中的中介作用，激发银行贷款的积极性，形成多元化的知识产权质押模式。切实贴近企业需求，为质押融资提供便捷的通道。秉承以评促发展的理念，促进知识产权成果的高质量转化。推动实现数字化评价与专家评审的有效结合，多维度考察成果转化质量，科学评估成果价值。

四、风险投资与企业创新

（一）风险投资与创新情况

风险投资能够为科创企业提供资金、增值服务，促进知识积累和扩散，以及创新活动。首先，风险投资为创新企业打开了全新的融资渠道，为创新活动的开展提供了充足的资金，推动各个阶段研发进程，提高创新质量，使更多创新产出成为可能。其次，风险投资机构为企业提供了专业资源、社会网络等增值服务，其在专业领域的深耕所积累的社会资源、关系网络给在成立之初信息等资源仍较为匮乏的创业企业带来甘霖，帮助其与同类型企业建立密切的交流，提高企业运营效率，为创新活动扫除障碍，进而提高创新质量与数量。最后，风险投资还能有效促进知识积累和扩散，降低创新主体的信息获取成本，提高创新效率，进而促进创新质量和数量的双提升。

然而，创新由最初投入到实现产出不是一蹴而就的，往往要经历漫长的研究和开发过程。因此，风险投资对创新质量和数量的影响可能存在明显滞后性；同时，推测东、中、西部地区因为经济环境和创新要素禀赋不同，风险投资对创新激励效应在地区间存在差异。

1. 风险投资总体情况

2001—2019 年，我国各省平均每年的风险投资额为 13.782 亿元；其中，2002 年全国风险投资力度整体较小，各省差异不大，标准差最小为 0.358；2017 年各省风险投资额标准差最大，达到 135.472，各省风险投资力度差异最大（如图 7-26 所示）。分年度来看，2001—2019 年各省风投资额呈波动上升趋势，2015 年起各省风险投资显著增加，2017 年各省风险投资平均增加了 20.648 亿元，2018 年各省年平均风险投资金额最大，达到 54.217 亿元。

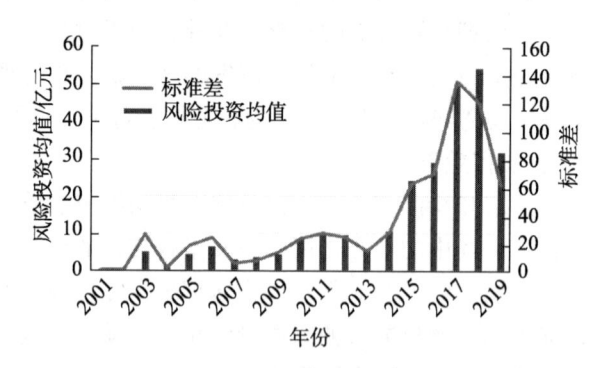

图 7-26 2001—2019 年我国风险投资额均值及标准差

资料来源：CNRDS 数据库。

分省份来看（见图 7-27），东部沿海地区风险投资额较高，其中北京的风险投资力度最大，年平均金额为 158.211 亿元，且断层领先，其风险投资显著高于其他省市，年平均风险投资金额与上海相差 81.079 亿元。后五名省份中甘肃风险投资力度最小，年平均风险投资金额为 0.533 亿元。甘肃、广西、贵州、海南、内蒙古等 15 个省份 2009 年以前均有风险投资额为 0 的情况,但宁夏在 2012 年、青海在 2015 年及 2018 年依旧没有风险投资,可见近年来宁夏和青海风险投资力度仍然较小。

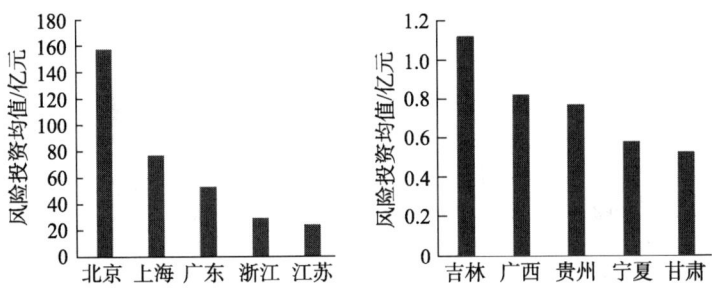

图 7-27 排名前五和后五位的省份风险投资均值
资料来源:CNRDS 数据库。

分地区来看(见图 7-28),2001—2019 年东部地区风险投资显著高于中、西部地区,东部各省份年平均风险投资额 30.939 亿元,中、西部地区风险投资基本相当,各省市年平均风险投资分别为 2.552 亿元、2.137 亿元。究其原因,东部地区经济较为发达,科技型企业更为集中,创新资源多、活力强,因此风险投资需求与中、西部地区相比更大,而中、西部地区由于区位因素,经济发展相对落后,人力资源等创新资源匮乏,因此风险投资力度较小。

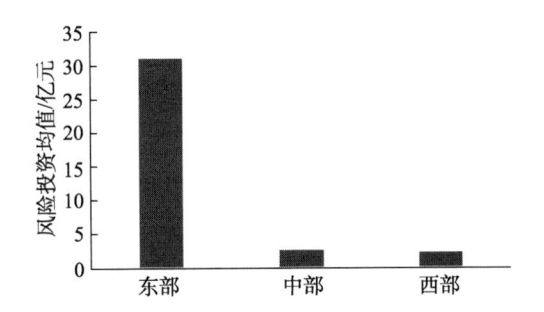

图 7-28 2001—2019 年东、中、西部地区风险投资均值
资料来源:CNRDS 数据库。

2. 风险投资与创新产出

研究采用专利扩展同族数衡量创新质量,用专利授权总数衡量创新数量,通过趋势与分组分析,探究风险投资对创新活动的影响。

1)风险投资与创新质量的变化趋势

我国风险投资和创新质量的历年变化趋势如图 7-29 所示。可以看出,二者的趋势基本一致，且风险投资对创新质量的促进作用呈现出一定的滞后性。这是由于创新是一个不确定性强、风险高的过程，由创意到研发再到成果转化、创新产出需要一定的时间，风险投资注入企业后，风险投资机构为企业带来的相关企业、渠道等的经营资源、提供的增值服务等，对创新产出具有滞后影响。

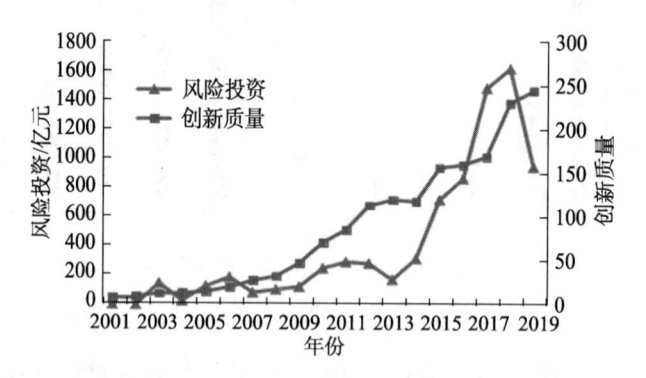

图 7-29　2001—2019 年我国风险投资和创新质量变化趋势

资料来源：据 CNRDS 数据库和国家知识产权局整理。

以风险投资的总体均值 13.782 为界，将各省份划分为高低两组，高风险投资组包括北京、上海、浙江、江苏、广东 5 个省市，其余 25 个省市为低风险投资组，高、低两组的平均创新质量如图 7-30 所示。可以看出，风险投资高的省市，其创新质量普遍高于风险投资低的省市，且近年来，两个组别创新质量的差异正逐步扩大。

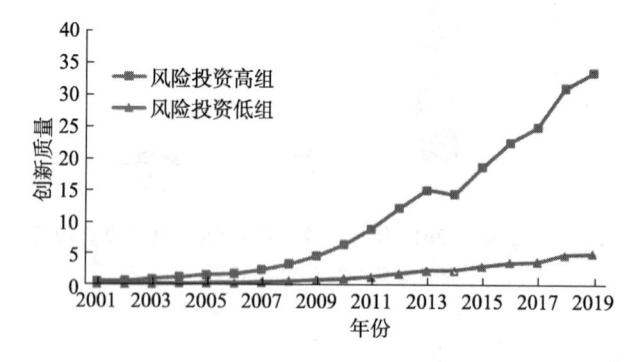

图 7-30　风险投资高/低组创新质量情况

资料来源：据 CNRDS 数据库和国家知识产权局整理。

2）风险投资与创新数量的变化趋势

如图 7-31 所示，2001—2019 年风险投资与创新数量均呈波动上升趋势，且风险投资的波动早于创新数量，说明风险投资对创新数量的影响同样存在滞后性。

专利由投入到产出，往往要经历从研究到开发，再到申请、授权的时间周期，因此风险投资对创新数量的影响同样需要一定时间才能显现。

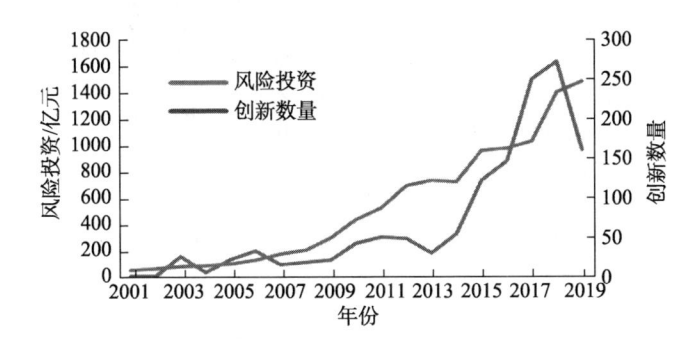

图 7-31 2001—2019 年我国风险投资和创新数量变化趋势
资料来源：据 CNRDS 数据库和国家知识产权局整理。

如图 7-32 所示，风险投资力度不同的组，创新数量也有所不同，即风险投资越高的地区，其创新数量水平越高，且两组的创新数量差距逐年扩大，这进一步说明风险投资能够对创新数量产生显著的促进作用。

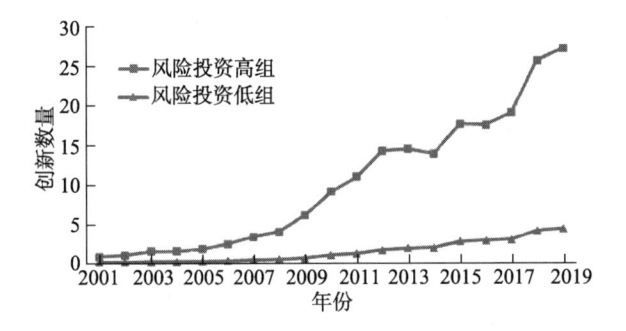

图 7-32 2001—2019 年风险投资高/低组的创新数量情况
资料来源：据 CNRDS 数据库和国家知识产权局整理。

3. 风险投资与技术市场交易

1）技术市场交易现状

对我国 30 个省份（西藏和港、澳、台地区除外）的技术交易额进行分析。2012—2021 年我国各省技术交易额平均值为 391.526 亿元，且呈持续上升趋势，表明我国技术市场活跃度不断增强（如图 7-33 所示）。其中，2012 年技术交易额均值最小，为 176.204 亿元，2021 年技术交易额均值最大，达到 830.302 亿元。同时，根据标准差结果来看，2012—2021 年各省份技术交易额之间的差距逐年扩大。

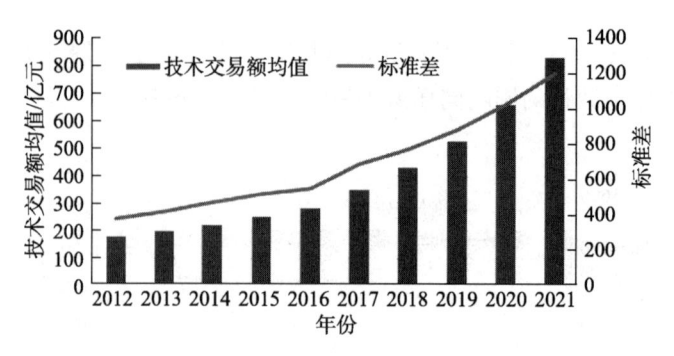

图 7-33 2012—2021 年技术交易额均值及标准差
资料来源：Wind 数据库。

分地区来看（如图 7-34 所示），2012—2021 年我国东部地区技术市场最为活跃，年均技术交易额为 732.285 亿元，显著高于中西部地区；西部地区年均技术交易额为 168.542 亿元，中部地区年均技术交易额最小，为 160.163 亿元。

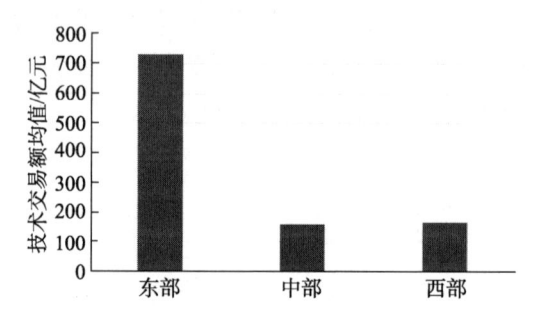

图 7-34 2012—2021 年我国东、中、西部地区技术交易额均值
资料来源：Wind 数据库。

从代表性省市自治区情况来看（如图 7-35 所示），前五名的地区中北京技术交易额最大，达到 3484.608 亿元。除东南沿海地区创新要素丰富的省份外，陕西技

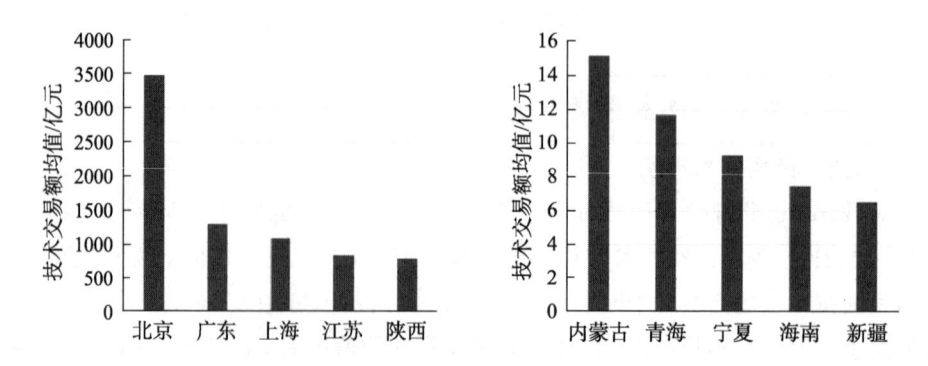

图 7-35 代表性省市自治区的技术交易额均值

术市场交易较为活跃，年均技术交易额为 777.995 亿元，创新能力较强。技术交易额后五名的地区分别是新疆、海南、宁夏、青海、内蒙古，其中新疆技术交易额最小，年均交易额为 6.544 亿元。

2）风险投资与技术市场交易的变化趋势

随着风险投资力度不断增加，我国技术市场活跃度显著提升。如图 7-36 所示，2001—2019 年我国风险投资与技术交易额、技术合同交易额整体上均呈上升趋势。企业获得了更多的资金、人力等创新资源，研发活动得到了强有力的支持，并且风险投资机构也为科创企业带来更为丰富的同业资源，相关创新主体间信息的交互得到了极大的加强，技术市场成交额明显攀升。

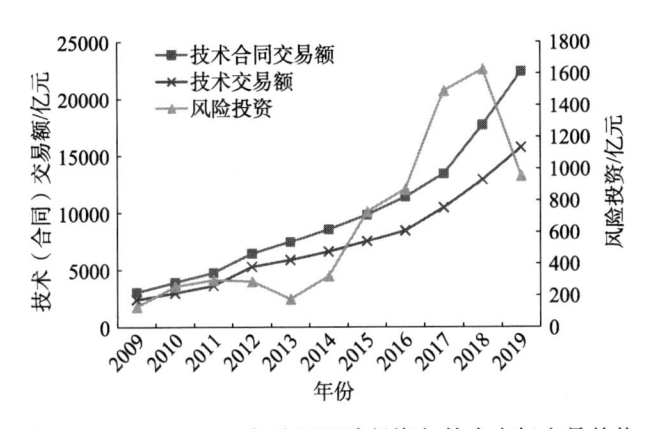

图 7-36　2009—2019 年我国风险投资与技术市场交易趋势

资料来源：据 CNRDS 数据库和 Wind 数据库整理。

以风险投资整体均值 13.782 为标准，将 30 个省份分为风险投资高、低两组，不同组别的技术交易额均值变化如图 7-37 所示。不同组别的技术交易额情况显示，

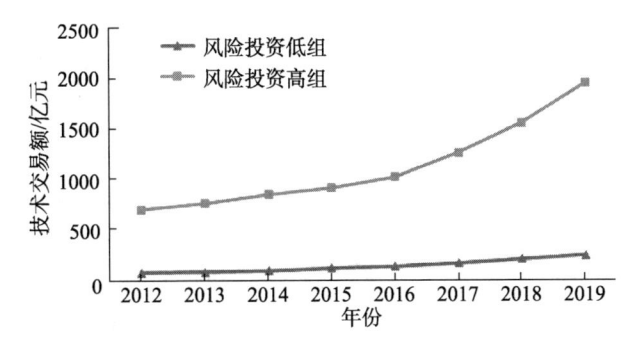

图 7-37　风险投资高/低组的技术交易额情况

数据来源：据 CNRDS 数据库和 Wind 数据库整理。

风险投资高的省份的技术交易额明显高于低风险投资组，其技术市场更为活跃，一定程度反映出风险投资对地区技术市场活跃具有积极促进作用。

（二）研究设计

为探究风险投资对创新活动的影响，本部分研究构建如下模型：

$$Inn_{it} = \alpha + \beta Vci_{it} + \gamma X_{it} + \delta_i + \varphi_t + \varepsilon_{i,t} \tag{1}$$

式（1）中，Inn_{it} 代表创新活动，Vci_{it} 代表风险投资力度。下标 i、t 代表省份和年份，δ_i 和 φ_t 分别为省份和年份固定效应，X_{it} 为控制变量，包括人力资本、经济发展、政府支持、科研投入以及产业结构，$\varepsilon_{i,t}$ 为随机扰动项。

1. 样本选取与数据来源

1）样本数据

本研究以我国 2008—2019 年 30 个省市为样本，由于 2010 年 R&D 支出口径与其余年份不一致，故剔除 2010 年。数据来源为国家统计局、国泰安、Wind 等。

2）指标选取

①被解释变量（Inn）。被解释变量的创新活动通过创新质量（Inn_q）和创新数量（Inn_n）两方面体现。其中，创新质量通过专利扩展同族数衡量；创新数量通过专利授权数来衡量，并进一步划分为三种类型。②核心解释变量（Vci）。核心解释变量风险投资力度采用风险投资额（Vc）衡量。③控制变量。选取人力资本、经济发展、政府支持、科研投入以及产业结构作为控制变量，具体定义如表 7-26 所示。

表 7-26 变量符号及定义

变量类型	变量	变量定义
被解释变量	Inn_q	专利扩展同族数
	Inn_n	专利授权数
	Inve	发明专利授权数
	Util	实用新型专利授权数
	Desi	外观设计专利授权数
核心解释变量	Vc	风险投资额
控制变量	Hum	人均受教育年限
	Gdp	人均 GDP
	Gov	科技支出/财政支出
	Rde	R&D 经费支出
	Ind	第三产业产值/GDP

3）描述性统计分析

如表 7-27 所示，2008—2019 年我国创新质量均值为 5.102，年平均专利授权数为 4.513 万件，其中年平均发明专利授权数为 6676 件，实用新型专利数为 2.551 万件，外观设计专利数为 1.295 万件。风险投资额均值为 21.185 亿元，政府科学技术支出在地方财政支出中平均占比 2%，R&D 支出均值为 295.48 亿元，第三产业产值平均占比 45.2%。

表 7-27 描述性统计

变量	观测值	平均值	标准差	最小值	最大值
Inn_q	330	5.102	7.828	0.026	58.912
Inn_n	330	4.513	7.092	0.023	52.739
Inve	330	6.676	10.152	0.023	59.742
Util	330	25.510	38.569	0.089	282.741
Desi	330	12.949	26.790	0.092	184.907
Vc	330	21.185	67.038	0	656.064
Hum	330	9.048	0.939	6.902	12.681
Gdp	330	4.884	2.732	0.970	16.178
Gov	330	0.020	0.014	0.004	0.072
Rde	330	295.480	406.496	0.877	2314.857
Ind	330	0.452	0.098	0.286	0.835

2. 实证分析

1）风险投资对创新质量的影响

（1）基准回归分析结果。如表 7-28 所示，回归分析（1）~（3）的核心解释变量分别为当期、滞后一期和滞后两期的风险投资额。风险投资在 1% 的水平上显著为正，说明风险投资能够显著提高地区创新质量。其滞后项系数同样显著，且滞后一期的回归系数最大（$\beta = 0.021$），说明风险投资对创新质量的影响具有明显的滞后性。风险投资为创新活动注入丰富的资金和人力，也为企业带来了更具专业性的社会资源，使同类型创新企业的交流更密切和便利，有效提高了创新的产出效率。同时，由于创新的长周期及不确定性特征，风险投资对创新质量的影响也存在一定滞后性。

表 7-28 风险投资与创新质量的回归分析结果

变量	（1）	（2）	（3）
Vc	0.017***		
	（6.54）		

续表

变量	（1）	（2）	（3）
Vc（-1）		0.021***	
		（7.87）	
Vc（-2）			0.018***
			（6.74）
Hum	1.446**	0.790	0.710
	（2.45）	（1.29）	（1.09）
Gdp	-0.268	-0.661***	-0.712***
	（-1.63）	（-3.55）	（-3.72）
Gov	119.021***	119.065***	117.225***
	（5.38）	（5.06）	（4.60）
Rde	0.020***	0.021***	0.022***
	（28.62）	（26.12）	（23.54）
Ind	-7.942*	-8.011*	-8.478*
	（-1.92）	（-1.70）	（-1.81）
Urb	-48.571***	-50.147***	-65.936***
	（-7.76）	（-6.71）	（-7.99）
个体固定效应	YES	YES	YES
年份固定效应	YES	YES	YES
观测值	330	270	240

（2）区域异质性分析。表 7-29 展示了风险投资对不同地区创新质量的影响结果。其中，奇数列的核心解释变量为滞后一期的风险投资额，偶数列为滞后二期的风险投资额。实证分析结果显示，风险投资仅在东部地区显著为正，其余地区并不显著；滞后一期的风险投资对创新质量的促进作用最大，而对中、西部地区创新质量并无明显影响。

2）风险投资对创新数量的影响

（1）基准回归分析结果。表 7-30 中回归（1）以当期风险投资额为核心解释变量，回归（2）和（3）分别对其滞后一期和两期，进一步探究风险投资对创新

表 7-29　风险投资与各地区创新质量的回归分析结果

变量	东部		中部		西部	
	（1）	（2）	（3）	（4）	（5）	（6）
Vc（-1）	0.014***		0.004		0.016	
	（3.76）		（0.13）		（1.58）	
Vc（-2）		0.013***		-0.006		0.009
		（3.62）		（-0.21）		（0.69）

续表

变量	东部		中部		西部	
	(1)	(2)	(3)	(4)	(5)	(6)
Hum	1.065	2.172	0.164	−0.381	−0.323	−0.210
	(0.79)	(1.56)	(0.25)	(−0.72)	(−1.41)	(−0.83)
Gdp	−0.742**	−0.821**	−0.067	0.182	−0.520**	−0.340
	(−2.52)	(−2.50)	(−0.16)	(0.48)	(−2.26)	(−1.42)
Gov	276.422***	300.630***	120.914***	51.372**	−5.275	−9.321
	(5.84)	(5.98)	(4.47)	(2.25)	(−0.29)	(−0.50)
Rde	0.019***	0.019***	0.006*	0.010***	0.022***	0.019***
	(14.54)	(12.39)	(2.00)	(3.15)	(10.83)	(9.26)
Ind	−14.344	−7.107	6.904	3.733	−0.801	1.228
	(−1.04)	(−0.44)	(1.46)	(1.09)	(0.07)	(0.53)
Urb	−75.338***	−75.746***	−0.134	−4.645	3.669	11.573
	(−5.47)	(−4.86)	(−0.01)	(−0.39)	(0.47)	(1.35)
个体固定效应	YES	YES	YES	YES	YES	YES
年份固定效应	YES	YES	YES	YES	YES	YES
观测值	108	96	81	72	81	72

表 7-30 风险投资与创新数量的回归分析结果

变量	(1)	(2)	(3)
Vc	0.011***		
	(3.96)		
Vc (−1)		0.015***	
		(5.11)	
Vc (−2)			0.016***
			(5.25)
Hum	0.293	0.133	−0.081
	(1.10)	(0.42)	(−0.21)
Gdp	−0.421**	−0.812***	−1.001***
	(−2.30)	(−3.77)	(−4.33)
Gov	139.761***	156.353***	167.405***
	(5.64)	(5.81)	(5.79)
Rde	0.015***	0.015***	0.014***
	(18.97)	(16.00)	(13.45)
Ind	−3.882	−3.375	−5.795
	(−0.83)	(−0.63)	(−1.08)
Urb	−27.108***	−34.295***	−47.462***
	(−3.89)	(−3.93)	(−4.75)

续表

变量	（1）	（2）	（3）
个体固定效应	YES	YES	YES
年份固定效应	YES	YES	YES
观测值	330	270	240

数量影响的滞后性。由结果可知，三组回归中风险投资均显著为正，且滞后二期的系数最大（$\beta = 0.016$），说明风险投资对创新数量的提升具有正向影响，且该影响具有滞后性。同时，由于创新的长周期和不确定性等特征，风险投资对创新数量的影响也具有一定滞后性。

（2）区域异质性分析。如表7-31所示，东部地区风险投资的系数显著为正，且滞后二期的系数最大（$\beta = 0.012$），而中部、西部地区并不显著。实证分析结果显示，风险投资仅对东部地区的创新数量产生了显著促进效应，而对中、西部地区的影响并不明显，反映了风险投资对创新数量的提升效果具有局限性。

表7-31 风险投资与各地区创新数量的回归分析结果

变量	东部 (1)	东部 (2)	中部 (3)	中部 (4)	西部 (5)	西部 (6)
Vc（-1）	0.009**		-0.019		0.008	
	(2.03)		(-1.02)		(0.60)	
Vc（-2）		0.012***		0		-0.006
		(2.66)		(-0.01)		(-0.33)
Hum	-0.562	-0.456	-0.447**	-0.417*	-0.285	-0.098
	(-0.84)	(-0.59)	(-2.46)	(-1.92)	(-0.93)	(-0.27)
Gdp	-0.939**	-1.257***	-0.131	0.117	-0.570*	-0.638*
	(-2.52)	(-3.02)	(-0.48)	(0.33)	(-1.85)	(-1.89)
Gov	366.285***	381.627***	27.915	5.715	4.465	1.973
	(6.02)	(6.38)	(1.58)	(0.30)	(0.18)	(0.08)
Rde	0.012***	0.010***	0.009***	0.007***	0.018***	0.017***
	(6.68)	(5.61)	(4.64)	(2.64)	(6.62)	(5.69)
Ind	1.610	-6.889	-0.347	0.351	0.860	2.209
	(0.09)	(-0.36)	(-0.11)	(0.11)	(0.28)	(0.68)
Urb	-66.681***	-74.605***	7.272	19.361*	6.497	15.263
	(-3.70)	(-3.75)	(0.95)	(1.89)	(0.62)	(1.26)
个体固定效应	YES	YES	YES	YES	YES	YES
年份固定效应	YES	YES	YES	YES	YES	YES
观测值	108	96	81	72	81	72

(3) 风险投资对不同专利的影响。如表 7-32 所示，列（1）、（2）为全样本回归，列（3）~列（8）分别为对东、中、西部的回归。回归分析结果表明，整体来看，风险投资显著为正且滞后一期时系数最大，说明风险投资有效提升了各省发明专利数量。分地区结果显示，风险投资能明显提高东部地区发明专利授权量，而对中、西部发明专利提升并不明显。

表 7-32 风险投资与发明专利的回归分析结果

变量	全国 (1)	(2)	东部 (3)	(4)	中部 (5)	(6)	西部 (7)	(8)
Vc（-1）	0.036***		0.035***		0.035		0	
	(9.56)		(5.80)		(0.81)		(0.01)	
Vc（-2）		0.029***		0.032***		0.016		-0.026
		(6.87)		(4.88)		(0.27)		(-0.84)
Hum	-0.210	-0.042	-0.893	-0.512	0.245	0.122	-1.189**	-0.687
	(-0.53)	(-0.08)	(-1.03)	(-0.44)	(0.59)	(0.22)	(-2.33)	(-1.17)
Gdp	0.417	0.629*	0.195	-0.025	-0.209	0.251	-1.017*	-0.758
	(1.52)	(1.95)	(0.40)	(-0.04)	(-0.33)	(0.27)	(-2.00)	(-1.36)
Gov	66.783*	32.476	162.604**	92.102	177.066***	155.114***	12.337	15.296
	(1.95)	(0.80)	(2.06)	(1.03)	(4.37)	(3.15)	(0.30)	(0.35)
Rde	0.020***	0.021***	0.018***	0.019***	0.017***	0.016***	0.040***	0.037***
	(17.09)	(14.30)	(7.90)	(6.81)	(3.82)	(2.43)	(8.64)	(7.56)
Ind	-5.081	-7.089	-5.190	-27.701	5.871	6.055	-2.519	-1.270
	(-0.74)	(-0.95)	(-0.22)	(-0.96)	(0.80)	(0.75)	(-0.49)	(-0.24)
Urb	-47.459***	-71.473***	-61.825**	-83.794***	-43.327**	-52.411*	-11.975	-15.924
	(-4.27)	(-5.12)	(-2.64)	(-2.83)	(-2.47)	(-1.99)	(-0.69)	(-0.80)
个体固定效应	YES	YES	YES	YES	YES	YES	YES	YES
年份固定效应	YES	YES	YES	YES	YES	YES	YES	YES
观测值	270	240	108	96	81	72	81	72

如表 7-33 所示，列（1）、（2）为全样本回归，列（3）~列（8）为分区域回归。整体来看，风险投资均显著为正，滞后一期时影响最大（β=0.063），说明风险投资对实用新型专利数量的提高具有促进作用。分地区来看，风险投资能够促进西部地区实用新型专利数量的提升，但对东部和中部地区影响并不显著。这可能由于西部地区科技存量小，风险投资水平较低，每增加一定规模的风险投资，其能带来的创新产出更明显。

表 7-33　风险投资与实用新型专利的回归分析结果

变量	全国		东部		中部		西部	
	（1）	（2）	（3）	（4）	（5）	（6）	（7）	（8）
Vc（-1）	0.063***		0.021		-0.137		0.157**	
	(3.70)		(0.80)		(-0.90)		(2.01)	
Vc（-2）		0.050***		0.013		-0.027		0.083
		(2.68)		(0.49)		(-0.14)		(0.74)
Hum	1.462	0.399	0.077	1.360	-2.586*	-2.547	-1.383	-0.944
	(0.82)	(0.17)	(0.02)	(0.28)	(-1.75)	(-1.36)	(-0.78)	(-0.45)
Gdp	-3.778***	-4.733***	-3.314	-4.095	-1.253	0.235	-2.954	-3.319
	(-3.08)	(-3.37)	(-1.59)	(-1.59)	(-0.56)	(0.08)	(-1.67)	(-1.66)
Gov	650.746***	635.653***	1546.565***	1584.322***	146.49	-35.681	-38.583	-68.919
	(4.25)	(3.62)	(4.54)	(4.28)	(1.02)	(-0.22)	(-0.27)	(-0.45)
Rde	0.112***	0.121***	0.101***	0.108***	0.068***	0.061***	0.113***	0.105***
	(21.51)	(18.78)	(10.42)	(9.39)	(4.28)	(2.72)	(7.08)	(6.03)
Ind	-33.683	-34.659	-32.495	0.427	6.027	7.793	11.544	17.159
	(-1.10)	(-1.06)	(-0.32)	(0.00)	(0.23)	(0.29)	(0.64)	(0.90)
Urb	-178.405***	-268.217***	-309.992***	-358.670***	37.847	87.706	107.895*	171.618**
	(-3.60)	(-4.42)	(-3.07)	(-2.91)	(0.61)	(0.99)	(1.78)	(2.41)
个体固定效应	YES	YES	YES	YES	YES	YES	YES	YES
年份固定效应	YES	YES	YES	YES	YES	YES	YES	YES
观测值	270	240	108	96	81	72	81	72

如表 7-34 所示，列（1）、（2）为全样本回归，列（3）~列（8）为分区域回归。整体来看，风险投资系数均显著为正，且滞后二期的系数最大（β=0.081），说明风险投资能够显著促进外观设计专利数量的提高。分地区来看，东部地区风险投资滞后二期系数显著为正，中、西部地区系数并不显著，说明风险投资能够促进东部地区外观设计专利数量的提升，但对中、西部的影响并不显著。

表 7-34　风险投资与外观设计专利的回归分析结果

变量	全国		东部		中部		西部	
	（1）	（2）	（3）	（4）	（5）	（6）	（7）	（8）
Vc（-1）	0.053***		0.038		-0.090		-0.076	
	(2.75)		(1.17)		(-1.14)		(-0.87)	
Vc（-2）		0.081***		0.071**		0.009		-0.119
		(4.48)		(2.53)		(0.09)		(-0.94)
Hum	0.077	-1.171	-4.799	-5.408	-2.131***	-1.743*	-0.281	0.649
	(0.04)	(-0.51)	(-1.03)	(-1.09)	(-2.81)	(-1.77)	(-0.14)	(0.27)

续表

变量	全国		东部		中部		西部	
	（1）	（2）	（3）	（4）	（5）	（6）	（7）	（8）
Gdp	−4.763***	−5.906***	−6.266**	−8.447***	0.149	0.684	−1.728	−2.300
	（−3.41）	（−4.29）	（−2.41）	（−3.15）	（0.13）	（0.42）	（−0.88）	（−1.01）
Gov	845.998***	1005.919***	1953.684***	2139.851***	−44.403	−62.279	70.901	73.357
	（4.85）	（5.85）	（4.59）	（5.56）	（−0.60）	（−0.72）	（0.45）	（0.42）
Rde	0.014**	0.000	−0.003	−0.023*	0.006	−0.008	0.031*	0.026
	（2.44）	（0.07）	（−0.28）	（−1.90）	（0.68）	（−0.71）	（1.74）	（1.32）
Ind	5.012	−16.204	53.785	−41.618	−15.371	−10.34	−0.424	6.203
	（0.14）	（−0.51）	（0.43）	（−0.33）	（−1.15）	（−0.72）	（−0.02）	（0.28）
Urb	−117.091**	−134.933**	−294.990**	−303.589**	78.201**	158.315***	−30.952	−3.068
	（−2.07）	（−2.27）	（−2.34）	（−2.37）	（2.46）	（3.40）	（−0.46）	（−0.04）
个体固定效应	YES	YES	YES	YES	YES	YES	YES	YES
年份固定效应	YES	YES	YES	YES	YES	YES	YES	YES
观测值	270	240	108	96	81	72	81	72

（4）进一步分析。技术市场交易同样能反映地区的创新活跃程度。为进一步验证风险投资对创新活动的促进作用，选择技术合同交易额作为被解释变量再次进行回归分析。如表7-35所示结果，风险投资同样显著为正，在滞后二期时系数最大（$\beta=0.333$），可见风险投资能够促进技术市场的活跃程度，对推动创新具有明显的积极影响，且该影响有一定的滞后性，再次验证了以上结论。

表7-35 风险投资对技术市场交易的分析影响

变量	（1）	（2）	（3）
Vc	0.212***		
	（6.05）		
Vc（−1）		0.283***	
		（9.15）	
Vc（−2）			0.333***
			（9.83）
Hum	4.602	2.508	5.660
	（1.23）	（0.57）	（1.33）
Gdp	14.174***	5.863**	8.160***
	（5.68）	（2.27）	（3.19）
Gov	1112.232***	774.866**	536.416*
	（3.45）	（2.53）	（1.68）
Rde	0.006	0.022*	0.017
	（0.54）	（1.79）	（1.45）

续表

变量	（1）	（2）	（3）
Ind	14.006	60.805	16.275
	（0.22）	（1.00）	（0.27）
Urb	−348.500***	−252.257**	−242.775***
	（−3.47）	（−2.17）	（−2.20）
个体固定效应	YES	YES	YES
年份固定效应	YES	YES	YES
观测值	300	240	240

（三）研究结论与政策启示

从上述实证分析结果可以得到以下基本结论：第一，2001—2019年我国风险投资整体呈增长趋势，但不同地区存在显著差异。第二，风险投资能够显著促进创新质量和创新数量的提升，且由于创新由投入到产出风险高、周期长，该影响具有一定的滞后性。第三，风险投资有效促进了东部地区创新质量的提升，但对中、西部地区创新质量并无明显作用。第四，风险投资对不同地区创新数量的影响具有异质性，其促进作用在东部地区最为明显。

根据基本研究结论，结合我国风险投资实践的情况，本节提出以下政策优化方向。

1. 健全我国风险投资法律体系

风险投资对创新活动的提升发挥着重要作用。但当前我国仍缺乏专业完备的风险投资法律体系，这成为阻碍风险投资激发创新活力的因素之一。因此，政府应进一步完善相关法律体系，使各创新主体能够无后顾之忧地开展创新活动，为风险投资的介入提供坚实保障，更有效地发挥风险投资对创新产出的有利影响。

2. 丰富风险投资参与主体

一是促进风险投资供给由政府向民营机构参与的多元化方向转变。当前，政府仍是我国科研经费的主要来源。政府要继续发挥引导职能，通过提供贷款、扩大风险投资税收优惠范围，吸引民营机构等民间资本注入。同时，适当降低准入门槛，充分利用风险资本不同的投资目标、能力和优势，为企业创新活动提供更加专业的资源和规范的管理，进而发挥风险投资对于促进创新的有效作用。此外，政府可将直接的资金支持转变为间接的政府购买，进一步刺激市场需求，降低科研经费对政府资金的依赖。二是增设风险投资专业化机构，扩大被投单位范围。通过设立基金、财政补贴等途径支持建立专业化的资产评级、风险管理等风险投资机构，为风险投资的评估、引入、管理等各个阶段提供专业支持。降低对于被投单位成立时间、成长性等方面的标准，给予在种子期等成立初期的科技企业享受税收优惠的机会。鼓励各类创新主体吸收风险投资，利用其专业的增值服务和社会信息网络，与市场建立密切联系，加快成果转化。

3. 促进风险投资区域间协调发展

一是中、西部地区通过政府引导、政策倾斜，吸引风险资本流入。根据本节研究，目前，我国风险投资在东、中、西部存在不均衡的现象，东部地区风险投资力度显著高于中、西部地区，同时风险投资对各地区创新活动的影响存在差异。因此，一方面，中、西部地区由于经济、科技相对落后，风险投资主体较少，仍要保证科研支出中政府资金这一重要来源，发挥政府的主体作用，加大对中、西部地区创新活动的风险投资力度。另一方面，中、西部地区可以出台税收优惠激励政策，进一步优化投资环境，吸引东部地区风险资本关注并注入中西部创新项目，以促进各地区风险投资的均衡发展，进而提升创新质量与数量。二是搭建风险投资交易平台。各地区资金的拥有与需求双方信息严重的不对称性，使得我国相当一部分社会资金处在闲置、游资状态。通过建立项目交易平台，能够帮助各个区域的风险资本适时地选择到自己所偏好的项目，并能对项目进行实时追踪监测。此类平台可以跨越空间，降低信息交流的成本，更有力地促进风险投资供需双方交易的实现，最大限度地减小地域限制，促进各地区风险投资协调发展，及时足额满足创新需求，提高创新产出。

4. 促进产业链、创新链融合发展

一是各地区明确定位与目标，明确产业布局和发展目标，因地制宜，引导风险投资流向核心产业、创新领域，推动产业链、创新链、资金链融合发展，形成分工明确、功能互补、结构完整、内生力强的产业、创新格局。同时，东部地区要充分利用自身优势，最大限度发挥风险投资带来的创新效应；中部地区要激发各类风险资本的积极性，改善创新主体对风险投资的接纳程度，完善相关制度体系，为风险投资参与企业创新提供有力保障；西部地区要在有效利用风险投资提高实用新型专利数量的同时，加大风险投资力度，以充分发挥边际效用，快速提升西部创新产出。二是中、西部地区要着力为产业链、创新链发展聚集更多的创新要素。研究发现，中、西部地区资源匮乏，创新主体较少，风险投资注入创新活动后，企业能利用的创新资源仍有限，使得风险投资对创新的促进作用并不显著。因此，中、西部地区要丰富各类创新要素。各地应大力实行人才引进政策，培养和吸引更多高质量的与风险投资以及创新相关的专业人才，同时通过政府引导与企业自发相结合的方式，增加地区内、区域间同类创新主体的信息交流，催生出更多创新项目，为创新提供丰富的人力、知识等储备，以发挥风险投资促进创新的重要作用。

第八章

金融支持科技创新的系统模型与政策仿真

通过利用系统动力学方法，构建系统动力学仿真模型，对金融支持科技创新系统进行仿真研究，为以科技创新为核心的科技自立自强的金融支持作用机理、趋势与政策优化等提供重要理论支撑与实证依据。

本章采用系统动力学方法构建金融支持科技创新系统中各种因素之间的反馈关系模型，实证探究金融系统复杂因素对科技创新核心产出的影响作用机理。基于系统仿真理论与方法，对金融支持政策的单一和组合情境的影响进行系统仿真，明确金融支持科技自立自强战略过程中的重要政策仿真结论与关键政策优化启示。

一、金融支持科技创新的系统仿真模型

（一）模型构建

1. 系统动力学流图

系统动力学流图反映系统整体结构的同时，能够进一步明晰各指标或变量间"量"的关系。本节中的仿真模型系统中的金融工具及融资渠道包括信贷资金、风险投资、科技担保、知识产权资产证券化（知识产权质押融资），以及政府产业引导基金。

（1）信贷资金在该系统中包括多方资金，既包括商业银行的资金，也包括政策性银行的资金，甚至还包括一些民间金融机构的资金，其总量十分庞大。但信贷资金属于间接融资，存在大量的信息不对称问题，现实中大多数科创企业尤其是中西部地区很难获取优质信贷资金，即便能够获贷，其数量也是杯水车薪，而且贷后管理也存在着很多隐患，例如，金融机构不能及时跟进科创企业的发展而导致这些企业资金链断裂等，所以，为使系统更加符合现实情况，这里添加"融资约束"变量。风险投资的资金本质是股权融资，因此和上述信贷资金相结合相当于对投贷联动进行简单的系统模拟。

（2）科技担保起信用增强的作用。数据显示，每年我国在这部分的资金投入相对较少，但是一旦有第三方政策性担保公司为科创企业进行担保，企业就可以获得较为可观的融资，且由于大部分科创企业都仅有轻资产担保，故本系统将专利作为担保的质押品，机制类似于知识产权质押融资。

（3）知识产权质押融资属于知识产权证券化的一种，知识产权证券化的形式在我国主要有四种，分别是供应链模式（主要针对著作权，如电影、歌曲和书籍等）、租赁模式（售后回租）、许可授权模式（二次许可，与租赁模式类似）和质押贷款模式。质押贷款模式是将借款合同产生的债券收益作为基础资产发行证券化产品，而贷款的利息就是现金流。在此过程中，需要资产评估公司对质押过程进行信用增强，同时还需要法律部门为知识产权的转移等工作保驾护航。由于其交易费用相对较大，且存在一定的技术门槛，往往需要专业性强的一系列公司联动才能把该融资渠道做好，故这里将知识产权质押融资机制进行细化。

（4）查阅相关政策后发现，科技保险的保费大部分属于研发支出，而保险的本质即是以保费去弥补小概率风险损失，因此，当把研发支出作为总量研究时，小部分科创企业的风险损失已涵盖于研发支出中，故在该系统中忽略科技保险这一金融工具。同时，将"卡脖子"技术企业和高新技术企业的研发支出进行区分。与高新技术企业相比，"卡脖子"技术企业更加具有战略发展意义，因此，这里将是否拥有政府引导基金的支持作为二者的主要区别；另外，在本系统中还存在着传统企业研发支出的因素，因为与高新技术企业和"卡脖子"技术企业相比，传统企业的研发活动较弱。为了便于和高新技术企业以及"卡脖子"技术企业的研发支出进行区分，这里将三者通过资金支持的种类以及比例作为区分依据：传统企业研发支出在本系统中会收到 10%的信贷资金和风险投资的支持，其余资金都会流向高新技术企业以及"卡脖子"技术企业的研发支出。

据此，研究建立图 8-1 所示的流图。

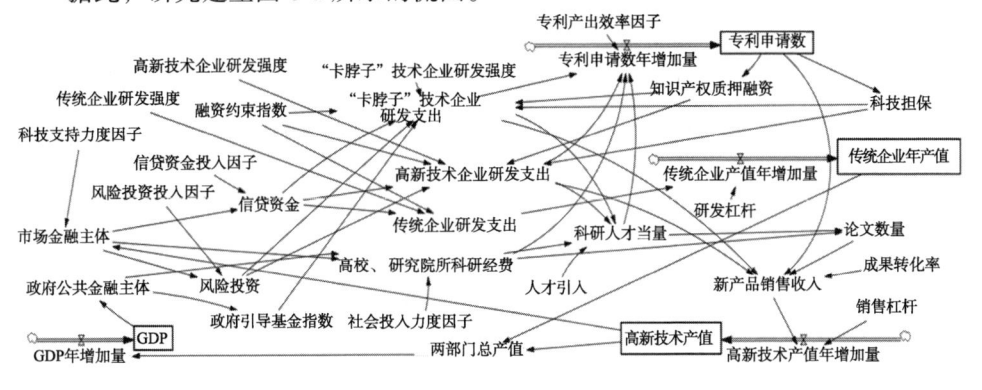

图 8-1 金融支持科技自立自强系统 SD 仿真模型流图

该流图共包含17条反馈回路。其中，市场金融是区别于政府公共金融主体的一类机构或者资金，包括银行信贷、风险投资、社会闲散资金等受政府监督的各类资金，包括10条支持科技创新的反馈回路。

①市场金融主体→信贷资金→高新技术企业研发支出→新产品销售收入→高新技术产值→市场金融主体；

②市场金融主体→信贷资金→"卡脖子"技术企业研发支出→新产品销售收入→高新技术产值→市场金融主体；

回路①、②是信贷资金如何促进新产品销售收入和高新技术产值增长的反馈回路，其中新产品销售收入和高新技术产值是主要考察指标，前者用来反映创新质量，后者用来反映创新规模；

③市场金融主体→风险投资→高新技术企业研发支出→新产品销售收入→高新技术产值→市场金融主体；

④市场金融主体→风险投资→"卡脖子"技术企业研发支出→新产品销售收入→高新技术产值→市场金融主体；

回路③、④是风险投资如何促进新产品销售收入和高新技术产值增长的反馈回路；

⑤市场金融主体→高校、科研院所研究经费→专利申请数→知识产权质押融资→高新技术企业研发支出→新产品销售收入→高新技术产值→市场金融主体；

⑥市场金融主体→高校、科研院所研究经费→专利申请数→知识产权质押融资→"卡脖子"技术企业研发支出→新产品销售收入→高新技术产值→市场金融主体；

回路⑤、⑥是知识产权质押融资如何促进新产品销售收入和高新技术产值增长的反馈回路；

⑦市场金融主体→高校、科研院所研究经费→专利申请数→科技担保→高新技术企业研发支出→新产品销售收入→高新技术产值→市场金融主体；

⑧市场金融主体→高校、科研院所研究经费→专利申请数→科技担保→"卡脖子"技术企业研发支出→新产品销售收入→高新技术产值→市场金融主体；

回路⑦、⑧是科技担保如何促进新产品销售收入和高新技术产值的反馈回路，特别强调的一点是，这里科技担保数额与企业的专利申请数正相关，因为现实中许多科技担保都是根据企业自身的科技实力以及创新能力去评估，从而决定是否担保；

⑨市场金融主体→高校、科研院所研究经费→论文数量→新产品销售收入→高新技术产值→市场金融主体；

⑩市场金融主体→高校、科研院所研究经费→专利申请数→新产品销售收入→高新技术产值→市场金融主体；

高校和科研院所的论文和专利产出的外部效应会影响创新系统，进而会对考察指标产生促进作用，即用回路⑨、⑩补充高校子系统的科技产出对于考察指标的影响机制。

对比市场金融的反馈回路，政府公共金融主体体现了政策性金融支持，包括了7条主体支持科技创新的反馈回路。

①政府公共金融主体→高校、科研院所研究经费→专利申请数→知识产权质押融资→高新技术企业研发支出→新产品销售收入→高新技术产值→两部门总产值→GDP→政府公共金融主体；

②政府公共金融主体→高校、科研院所研究经费→专利申请数→知识产权质押融资→"卡脖子"技术企业研发支出→新产品销售收入→高新技术产值→两部门总产值→GDP→政府公共金融主体；

③政府公共金融主体→高校、科研院所研究经费→专利申请数→科技担保→高新技术企业研发支出→新产品销售收入→高新技术产值→两部门总产值→GDP→政府公共金融主体；

④政府公共金融主体→高校、科研院所研究经费→专利申请数→科技担保→"卡脖子"技术企业研发支出→新产品销售收入→高新技术产值→两部门总产值→GDP→政府公共金融主体；

⑤政府公共金融主体→高校、科研院所研究经费→论文数量→新产品销售收入→高新技术产值→两部门总产值→GDP→政府公共金融主体；

⑥政府公共金融主体→高校、科研院所研究经费→专利申请数→新产品销售收入→高新技术产值→两部门总产值→GDP→政府公共金融主体；

两部门总产值指传统产业产值与高新技术产值的和。回路①～⑥反映政府公共金融主体对于高校、科研院所的投入带来创新产出的反馈回路，这种影响机制与上述市场金融类似，传导路径是通过高校和科研院所进而影响到创新产出，以上回路均为正反馈回路；

⑦政府公共金融主体→政府引导基金→"卡脖子"技术企业研发支出→新产品销售收入→高新技术产值→两部门总产值→GDP→政府公共金融主体。

回路⑦反映政府引导基金对"卡脖子"技术企业研发支出的影响，进而对创新产出产生影响的正反馈回路。

2. 系统动力方程

估计系统动力学方程参数是实现系统仿真的关键基础。借鉴已有研究经验和方法，本节主要采用统计学方法、查阅文献以及合理猜测等方式设定系统方程：

$$专利申请数 = INTEG（198890，专利申请数年增加量）\quad(1)$$

$$专利申请数年增加量 = （传统企业研发支出 + 高新技术企业研发支出 +$$
$$"卡脖子"技术企业研发支出 + 科研人才当量 +$$
$$高校、研究院所科研经费） × 专利产出效率 \quad(2)$$

方程（1）、（2）用于模拟仿真每年的专利申请的产生过程，其中 INTEG( )代表积分，INTEG( )函数中前者表示开始增加的初值，后者表示每个单位时间的增加值，这里将 2010 年的专利申请数 198890 作为 INTEG( )函数的初值。专利申请年增加量根据相关的科技投入变量计算得出，参考多篇文献将企业研发支出、科研人才和高校、研究院所科研经费变量作为专利申请增加量的影响因素。其中专利产出效率是指每单位用于专利申请的科技投入所能产出的专利申请数，其数值大小等于专利申请数年增加量÷（传统企业研发支出 + 高新技术企业研发支出 + "卡脖子"技术企业研发支出 + 科研人才当量+高校、研究院所科研经费）。由于专利产出效率的变化规律并不是线性的，故这里采用表函数的形式表示，即以表格形式刻画数据的变化规律。

$$高新技术产值 = INTEG（119022，高新技术产值年增加量）\quad(3)$$

$$高新技术产值年增加量 = 销售杠杆 × 新产品销售收入 \quad(4)$$

方程（3）、（4）模拟仿真每年高新技术产值的产生过程，计算过程与专利申请数类似。119022 为 2010 年的高新技术产值，新产品销售收入来源于国泰安数据库，销售杠杆在数值上等于高新技术产值年增加量与新产品销售收入的比值，由于高新技术产值年增加量同样不是线性变化，故销售杠杆也是表函数。

$$GDP = INTEG（412119，GDP 年增加量）\quad(5)$$

$$GDP 年增加量 = 0.00338125 × 两部门总产值 + 47978.4 \quad(6)$$

方程（5）、（6）模拟仿真 GDP 的产生过程，计算过程和专利申请量和高新技术产值一样。由于 GDP 年增加量和两部门总产值之间的线性关系在图形上比较明显，且回归系数在 10%水平上是显著的，同时相较于表函数，建立线性回归更为方便，故这里采用线性回归的形式表示 GDP 年增加量。

$$政府公共金融主体 = 0.257609 × GDP - 12366 \quad(7)$$

政府公共金融主体是指国家公共财政支撑，数据来源于历年中国统计年鉴，由于国家公共财政支撑与 GDP 之间存在明显的线性关系，回归系数也在 10%的水平上显著，故同样采用线性回归的形式生成数据。

$$市场金融主体 = 高新技术产值 × 市场金融支持力度 \quad(8)$$

市场金融主体是区别于政府公共金融主体的一类机构或者资金，包括银行信贷、风险投资、社会闲散资金等受政府监督的各类资金，本系统采用信贷、风险投资和知识产权质押融资的资金总和进行衡量。由于这类资金存在逐利性，会根据高新技术市场的繁荣程度发生投资强度的变化，因此需要一个变量将高新技术产值与市场金融主体联系起来，将这个变量定义为市场金融支持力度，其数值变化为非线性，故以表函数刻画。

本研究所构建的金融支持科技创新系统围绕着宏观层面展开分析。数据来源为中国科技统计年鉴、中国统计年鉴、国家统计局、国泰安、Wind 数据库等。模型的时间范围是 2010—2035 年，时间步长为 1 年，其中 2010—2020 年数据用于检验系统参数，2021—2035 年数据用于系统仿真预测。

（二）模型检验

模型检验主要分为结构检验、历史行为检验和灵敏度检验。结构检验通过计算机软件完成，历史行为检验和灵敏度检验则需要进行计算才能实现。

1. 结构检验

系统动力学强调系统的结构完整，并认为系统的功能很大程度上依赖于系统结构。因此，在建立 SD 仿真研究模型的过程中，必须最大限度地使所建立的系统动力学模型符合实际问题和现实系统情况，从而有效研究系统发展趋势和运行规律。采用 Vensim PLE 软件进行模型的结构检验，判断模型结构是否通过检验。在不改变模型现实意义的情况下，软件运行结果显示本系统模型通过结构检验。

2. 历史行为检验

利用高新技术产值、新产品销售收入和 GDP 三个变量，再次运行模型进行历史行为检验。根据计算公式：模型误差 = |实际值 − 模拟值|/实际值，计算模型模拟的相对误差，检验模型的有效性。模型模拟误差如表 8-1 所示。

表 8-1　模型模拟误差表

年份	高新技术产值（万元）真实值	模拟值	误差	新产品销售收入（万元）真实值	模拟值	误差	GDP（万元）真实值	模拟值	误差
2010	119022	119022	0.00%	16364.76296	16364.9	0.00%	412119.3	412119	0.00%
2011	140532	140338.9	0.14%	22473.3493	22648.9	0.78%	487940.2	461446	5.43%
2012	224763	222516.2	1.01%	25571.0383	26112	2.12%	538580	514518	4.47%
2013	183278	175106.4	4.67%	31229.61	32478.9	4.00%	592963.2	570327	3.82%
2014	210020	211335.9	0.62%	35494.1746	36920.2	4.02%	643563.1	628855	2.29%
2015	196629	189757.5	3.62%	41413.4905	43232.4	4.39%	688858.2	689982	0.16%
2016	208510	212268.8	1.77%	47924.2433	49702.8	3.71%	746395.1	751648	0.70%
2017	223290	243898	8.45%	53547.11078	54043.3	0.93%	832035.9	815959	1.93%

续表

年份	高新技术产值（万元）			新产品销售收入（万元）			GDP（万元）		
	真实值	模拟值	误差	真实值	模拟值	误差	真实值	模拟值	误差
2018	261121	288706.3	9.55%	56894.15169	55039	3.26%	919281.1	885795	3.64%
2019	299648	324137.4	7.56%	59164.22322	54448	7.97%	986515.2	959737	2.71%
2020	345929	367111.6	5.77%	68549.1445	65463.8	4.50%	1013567	1.04E+06	2.20%

表中所有变量的相对误差都控制在 10%以内，模型仿真结果与实际情况基本吻合，说明仿真模型能较好地模拟现实系统，即所构建的基于 SD 仿真模型的金融支持科技自立自强系统具有有效性。

3. 灵敏度检验

灵敏度检验主要用于对模型中某个或某些参数进行估计，或者是对系统中的某些结构把握不准确时进行测试。在对现实系统建立模型的过程中未知情况较多，因此灵敏度测试具有重要现实意义。鉴于不同参数的敏感性差异，测试时应对重点参数和结构进行聚焦。

如图 8-2 和图 8-3 所示，在将各种参数变量变动 25%后，高新技术产值和新产品销售收入呈现如下的变化结果，其中科技担保、信贷资金、政府引导基金、风险投资以及知识产权质押融资变化较为显著，故后续政策模拟将重点围绕这五个政策工具进行。

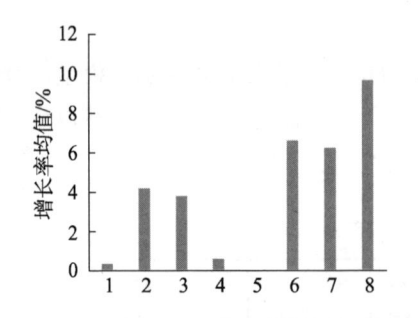

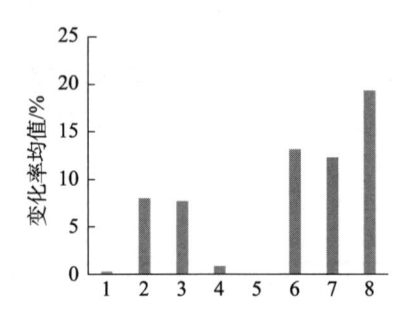

图 8-2　高新技术产值参数灵敏度分析　　图 8-3　新产品销售收入参数灵敏度分析

注：1：论文数量提高 25%；2：风险投资提高 25%；3：知识产权质押融资提高 25%；4：科研人才提高 25%；5：传统企业研发支出提高 25%；6：政府引导基金提高 25%；7：信贷资金提高 25%；8：科技担保提高 25%。

二、金融支持科技创新的政策仿真

为探索各金融工具或融资渠道对科技创新产出的影响，拟将仿真情境分为两大类。一类是单一政策情境，分别增加每种工具的投入比例，观察政策效果；另一类是组合政策情境，模拟在资源约束的前提下各类政策组合的影响效果，综合对比得出最优政策组合。

（一）单一政策情境分析

1. 政策情境设定

单一政策情境分两组进行，分别对五种融资渠道或金融工具进行横向和纵向比较，从而判别最优的单一政策。

第一组采用横向对比方法。每种情境设定如下：情境1：调整信贷资金投入比例，其他因素不变。假设信贷资金投入比例提高25%。情境2：调整风险投资投入比例，其他因素不变。假设风险投资投入比例提高25%。情境3：调整科技担保投入比例，其他因素不变。假设科技担保投入比例提高25%。情境4：调整知识产权质押融资投入比例，其他因素不变。假设知识产权质押融资比例提高25%。情境5：调整政府引导基金投入比例，其他因素不变。假设政府引导基金比例提高25%。

第二组采用纵向对比方法。每种情境设定如下：情境6：以固定梯度增加信贷资金投入比例，其他因素不变。情境7：以固定梯度增加风险投资投入比例，其他因素不变。情境8：以固定梯度增加科技担保投入比例，其他因素不变。情境9：以固定梯度增加知识产权质押融资投入比例，其他因素不变。情境10：以固定梯度增加政府引导基金投入比例，其他因素不变。

将固定梯度设定为5%。其中，分别依据情境1~5的设定对其模型参数进行调整，通过新产品销售数量、高新技术产值和GDP，考察该情景下的系统仿真行为变化。对每种融资渠道或金融工具进行横向比较，得出对考察指标影响最大的工具。情境6~10单独将每种工具按5%的梯度进行递增，观察每个梯度带来的考察指标变化，其目的在于考察这些工具对考察指标是否具有线性影响。若为线性，则进一步测定每种工具的影响大小；若存在非线性影响，则需进一步研究其影响特点。

2. 政策仿真模拟

1）组一仿真模拟分析

依据情境1~5的设定，在其他因素不变的情况下分别提高每种融资渠道的投入比例后，得到对高新技术产值、新产品销售收入和GDP的仿真结果，如图8-4至图8-6所示。仿真模型显示出以下基本结果：

（1）各政策模拟对高新技术产值的影响：科技担保＞政府引导基金＞信贷资金＞风险投资＞知识产权质押融资；

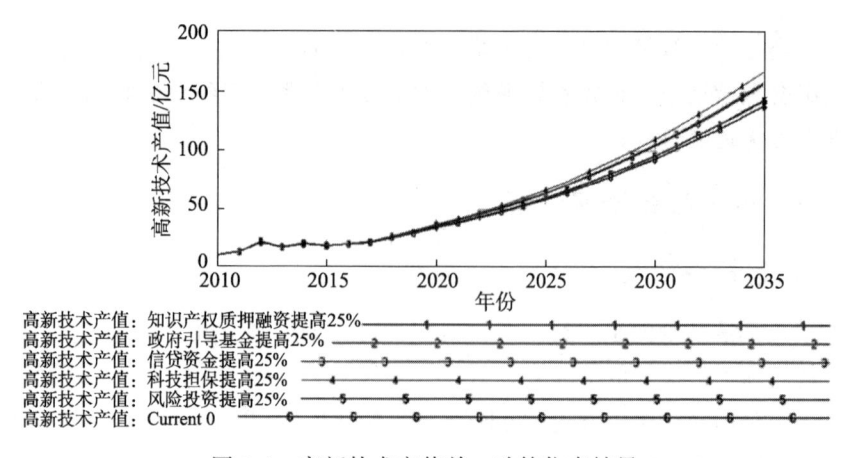

图 8-4　高新技术产值单一政策仿真结果

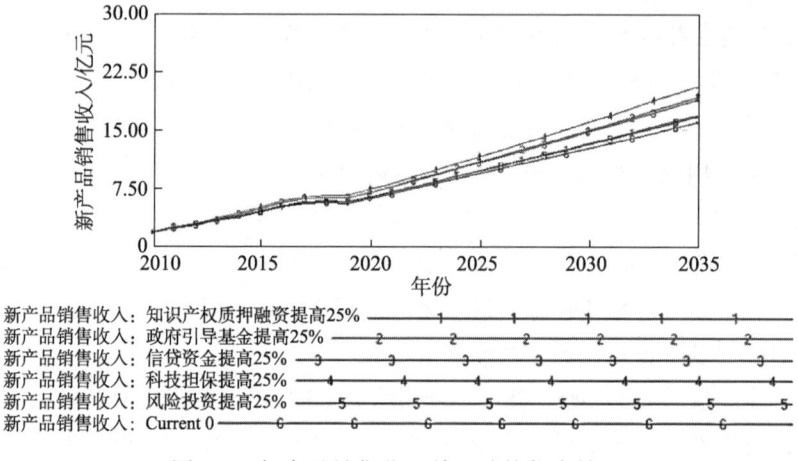

图 8-5　新产品销售收入单一政策仿真结果

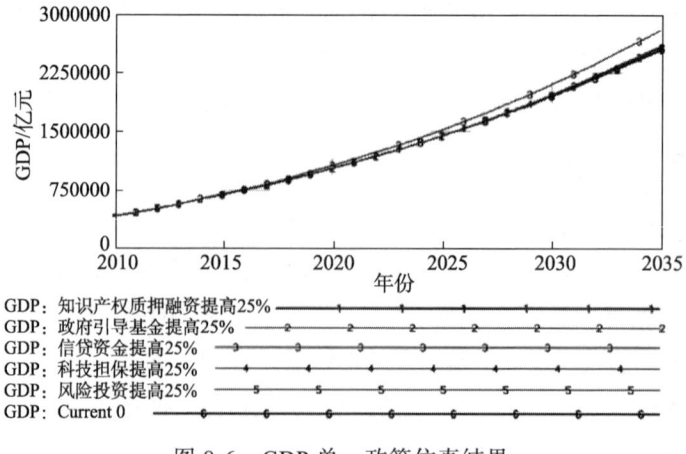

图 8-6　GDP 单一政策仿真结果

（2）各政策模拟对新产品销售收入的影响：科技担保＞政府引导基金＞信贷资金＞知识产权质押融资＞风险投资；

（3）各政策模拟对 GDP 的影响：信贷资金＞科技担保＞政府引导基金＞风险投资＞知识产权质押融资。

从仿真结果来看，单一金融支持政策对科技创新相关产出的影响呈现不同特点，具体而言：

（1）科技担保的提高对高新技术产值和新产品销售收入的影响最大，而信贷资金则对 GDP 的影响最大。可能是因为科技担保的存在会使政府和市场提高对科创企业的信用评级，从而促使科创企业从各方获取更多融资，进而极大地影响科技产出；而信贷资金虽然量级很大，但在流向科创企业的过程中由于存在信息不对称，从而造成融资约束，限制其影响效果。尽管如此，庞大的信贷资金还是会最大限度地影响 GDP，这是科技担保无法比拟的。

（2）政府引导基金对新产品销售收入和高新技术产值的影响仅次于科技担保，说明政府在支持科技发展方面仍然至关重要。政府的产业引导基金能够起到相当大的引导作用，促使资本市场将部分资金投向国家重大需求的"卡脖子"技术领域，例如近年来大力发展新能源、芯片、数控机床等高技术产业，投入这些领域资金起到"风向标"的作用，会为科创企业尤其是具有战略发展意义的"卡脖子"技术企业带来更多的资金，从而加快这些技术实现自立自强的进程。

（3）信贷资金对高新技术产值和新产品销售收入产生显著影响，这说明需要加强对科技企业的信贷支持。商业银行应重点扶持先进制造业、知识技术密集型服务业等一系列科技创新企业，为科技实体企业的发展提供优质的金融信贷服务，以金融支持科技自立自强的发展；同时，科技支行本身由于具有政策性银行的属性并可带来资金流向的示范效应，同样应重点发展和扶持科技创新企业。

根据仿真结果可以看出，动力系统中的知识产权质押融资和风险投资的仿真结果并不突出。可能是因为这二者的作用机制与信贷资金类似，但量级又不如后者庞大，但结合现实情况考虑这二者仍有不可替代的作用。尽管部分区域的知识产权质押融资和风险投资已经惠及部分科技企业，然而，从全国层面的考察结果来看，二者的影响表现并不突出。

2）组二仿真模拟分析

在组一基础上以 5% 的梯度对每种工具的投入比例进行递增，进而考察指标是否发生线性变化：若为线性，则对比得出单位梯度变化最大的金融工具；若为非线性，则单独针对该工具进行研究。

图 8-7 为情境 6 的模拟结果。如图 8-7 所示，结果并不明显。因此，组二的模拟结果统一以表格的形式展现，具体计算过程省略，仅展示最终结果。

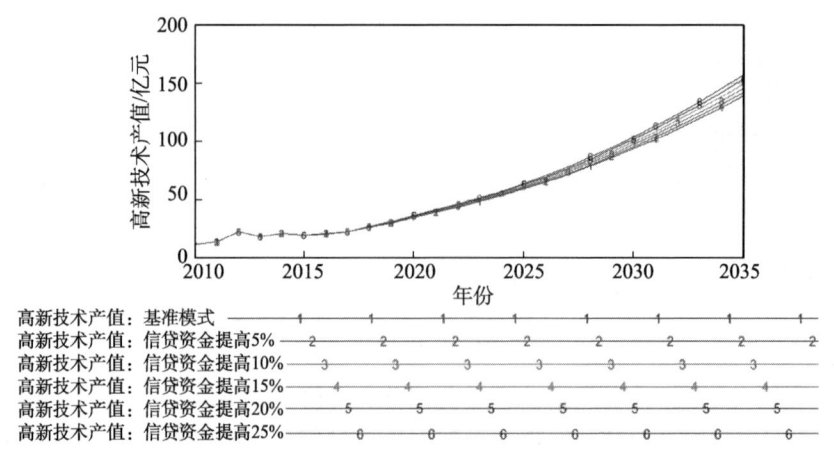

图 8-7 情境 6 模拟结果

考察指标增长幅度指金融工具每增长一个梯度对应考察指标变化率的大小。由于每年变化率不一致，故对其取算数平均。第二组模拟仿真的计算结果显示（如表 8-2 所示），对于高新技术产值而言，除风险投资和知识产权质押融资外，其他金融工具对高新技术产值均为非线性影响，且呈现边际报酬递减趋势。该结果符合经济直觉，金融工具或融资渠道本身也具有资源稀缺性，故满足边际报酬递减规律。之所以风险投资和知识产权质押融资呈线性增长，可能由于系统中二者的量级相对其他三者较小，导致其影响同样较小，在一定范围内呈线性增长特点。若继续增加其量级，可以预判其对考察指标的影响也将呈现边际递减特征，如将风险投资和知识产权质押融资的变化梯度改为 50%且增长到 200%的过程中，最终结果显示高新技术产值的变化幅度也是递减的。进一步分析表中结果可以发现，几种金融工具或融资渠道的每一梯度所带来的变化是存在差异的，且该差异和组一结果一致，即科技担保＞政府引导基金＞信贷资金＞风险投资＞知识产权质押融资，因此组二的模拟仿真是组一的一种延伸，能够更细致地比较出不同工具的成效大小，进而为后续的政策组合进行铺垫。

对于新产品销售收入，每种金融工具或融资渠道的影响大致都呈现出边际递减的特点，且这种影响的大小与组一的模拟结果相差并不大：科技担保＞政府引导基金＞信贷资金＞风险投资＞知识产权质押融资，除风险投资与知识产权质押融资外，剩下三者均与组一结果一致。对增长率取算术平均的方式可能导致最终结果与图形存在细微差别。此外，根据组一结果可知，风险投资和知识产权质押融资对新产品销售收入的影响非常接近，因此，二者按相同梯度变化时，新产品销售收入的变化率均值可能与图形结果不大一致。

表 8-2　组二政策模拟计算结果

金融工具/融资渠道	增长幅度	考察指标增长幅度		
		高新技术产值	新产品销售收入	GDP
信贷资金	5%	1.30%	2.55%	0.96%
	10%	1.29%	2.50%	0.95%
	15%	1.27%	2.46%	0.94%
	20%	1.25%	2.41%	0.94%
	25%	1.24%	2.37%	0.93%
	30%	1.22%	2.33%	0.93%
风险投资	5%	0.34%	0.67%	0.02%
	10%	0.34%	0.67%	0.02%
	15%	0.34%	0.66%	0.02%
	20%	0.34%	0.66%	0.02%
	25%	0.34%	0.66%	0.02%
	30%	0.34%	0.65%	0.02%
科技担保	5%	1.96%	3.87%	0.11%
	10%	1.93%	3.77%	0.11%
	15%	1.90%	3.67%	0.11%
	20%	1.87%	3.58%	0.11%
	25%	1.84%	3.50%	0.11%
	30%	1.81%	3.42%	0.11%
知识产权质押融资	5%	0.31%	0.64%	0.01%
	10%	0.31%	0.64%	0.01%
	15%	0.31%	0.64%	0.01%
	20%	0.31%	0.64%	0.01%
	25%	0.31%	0.63%	0.01%
	30%	0.31%	0.63%	0.01%
政府引导基金	5%	1.37%	2.70%	0.08%
	10%	1.35%	2.65%	0.08%
	15%	1.34%	2.60%	0.08%
	20%	1.32%	2.56%	0.08%
	25%	1.31%	2.51%	0.08%
	30%	1.29%	2.47%	0.08%

综合高新技术产值和新产品销售收入的模拟结果可知，这些政策在施加过程中并非越多越好，例如，把政府引导基金提高 30% 时，对高新技术产值而言，其边际增长率不如信贷资金提高 5% 的结果。当然，由于增长率为相对值，尽管边际递减效应造成单位政策效果的增幅下降，但其增量依旧可观。在此过程中，我们

可以通过政策组合实现经济效率最大化。

最后，根据表中 GDP 的模拟结果可以看出，几种金融工具中除信贷资金外，对 GDP 的影响都很小，且为线性变化，说明对 GDP 而言，信贷资金的影响最大，这也和组一结果一致。尽管几种工具对 GDP 的影响均较小，但相对而言，科技担保以及政府引导基金的影响更明显。可见，包含信贷资金在内的三种工具对三种考察指标都具有较大影响，后续的政策组合也将围绕这三种工具进行，剩下两种工具由于影响较小且机制与其他工具有类似之处，故而不再进行政策组合模拟。

（二）组合政策情景分析

单一政策有时难以实现对复杂问题的治理，需要众多政策，打好政策"组合拳"。由单一政策情境分析可知，科技担保、信贷资金以及政府引导基金在系统中是影响较大的三种金融工具。因此，组合政策重点围绕这三类金融工具开展仿真检验。

1. 政策模拟方案设定

组合政策有基准模式、政府主导、市场主导、"政府+市场"四种政策模式。具体而言，基准模式是指不改变系统中任何参数而进行的政策模拟方案。该模式旨在与其余三种模式进行对照，从而可以将其余模式的政策模拟结果相互比较并得出实验结论。政府主导的政策模式是指政府在特定领域采取主动领导和管理的政策方法。在这种模式下，政府通常会制定相关法律、规定、政策和计划，以实现特定的经济、社会或环境目标，并直接或间接地参与相关活动的实施和监督。这里假定三种工具中政府引导基金的比例最高，呈现出强的政府主导性，从而得到该种模式的模拟结果。市场主导的政策模式强调市场的自由度和竞争力，政府的作用相对较少。由于信贷资金数据包含了众多资金来源，包括银行存款、社会闲散资金等，因而这部分的投入比例占比最多。"政府+市场"的政策模式是指在金融领域内，政府与市场机制相结合，共同参与管理和引导金融活动的模式。在这种模式下，政府与市场都发挥重要作用，相互补充和配合，以实现特定的政策目标。科技担保在现实中大多由政策性科技担保公司执行，其主要为国有企业控股，但仍存在一些市场性质的盈利性担保公司，故将其视为"政府+市场"的结合体。

结合三种金融工具和四种政策模式，设定不同金融工具政策模拟方案，如表 8-3 所示。其中，基准模式为对照组，即在不进行任何政策调整的前提下观察指标变化，其作用在于能够与后三种模式的政策施行效果形成对比，对现实中延续当前政策时的最终指标变化提供参考。其余三种政策模式均建立在基准模式之上，每种政策模式下的三种工具的投入比例均有所不同，通过提高一倍的总投入比例，考察最终指标的相对大小。

表 8-3　金融支持科技创新的政策模拟方案

工具	模式			
	基准模式	政府主导	市场主导	政府+市场
信贷资金	不调整	提升 25%	提升 50%	提升 33.3%
科技担保	不调整	提升 25%	提升 25%	提升 33.3%
政府引导基金	不调整	提升 50%	提升 25%	提升 33.3%

2. 基准模式仿真

基准模式旨在对比观察其余政策模式的施行效果。在该模式下，信贷资金量模拟数值每年约增长 7%，科技担保量模拟数值每年增长 15% 左右，而政府引导基金模拟数值每年增长 8% 左右。如图 8-8 所示，高新技术产值在基准模式下每年以 10% 左右的增长率保持增长，在图 8-9 中，新产品销售收入则是每年以 7% 左右的增长率保持增长，而在图 8-10 中，GDP 以 5% 左右的年增长率保持增长。可以发现，在基准模式下，三种考察指标仍保持相对稳定的增长率逐年提升。

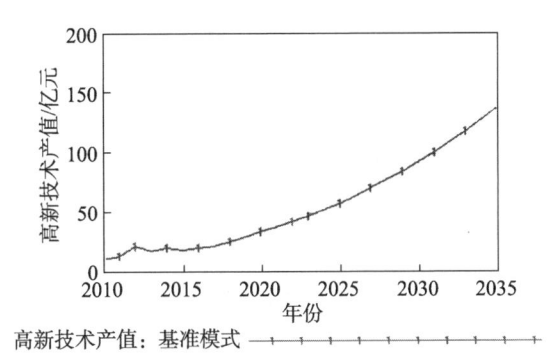

图 8-8　高新技术产值基准模式下政策模拟

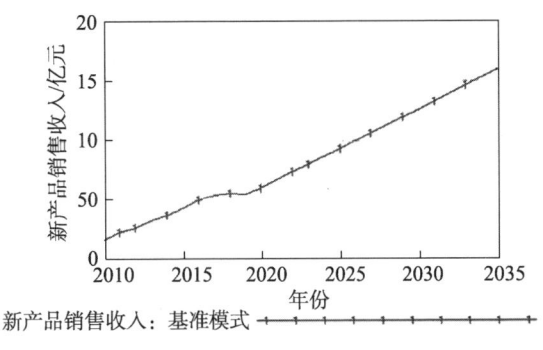

图 8-9　新产品销售收入基准模式下政策模拟

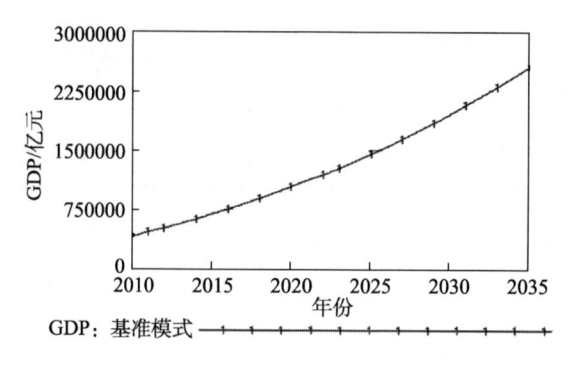

图 8-10　GDP 基准模式下政策模拟结果

3. 政策模式综合比较

进一步将四种政策模式进行对比，进而得出对三种考察指标提升最大的政策模式。如图 8-11 至图 8-13 所示的仿真结果，"政府+市场"模式对高新技术产值

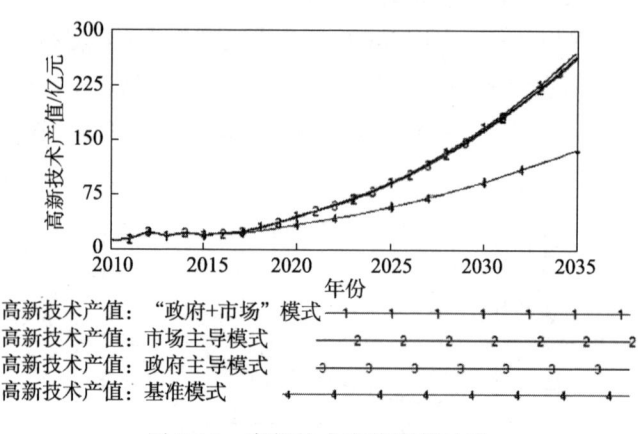

图 8-11　高新技术产值模拟结果

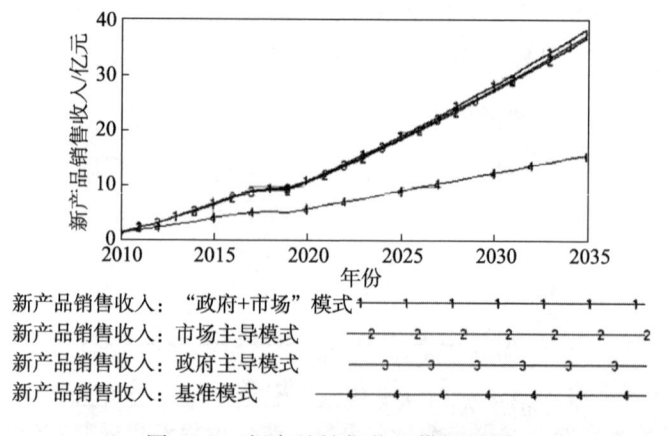

图 8-12　新产品销售收入模拟结果

图 8-13　GDP 模拟结果

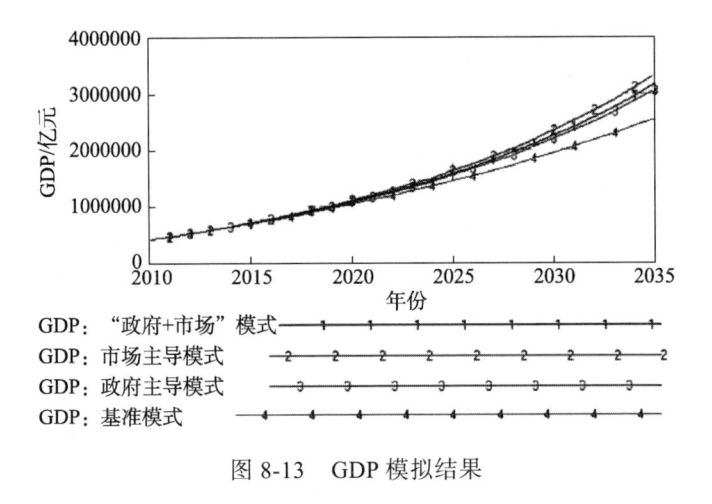

与新产品销售收入的提升最大。经计算，对高新技术产值而言，"政府+市场"模式在基准模式之上的提升比政府主导模式高 1.87%，比市场主导模式高 2.61%；对新产品销售收入而言，"政府+市场"政策模式在基准模式之上的提升比政府主导模式高 3.90%，比市场主导模式高 5.51%。结果说明，无论是提升创新质量还是扩大创新规模，"政府+市场"的政策模式都更有成效，也最有效率。

四种政策模式中政府主导模式的政策效果始终比市场主导模式更加明显，符合我国现实情况。在我国金融支持科技创新的政策演进过程中，政府具有主导效应。自 2006 年以来，各类科技政策相继出台，科技创新产出及成果不断增长。然而，仅仅由政府驱动科技创新的内生动力显然是不够的，需要众多科技企业自身焕发蓬勃生机，于是我国进一步对多层次资本市场进行完善，通过设立科创板等为广大科创企业提供融资便利，旨在引入更多市场力量弥补此前仅靠政府驱动的创新发展模式。

此外，对于考察指标中 GDP 的模拟结果，市场主导模式带来了更大提升。由于系统中 GDP 的影响因素过于单一，其作用更多体现在观察历史检验是否符合实际，影响因素仅直接来源于两个部门的产值，即传统产业产值和高新技术产值，而恰恰信贷资金的庞大量级会对这两部门的产值带来很大提升，因此市场主导模式对 GDP 的提升最大，结论存在一定合理性。

三、仿真结论与政策启示

前文运用系统动力学的方法，建立了金融支持科技自立自强系统模型。本章结合前文的模拟情况，在我国市场、政府、企业等系统之间的反馈机制基础之上，设定不同的政策模拟方案并得出以下主要结论：第一，在单一政策模拟仿真中，扩大科技担保规模对创新带来的影响最大，其次是政府引导基金，再次是信贷资金。第二，在此系统中，知识产权质押融资额与风险投资额的仿真结果并不出色，可能因为这二者的作用机制与信贷资金类似，但量级又不如后者大。第三，在单一政策模拟的结果之上，本章还对其中表现较好的三种工具进行政策组合模拟。模拟结果表明，兼顾市场因素和政府引导的政策模式会产生更好的创新效益。

结合我国政策设计与实践情况，上述模拟仿真研究发现对政策优化改进具有几点重要启示。

1. 提高支持性资金的配置效率

一是明确财政资金引导途径，增强资金运行效率。加强机制建设，充分发挥财政资金的引领作用，协调财政与金融职能定位，科学引导信贷资金。加强政府统筹能力，联合财政、发改委、人民银行等部门，共同对重大科技创新项目规划进行科学实践。此外，建议设定新兴产业发展专项资金，增强重点产业链环节的开发应用和科技成果转化的专项资金支持。二是优化财政资金利用方式，提高资金效益。扩大补贴和奖助范围，及时发布重点建设项目的融资需求，并定期组织项目建设单位和银行机构进行对接，解决存在的问题，加快项目建设进程，实现双赢局面。建议根据不同区域特点，采取内外结合的方式，加强专家指导、设计、策划和推进工作。

2. 提升政策性科技担保服务能力

推动政策性科技担保发展完善，提高科技担保业务的服务质量和效率。提升服务便利度，不断提升高层次人才和科技企业在融资方面的满意度。增强科技担保业务对风险的准确识别能力和水平。加强对无形资产价值的评估和判断，综合评价创始人、创始团队的能力以及产品市场前景等因素。推进科技担保平台向资本赋能转变，创新科技担保产品。对于区域科技担保公司，可根据当地产业特点，优先在某个行业开展"以担促投"的业务模式。

3. 激发政府引导基金活力

支持引导基金增强内生能力，集聚资本支持关键科创企业发展。加强顶层设计，科学规划和布局各级引导基金。通过资本的强有力支持，推动万亿、五千亿和千亿产业的形成。畅通基金退出渠道，确保引导基金能够在实现政策目标后有效退出。明确引导基金的基本定位为吸引和培育领先企业，依托重点产业链，推动引导基金与上下游企业协调合作，形成健康的产业生态系统。

第九章

金融支持科技自立自强的战略举措

总体思路：金融支持科技自立自强战略遵循"科创主导，金融协同，夯实基础，整合资源，聚焦重点，优化机制，创新产品，科学监管，生态可持续"的思路。以科创主体为主力军，瞄准重点行业领域强化金融资源供需配置效能；以银行机构为核心，推动组织与管理创新，加强科技金融专业力量，加大金融市场产品与服务创新；以创新机制为抓手，多维度健全风险管理体系；发挥政府核心作用，加快公共金融服务数字化基础设施建设，不断完善满足科创主体需求的市场体系；优化宏观管理与治理机制，推动形成政策合力，发挥政策引导的杠杆作用，健全金融支持科技创新的政策保障体系；积极构建科技金融生态，推进金融支持科技自立自强战略的可持续发展。

根据前述章节的研究分析与结论，梳理各个章节的政策启示并进行丰富扩展，围绕着组织机构与管理、金融产品与服务、风险管理、基础设施与市场体系、政府支持与宏观管理、科技金融生态建设等六大方面，提出金融支持科技自立自强战略实施的十七条举措。

一、组织机构与管理模式

（一）增设科技银（支）行等专营机构，充分发挥商业银行金融支持作用

设立并优化布局"科技金融中心"，各类银行金融机构要提前谋划、合理布局，结合区域特点、加强市场预判，深入调研区域企业科技创新进展和金融服务需求，按照地区产业结构特征和发展规划来增设以科技型企业为金融服务对象的"科技银（支）行"，加快构建专业化科技金融经营体系。

加快科技支行组织管理、业务模式、服务方式等方面的创新。在知识产权价值评估、服务流程、业务审批、投贷联动模式上加快创新改革步伐。优化科技支行的审批流程。对不同类型和发展阶段的科创企业，采用专门的授信授权政策和专项拨备政策来进行评估和审核，开发专门的科技企业信用评级模型判断企业发展态势。使用科创评价体系对知识产权进行"信用化"。降低贷款审批中现金流的参考位置，对创新能力强、市场潜力突出的企业给予差别化增信支持。采用重大项目联审、专职审批等多种风控模式。应用数字科技，构建多维度的全指标动态评价体系，去动态识别科创企业风险。

给予地区科技支行政策和权限倾斜，灵活匹配地区产业结构和资源禀赋相匹配的科技金融政策。为当地高科技企业贷款制定单列授信规模、简化授信审批，从制度上落实"一站式服务"。减少总行在知识产权产品应用权限上的审批层级，在产权质押业务上给予更多转移资金优惠，适当提高风险容忍度。

（二）加强与风险投资机构合作，对特定行业放宽经营限制

鼓励商业银行加强与风险投资机构的合作，商业银行通过向风险投资机构学习各行业的经营特点和投资知识，从而提高自身对贷款客户的判断力；通过风险投资机构的引荐或后续投资策略，商业银行可以更有效地寻找优质的初创客户。鼓励多方主体协同开展"股、贷、债、期权"结合的投贷联动业务模式创新，加快构建优势资源和利益共享机制，破解"明股实债""我贷他投"等传统投贷联动业务的松散合作问题。根据合作对象的不同，探索匹配的协同融资模式，如"贷款+对外直接投资"模式和"贷款+远期股权"模式。

完善信贷和股权投资业务的风险隔离体系，在风险隔离体系下，以投贷联动创新为业务切入，以科技银（支）行为服务窗口，探索商业银行混业经营"试点"。建议修改《中华人民共和国商业银行法》第四十三条和《贷款通则》第二十条对商业银行经营范围的限制，允许商业银行在风险隔离的前提下，能够以适当方式及范围内参与股权投资。建议重点支持航空航天、先进材料、智能制造、芯片制造与信息技术等行业或技术领域，允许特定的金融机构在对上述特定行业内的科技企业发放信贷资金的同时进行股权投资，开展混业经营"试点探索"。

（三）加强科技金融人才队伍建设，打造专属团队提升专业化服务能力

加快金融机构科技金融复合型人才储备。注重对理工科背景的人才储备，重点关注"财经+科技"等复合型人才的招聘选拔。强化内部金融从业人员的培训，改变传统信贷思路，培养熟悉科技金融领域高风险、高灵活性的业务评估方式与

风险管理模式，重塑风险偏好。重点打造一支既具备现代金融知识又熟悉科技产业技术的专业化跨界人才队伍，对外做好企业的"金融顾问团"，对内做好金融机构的"科技专家"，有针对性地建设面向科技型企业的金融服务模式与管理体系。

引导银行等金融机构在科技金融业务领域成立专业部门，按照行业细分领域组建专属团队，深耕电子信息技术、生物与新医药技术、新材料技术等国家重点支持的高新技术领域。专业部门须加强与政府部门、科研单位、科技园区、金融同业机构等的交流与合作，全面提升对高新技术产业发展的识别和把控能力，搭建好科技创新与金融服务之间的连接桥梁。

建立健全金融机构内专业团队（或部门）的激励考核制度。开展针对科技金融业务的专业化团队（如科技信贷）的激励考核体系、绩效管理办法等方面的制度研究；注重机制建设和资源配置对顶层战略的配套支持作用，创新人才、业务管理等方面的激励方式与策略，健全科技金融业务（如信贷投放）的授信尽职免责制度，营造"敢贷、愿贷、能贷、会贷"的政策环境。

二、金融产品与服务创新

（一）积极推进知识产权类金融创新，完善产品服务体系

多方协同加快构建完备的知识产权价值评估体系。整合高校、科研院所、行业机构等优势资源，建立专业权威的无形资产评估机构（或组织），探索多元化的知识产权成果转化质量评价体系。推动金融机构实施科创评价体系，将知识产权等无形资产科学规范地"信用化"，加强内部风险评估和资产评估能力建设。

完善创新知识产权质押等传统信贷产品，持续完善并推广"财政+金融"产品（如科技小额贷等），创新"贷款+选择权"业务合作模式。鼓励金融机构探索以"专利联盟"为质押对象的知识产权质押融资业务创新，积极推进"专利+资产""专利+商标""超级专利"等知识产权混合或整体质押模式，持续探索专利许可收益权质押融资等新模式。开展专利组合、知识产权证券化等创新型知识产权产品，联合各企业有价值的专利产品，以"创新链""产业链""供应链"等整体为服务对象，扩充证券机构产品种类，打造高价值、超强抗风险能力的专利，作为整体抵押物向银行申请贷款和进行 ABS 融资。

（二）构建多方合作机制，创新业务合作模式

加强全国或地方知识产权质押融资平台建设，建立全国性产权流转交易市场，持续提高产权流转效率。政府监管部门与金融机构协调联动，建立起知识产权质

押融资白名单双向推送机制。建立完善知识产权交易中心（或绿色通道），将知识产权质押融资功能纳入地方科技金融服务中心（或平台）业务范畴。

推动建立健全"银政保企担"多方合作模式下的风险分担机制，完善担保、抵押、保险等风险分担功能，加快政府担保、贴息补助、风险补偿等多种政策制定，持续完善"银行+知识产权质押+担保（或抵押）+保险"的综合业务模式。建立"绿色通道"机制，探索知识产权质押融资风险补偿基金等多种金融服务范式。借助无形资产评估机构，提高知识产权质押政策"一企一议"的执行效率。

（三）持续创新投贷联动业务，不断探索服务新模式

优化信贷决策机制和信贷技术，完善科创企业的信息评级技术，针对不同评级状况的中小企业采取差异化的贷款期限与利率，使得利率与企业成长挂钩，提高银行利得，例如远期共赢利率、"银税互动"贷款、"优惠固定利率+普通利润浮动利率"的定价模式和"先低后高"的阶梯式贷款利率定价模式。

在非投机原则和隔离原则下配套审慎监管措施，商业银行在风险可控前提下进入投资市场，以信贷和利差收益为主，在投贷联动业务中应该围绕信贷来做配套的权益性投资。商业银行应该为科技企业建立客户准入、信用审查和信用管理的独立信贷审核机制，除了财务指标外，增加对企业技术和专利水平、研发团队、人才吸引、行业发展、市场前景等关系到企业成长性的因素评估。

加强银行内外部协调合作。根据科创企业不同成长阶段，完善投贷联动业务模式及创新服务策略，如对初创期企业坚持"先投后贷"，并持续为企业提供"投资+贷款+IPO保荐"等链式服务；对成长期和成熟期的企业坚持"投贷升级"，在常规投资、信贷等业务之上，为企业提供并购融资、财富管理等高附加值服务。围绕着科创企业的未上市股权、知识产权、对外债权和收益权等，建立"科创基金"联合体，充分运用债券、股权、代理、租赁、投顾等工具，从客户拓展、风险缓释、信息共享、风险评估、企业上市等方面拓宽科技金融服务生态圈。

（四）构建差异化信贷决策与金融支持体系，推进金融科技应用

优化银行等机构的信贷决策机制，提升金融支持效能。积极借鉴先进经验，完善科技企业的信用评级模型及决策技术，针对科技型企业基础研究、应用研究、试验发展等不同阶段，建立差异化信贷决策体系和金融支持模式。商业银行等机构重点瞄准创新链和企业发展的薄弱环节，围绕各类政府资质、补贴项目、补偿机制、培育库企业等，不断调整优化科技信贷产品或服务方案，提高科技型企业

的融资效率。针对不同特征的科技企业采取差异化利率定价。根据科技型企业的特点及发展阶段，结合信用评级模型等技术方法，完善"长短期"差异化贷款利率期限和定价策略，创新"银税互动""优惠固定利率+普通利润浮动利率""先低后高阶梯定价"等多种定价模式及其组合策略，有效匹配科技企业不同发展周期的融资需求。

加强科技手段与金融服务的结合能力。商业银行在科技金融服务过程中，重视并加大金融科技创新投入水平，推动金融业务、金融服务、金融产品等与大数据、云计算、人工智能、区块链等信息技术的深度融合，充分利用"科技流"优化提升企业信用评价模型、知识产权评估模型等，进一步探索和开发新商业模式、业务流程和金融产品，提升金融支持科技活动的精准性。深度挖掘"互联网+"时代客户需求的变化，围绕核心科技企业的供应链、产业链等生态群成员，利用新兴技术、大型平台企业合作等方式，介入供应链运营管理与金融服务供给匹配过程中，整合真实交易的数据，积极探索以"数据质押"为核心的供应链金融业务；深入探索标准化、组件化的供应链金融产品或服务，通过产品服务组合等创新实现对围绕核心科技企业的供应链、产业链群体成员的精准高效金融供给，提升银行等机构对核心科技企业的全方位、系统性金融支持。

三、风险管理模式与机制

（一）优化风险管理模式，建立专业化风险治理团队

积极利用大数据、人工智能等新兴技术手段，对客户准入、信用审查、信贷管理等业务点进行数字化转型，着力加快优化信贷审核机制，规避传统信贷审核的风险因素。在客户准入和贷前调查中，增加对企业技术和专利水平、研发团队、商业模式、市场前景等重要因素的评估；贷款审核时，组建由技术、风投、政策专家等组成的联合信用审核委员会，探索建立"开放式审贷"机制，多维精准评估项目的信贷风险；在贷后检查过程中，除了分析财务指标等显性经营业绩外，还应关注人才吸引、技术、行业发展前景等隐性经营业绩，将企业的成长性和可持续融资性纳入多层次的评价因素，细化信贷资金投向，提高信贷资金的使用效率。鼓励各银行机构专注细分领域、聚焦单一行业，提升业务开展与风险防范的专业性、精准性。加强投贷联动业务参与多方的沟通，构建信息交流平台与业务监管平台，提高投贷联动投资匹配效率，减少业务风险发生概率。

加大对"卡脖子"技术攻关项目的政策支持，建立健全支撑科技创新的差异化金融支持体系与监管模式。鼓励金融机构以重点区域、重点领域、重点企业为

试点对象,以投贷联动、知识产权质押、供应链金融等业务为核心,开展金融创新支持科技创新的试点工作,探索新型"试点"经验模式。推动监管部门构建匹配试点对象特点及业务特征的金融支持科技创新的"监管沙箱"模式。持续迭代优化科创企业专属评级授信模型,多维度掌握企业发展状况和需求特征;适时开展科技型企业信贷规模等指标监测,监控科技贷款规模与流向,加强科技信贷风险管理水平,动态防控金融风险。

聚焦科技自立自强的细分领域,组建专业化的科技金融风险管理团队。利用大数据、人工智能、区块链等技术及时掌握科技信贷业务的风险变化情况,完善数字化风险控制的制度机制。鼓励科技金融业务机构通过"引智""借智",先行组建信息技术、生物医药、新能源、新材料、智能制造等产业科技专家团队,与金融专家共同组建高水平科技金融专家库,在产业投向、技术方向、技术风险、市场风险、信贷评估与决策等方面为科技金融提供支持,不断强化风险管理团队的专业素养。

(二)完善风险补偿机制,创新风险缓释产品

加快建立专项风险补偿基金,不断完善风险补偿机制,积极探索与保险公司或科技担保机构合作,建立"担保+信贷""保险+信贷""风险基金+信贷"等多元化风险补偿模式。协同建立层次清晰、权属明确的风险分担机制,充分发挥政策性银行的政策导向作用,激活商业银行的资金流通与信息媒介功能,统筹各类银行机构的金融资源配置,聚焦提升科技金融融资服务质量。

针对"卡脖子"技术攻关企业,积极推出风险缓释类金融创新产品,建立差异化政策,推行专属金融服务体系,如专职服务组织架构、专业风险管理策略、专项激励机制、专属授信管理方案等,适当提高不良贷款风险容忍度。积极推动风险评估条件下的企业"白名单"库建设,引入并健全政府对"卡脖子"技术研发的信用担保机制,有效为金融机构提供融资决策依据。

(三)提升网络防御能力,确保科技数据安全

科技企业着重加固网络安全防御系统,加强内部数据管理,实现数据脱敏与隔离。对于高新技术、关键技术攻关类企业要树立"数据风险"意识,积极建立数据分层管理机制,确定各类数据信息的共享范围、管理权限、开放边界等。积极探索建立"数据保护"机制,明确数据泄露与保护责任制度,如在商业融资过程中可以申请信息披露暂缓、豁免、滞后公开等,形成敏感数据的"识别—脱敏—解密—评估—流转"闭环管理模式。

四、基础设施与市场体系

（一）加快金融基础设施建设，提升金融支持能力

构建科技企业信用评级制度，健全企业信用信息共享机制。重点建立以"新一代信息技术、高端装备制造、新材料、新能源、节能环保、生物医药"等为主的细分标准的科创行业目录，围绕"研发投入、科技人员、发明专利、产权转化、高新技术企业认定、科技奖励、科技项目实施结果"等指标，建立符合科创企业特点的技术与成长评价体系。加强不同行业、不同类型企业"软实力"数据作为信用资源进行整合，重点建立科创类企业的信用评级制度，建立"白名单"企业库，鼓励"白名单"（或认证凭书）作为关键数据材料用于企业信用评估，推动专属型科技企业信用评价体系建设。注重技术与成长评价、信用评价等信息的共享与应用，不断引导金融资源向关键科技领域精准配置。

建立省市级"金融服务中心"，提高金融领域的公共服务效率。借鉴已有经验（如北京），创新设立集"信贷、担保、股权、税务、债权、保险"等功能于一体的综合服务中心，遴选大中小各类型相关金融机构及政府相关部门集中入驻现场办公，进一步简化企业融资流程，降低融资成本，提升金融服务的场景适应性和行业普惠性；重点利用中心共享政务数据、企业金融服务信息等，搭建信息数据共享走廊，打通多方数据通路，搭建科技金融的"一站式"服务平台和数据共享平台，形成全方位金融服务新格局。

健全完善知识产权法律制度。加强知识产权立法保护力度，加大共享高价值知识产权科创企业名录，建立健全标准化产权评估流程和评估机构准入标准，强化政府提供公共服务的激励机制，促进知识产权的市场流转效率，构建高质量知识产权筛查淘汰机制以提升产权科技含量，持续强化高质量知识产权变现能力。制定专业化、全面化的知识产权质押融资类法律条款与业务监管制度。

加强科研诚信制度化建设，夯实科技创新基石。通过激励制度建设，有效兼顾"科技创新"的长期评价与短期评价、过程评价与结果评价、当前研究成果的潜在价值和日后创新效果之间的关系。加大科研资助向基础研究倾斜，弥补创新短板。激励顶尖科学家等高精尖缺人才队伍，发挥政府在顶尖科学家等高精尖缺人才队伍建设中的核心作用，多措并举，吸引人才。加快创新容错试错机制建设，不断完善制度设计与法律法规，为原始创新提供宽松制度环境。

推广互联网金融信用体系建设，缓解企业与银行间的信息不对称。重视互联网金融企业、互联网科技企业在金融支持科技创新过程中的补充作用；加强与上述行业龙头企业的合作联系，利用其大数据、信息技术、创新思维等方面的优势，

挖掘市场科技资源与金融资源配置的新方式与新路径。通过政策支持、联合孵化、共同参与等，探索互联网类公司在科技型企业中小额融资方面的机制与模式，发挥此类行业企业对科技创新支持的重要补充作用。

深化科技金融各个环节的数字化建设，着力推进科技赋能，围绕着科技金融产品生态、业务模式、利益相关者，构建数据实时、标准统一、风险可控的大信息共享平台。围绕符合多方共识标准的"白名单"科创企业库目录，加快与国家信用信息、政府类科创信息、知识产权信息、投银保基等机构数据平台的互联互通，加强数据共享治理，推动金融业务与科技活动的双向融合转化，实现科技创新与金融业务的有效融合，激活科技金融全链条的数字化价值创造力。

（二）加快完善直接融资体系，构建多层次资本市场

以注册制改革为重点抓手，进一步完善发行上市、并购重组等制度机制，加快健全多层次企业上市制度体系；借鉴国外先进经验，积极探索"升降板"的公司资本市场管理模式。支持各类创新企业依法规范地进入资本市场，联合多方主体营造良好资本市场融资环境，推动完善法治、财税、产权和投资权保护、程序约束等配套制度，持续加大资本市场发展的政策协同效应。加强债券市场各机构间互联互通，推动交易所债券市场对外开放，持续完善债券发行登记制度，加大对科技创新企业发行公司债、企业债、短期融资券等支持能力。统筹推进科技融资的政策体系和职责明确的制度体系，借助于数智技术等手段，加快提升直接融资监管的科技化、智能化、有效性。

加快构建功能互补、有机衔接的多层次、多元化资本市场，满足科技产业不同类型、不同发展阶段的融资需求。在现行法律法规框架和商业自愿原则下，建立拟挂牌及上市企业培育库；坚持科创板服务"硬科技"和创业板服务"三创四新"的定位，充分发挥其支持科技创新的功能与机制，大力推动"硬科技"和"专精特新"等后备高科技企业上市；明确北交所在科技企业上市融资方面的战略定位，与其他交易所形成差异化、特色化发展模式，充分发挥其服务创新型企业的核心作用。资本市场各类主体要加强互联互通，补齐服务短板，创新服务策略，形成不同成长阶段和不同类型的科技创新的差异化、个性化资本市场支持策略与链条，扩大资本市场服务实体经济的广度、深度和强度。

健全完善风险投资体系。建立专业性统一化的风险投资项目交易平台，促进资金项目等供需信息共享。通过完善法律法规及制度机制等，进一步规范风险投资主体、对象、运行机制、退出机制、监督管理，为风险投资的介入提供坚实保障。加大政府对风险投资行业的引导支持作用，适度放宽准入门槛，通过设立基

金、财政补贴、优惠贷款等政策扶持,鼓励更多民间资本参与,促进风险投资主体的多元化转变,丰富参与风险投资的资本结构;充分利用创新资本的不同投资目标、能力和优势,为企业创新活动提供更加专业化的资源和规范化的管理。推动政府直接资金支持向间接购买的模式转变,降低科研经费对政府资金的依赖;促进风险投资与高校、科研机构、创新企业的合作联系,鼓励各类创新主体主动吸收风险资金,利用其专业的增值服务和社会信息网络,推动科技成果加速转化。

(三)大力发展保险市场,构建科技保险体系

研究建立科技保险的激励和补贴政策,将科技保险的"保费补贴"纳入政府预算,加大与企业创新活动直接相关的险种补贴力度,并适时扩大补贴保险范围。在保险公司和重点高校设立专项基金,支持科技风险管理的理论研究和研发创新。持续开展科技保险试点和知识产权保险试点工作,加强高科技公司的专业风险研究和数据积累,促进保险保障和信用补充体系不断完善。

保险公司应探索构建与科技创新企业激励相适应的利益约束模型。示范推广"一揽子"保险解决方案,探索改进"银行+保险+企业""保险+股权投资"等多种业务合作模式,鼓励保险公司参与科技创新企业的运营管理。保险机构应对战略性新兴产业或大型产业技术项目前沿等深入研究,探索建立符合大型科技项目特点的保险共同体(如中国核保险共同体),提高对大型高科技项目的承保能力,稳步探索推广以赔偿限额进行承保的新模式。

五、政府支持与宏观管理

(一)发挥政府核心作用,推动形成政策合力

加大政府对科技创新产业的政策支持力度。瞄准科技创新前沿,与科学技术部、工业和信息化部、商务部等部委和高新技术企业开展战略合作,组成联合工作小组,共建科创企业智库。鼓励国家及地方设立一批科技攻关类专项基金,面向重点领域、"卡脖子技术"、重大科创项目、自主可控技术等加大资金支持力度,大力推进核心领域技术攻关。加强顶层设计与战略谋划,统筹部署,针对高新技术园区、产业园区、经济试验区等重点区域提供差异化金融服务政策。鼓励各地政府与企业主体针对关键技术领域、重大创新项目等探索金融支持新模式、新方法;加强在人才引进、税收优惠、贷款服务、投资融资等方面的政策倾斜,全方位营造良好的政策及制度环境,激发科技创新活力。

以政府职能转变为契机,优化财政支持途径。政府机构在财政预算与投入时,

优先考虑科技创新的重点领域，将财政资金有效向预算支出配置较少、金融门槛较高的领域倾斜配置，及时缓解薄弱环节与重点领域的资金约束和融资需求，最大限度发挥财政资金的杠杆效应。积极转变财政资金投入方式，可以引入竞争性机制购买服务、减税优惠等方式支持科技领域发展。发挥地方财政资金作为政府信用资本的带头引导作用，通过产权交易、重组并购等方式吸引社会资金、信贷资金等机构参与，有效地撬动多渠道融资对科技创新企业和战略性新兴产业的有力支持。

加大结构性货币政策支持力度。通过适时推出再贷款或定向降准等方式对科创企业实施金融政策支持；重点探索将金融机构服务科创企业的情况纳入宏观审慎评估体系的可能性；建议金融监管部门加快出台针对性考核评价办法，如在增量占比、余额增速等方面对国家重大科技创新领域的信贷资源支持进行明确规定。

创新资金撬动方式，提升资金使用效益。建立健全监管部门及金融机构等业务部门有关贴息贷款的监测、评估和激励制度。加大对分散性财政贴息资金的整合力度，继续扩大财政贴息、奖补支持范围，支持传统产业中重点企业的设备更新、智能化改造、技术/工艺/产品创新等重点项目与关键技术领域，适时根据企业技术与生产周期变化调整政策支持范围与力度。通过银行准备金补贴、贴息补偿、贷款损失补偿、风险投资损失补贴、税收补贴等方式对金融机构进行补偿，不断完善科技金融业务的风险补偿机制。

（二）发挥政府专项基金的杠杆功能，提升引导基金活力

优化政府专项基金（或科技类攻关专项基金）配置，加大对高新技术产业链主企业、关键技术攻关企业、创新示范带动企业以及产业链关键环节的产业化应用及科技成果转化等主体提供专项资金支持；出台激励政策鼓励并吸引银行信贷、民间资本等金融资源参与，提高金融资源在三次产业间、重点行业间的配置效率。整合科技部门、银行、担保或保险公司间的多方力量，加快探索设立联合担保基金，共担风险收益，为科技金融提供有力保障。

加快提升引导基金的管理效能，增强引导基金的市场运营活力。率先着力优化基金管理的顶层设计，明确管理主体和职责边界，减少低效管理环节，建立市场化激励约束机制，吸引和稳定专业化人才，激发市场化经营活力。推动存量基金提前退出，健全完善引导基金的退出政策与制度机制，确保引导基金完成目标后能够有效退出，提高基金资金的周转率。优化调整返投政策，重点要优化返投口径，降低返投要求，加大政策目标实现和让利的挂钩力度。

发挥地区协同效应，建立合作联动机制。各省、市级地方政府间进一步加强

沟通，谋划地区间战略合作，减少邻近地区间同类型同功能的引导基金竞争与挤出。适度放宽区域投资限制，允许投资供需失衡地区的基金利用部分资金投资发展相邻区域的产业，提高政府引导基金的资金利用率。不同地区政府引导基金间要加强合作，增进"协同效应"，实现区域间基金架构的优劣互补、结构升级、协调发展。

（三）完善政策性科技担保服务体系

着力发挥政府部门在政策性科技担保体系建设中的主导作用，增强科技、产业、人事、财政、金融监管等部门间协同效应，加快构建完善的政策性科技担保服务体系。加快强化地方政府对科技担保业务的支持力度，如加大对科技担保公司资本金补充、科技担保风险补偿、保费补贴政策等；提高地方政府对科技担保行业发展的认知，对科技担保业务提高代偿容忍度、创新评价监督等管理机制。

加强对科技领域细分市场开展行业研究，明确政策性科技担保重点支持领域。结合地区发展实际，加强对科技企业成长规律、风险特征和价值研究，根据成长期、成熟期等不同发展阶段的科技型企业，创新担保业务对不同阶段企业持续经营发展的融资支持模式；推动政策性融资担保资源向重点企业、关键技术、重要领域行业等倾斜，重点关注对"卡脖子"技术类企业、关键转型升级类制造企业、战略性新兴产业等的担保支持。

建立联合担保基金，创新科技担保业务模式。加大政府推动作用，建立科技部门、商业银行和担保或保险公司等多方合作的联合担保基金，各方按一定比例承担风险；探索省、市科技担保机构分保、联保模式，加大各级政府在科技企业的投资、税收、贷款利率、征信体系建设等方面的引导推动作用；在各主体风险分担和代偿率条件前提下，创新专利权、商标权等无形资产质押融资业务，探索技术类产权资产证券化模式，创设匹配不同行业融资特点的特色科技担保业务体系。

六、科技金融生态化建设

加快建设国家级自主创新示范区，形成金融创新和科技创新集聚协同的示范效应。吸引具有比较优势的银行、保险、风险投资、担保、证券、信托、金融中介等机构进入示范区，深度融合示范区产业政策和金融特色化服务，促进产业布局、创新布局与金融资源的有机结合，推动园区发展和机构科技金融生态体系发展协同并进，构建线上、线下科技创新综合金融孵化生态，加快打造形成具有示范效应的科技金融生态体系和科技创新模式。

促进高新技术产业集聚，发挥科技金融的正向外溢作用。各地区或示范区域内，加快吸引特色重点、技术潜力大的产业机构聚焦，加大各区域间政府的政策引导和协同力度，打造高技术创新型企业主阵地，形成"大片区"形态的高新技术产业集群，打造跨区域特征的科技资源及创新集聚高地。进一步加快"大片区"内的科技金融资源"核心地"建设，充分发挥科技金融资源集聚城市（或中心）的正向溢出效应，合理溢出覆盖周边产业集聚区域，在高新技术产业"大片区"集聚内形成科技产业与金融资源的"双集聚"合理配置，共同提升产业集群的金融服务能力和科技创新能力。

探索科技金融资源体系整合，形成层次分明、功能差异、优势互补的金融服务生态系统。以企业金融需求为核心，强化银行机构与投资机构、保险机构间业务信息互通，为企业制定"一揽子"综合性科技金融服务方案；支持律师事务所、会计师事务所、资信评估机构、专业市场调查机构等领域主体积极参与科技金融领域的服务与创新，为科技型企业提供多元化协同支持与保障。树立多方主体间合作共赢的长期发展理念，发挥金融机构规模优势和资源优势，提高资源配置效率，探索从发现企业价值到共同创造企业价值的服务模式转变路径。

参 考 文 献

[1] 习近平. 努力成为世界主要科学中心和创新高地[J]. 求是，2021(6)：4-11.
[2] 林念修. 坚持创新在我国现代化建设全局中的核心地位[J]. 中国经贸导刊，2022(10)：10-14.
[3] 国家发展改革委党组理论学习中心组. "十三五"时期我国经济社会发展成就与经验启示[N]. 人民日报，2020-09-22(09).
[4] 武力. "十三五"时期我国经济社会发展成就显著[J]. 红旗文稿，2020(20)：34-37+1.
[5] 国家统计局，科学技术部，财政部. 2020 年全国科技经费投入统计公报[EB/OL]. (2021-09-22)[2024-05-10]. https://www.stats.gov.cn/sj/tjgb/rdpcgb/qgkjjftrtjgb/202302/t20230206_1902130.html.
[6] 中国科学技术信息研究所. 2023 年中国科技论文统计报告[R]. 2023.
[7] 世界知识产权组织. 2021 年全球创新指数报告[R]. 2021.
[8] 刘慧. 持续完善金融支持科技创新体系[N]. 中国经济时报，2023-07-17.
[9] 王国刚. 中国金融 70 年：简要历程、辉煌成就和历史经验[J]. 经济理论与经济管理，2019(7)：4-28.
[10] 王国刚. 中国银行业 70 年：简要历程、主要特点和历史经验[J]. 管理世界，2019，35(7)：15-25.
[11] 李巧莎. 我国科技金融发展的实践与思考[J]. 武汉金融，2012(6)：34-37.
[12] "十四五"金融再出发[J]. 中国金融家，2021(Z1)：181+1-33.
[13] 蒋万进. 新时代的金融工作[J]. 中国金融，2022(20)：35-37.
[14] 程立，郭秋琴. 我国研制"两弹一星"的辉煌成就及其主要经验[J]. 军事历史研究，1999(3)：1-10.
[15] 刘康明. 中国银行业改革开放 30 年[M]. 北京：中国金融出版社，2009.
[16] 本刊综合报道. 砥砺同奋进：新中国成立 71 年重大创新成果掠影[J]. 中国科技产业，2020(10)：66-69.
[17] 杨洁. 从"鸿雁传书"到"万物互联"：70 年通信成就斐然[N]. 中国证券报，2019-10-12.
[18] 李诚. 1921—2021 中国百年科技大事记[J]. 科技智囊，2021(7)：18-25.
[19] 王远. 我国科技与金融结合进入新阶段[J]. 科技潮，2004(8)：34.
[20] 国家统计局，科学技术部，财政部. 2005 年全国科技经费投入统计公报[EB/OL]. (2006-09-14)[2024-06-03]. https://www.stats.gov.cn/sj/tjgb/rdpcgb/qgkjjftrtjgb/202302/t20230206_1902112.html.

[21] 吴寿仁. 中国科技成果转化 40 年[J]. 中国科技论坛，2018(10)：1-15.
[22] 刘伟，范旭. 基于中国创新能力演变的科技成果评价政策研究——对改革开放以来 127 份政策文本分析[J]. 科技管理研究，2021，41(12)：26-34.
[23] 刘茜，谭艳. 我国广播融合发展历程、趋势与策略研究[J]. 中国广播，2021(1)：7-11.
[24] 赵永新，裴鑫，张超群，等. 自主创新引领中国跨越（创新发展 十年跨越）[N]. 人民日报，2012-11-3(09).
[25] 国家统计局，科技部，财政部. 2011 年全国科技经费投入统计公报[EB/OL]. (2012-10-25)[2024-03-28]. https://www.stats.gov.cn/sj/tjgb/rdpcgb/qgkjjftrtjgb/202302/t20230206_1902121.html.
[26] 王元，张晓原，赵明鹏，等. 中国创业风险投资发展报告（2012）[M]. 北京：经济管理出版社，2012.
[27] 国家统计局. 关于 2011 年粮食产量数据的公告[EB/OL]. (2011-12-02)[2024-01-28]. https://www.gov.cn/gzdt/ 2011-12/02/content_2008844.htm.
[28] 国家统计局. 2010 年国民经济和社会发展统计公报[EB/OL]. (2011-02-28)[2024-02-24]. https://www.gov.cn/gzdt/2011-02/28/content_1812697.htm.
[29] 工业和信息化部. 2010 年全国电信业统计公报[EB/OL]. (2011-01-26)[2024-03-05]. https://www.gov.cn/gzdt/ 2011-01/26/content_1793136.htm.
[30] 新华社. 习近平致信祝贺我国 500 米口径球面射电望远镜落成启用[EB/OL]. (2016-09-25)[2024-03-05]. http://www.xinhuanet.com/politics/2016-09/25/c_1119620565.htm.
[31] 马佳等. "一带一路"上的国网力量[N]. 国家电网报，2017-5-12.
[32] 央广网. 2021 年国开行发放 700 亿专项贷款支持科技创新和基础研究[EB/OL]，(2022-01-10)[2024-03-06]. https://www.cnr.cn/jrpd/mxdj/20220110/t20220110_525711796.shtml.
[33] 中新网. 中国已与 80 多个共建"一带一路"国家签署政府间科技合作协定[EO/BL]. (2023-10-30)[2024-03-06]. http://www.chinanews.com.cn/gn/2023/10-30/10103294.shtml.
[34] 魏忠杰，陈汀. 高质量共建"一带一路"成绩斐然——二〇二一年共建"一带一路"进展综述[J]. 中国外资，2022(2)：62-63.
[35] 邓楠. 为我国高科技产业发展提供金融支持体系[J]. 中国软科学，2000(8)：9-13.
[36] 中国金融四十人研究院. 2022·CF40 中国金融改革报告[R]. 2022-04-22.
[37] 王乐，孙早. 为金融支持科技自立自强提供有力保障[N]. 中国社会科学报（理论版），2022-04-13(003).
[38] 王乐，孙早. 关注数字经济发展中的隐私保护[N]. 中国社会科学报（理论版），2021-10-13(03).
[39] 王乐，孙早. 加强隐私权益保护 促进数据高效流通使用[N]. 光明日报，2024-03-16.
[40] 王乐，张继飞，王璐瑶，等. 公共事件下泄露他人隐私外部动机的内化机理研究[J]. 管理学报，2024，31(3)：417-426.

[41] 林柳琳，吴兆春. 德国科技创新经验对粤港澳大湾区建设国际科技创新中心的启示[J]. 科技管理研究，2020，40(16)：8-16.

[42] 范文仲，吴婕. 德国在金融服务科技创业企业方面的经验和启示[J]. 国际金融，2015(12)：3-8.

[43] 中国银监会国际部. 德国力挺创新企业[J]. 资本市场，2016(Z1)：121-125.

[44] 庄勤. 法兰克福证券交易所的监管、操作和信息技术系统[J].世界经济研究，1991(5)：63-68.

[45] 黄灿，许金花. 日本、德国科技金融结合机制研究[J]. 南方金融，2014(10)：57-62.

[46] 中国人民银行广州分行课题组，李金敏. 金融与科技融合模式：国际经验借鉴[J]. 南方金融，2015(3)：4-20.

[47] 曾冠. 另类交易系统的法律界定[J]. 证券市场导报，2006(2)：25-30.

[48] 陈琳，秦默. 美国中小企业信用担保体系建设经验及启示[J]. 国际经济合作，2020(2)：149-156.

[49] 文杰. 美国和日本科技金融发展经验及启示[J]. 财经界，2018(31)：69-72.

[50] 杨爽. 日本政策性金融体系发展改革的经验、教训及启示[J]. 北方经济，2013(4)：62-63.

[51] 陆敏，曾金华. 金融财税加力扶持科技创新[N].经济日报，2022-03-23(007).

[52] 王勇. 持续完善金融支持科技创新体系[J]. 中国金融，2022(4)：28-29.

[53] 曹麟. 数字化下中国创业银行构想——基于硅谷银行经营模式的思考[J]. 银行家，2021(4)：108-112.

[54] 孙艳艳，张红，张敏. 日本筑波科学城创新生态系统构建模式研究[J]. 现代日本经济，2020，5：65-80.

[55] 陈建新. 毛泽东与当代中国的科技事业[J]. 科技进步与对策，1993，10(6)：7-9.

[56] 朱光亚. 重温毛泽东关于科技工作的论述[J]. 学会，1993(6)：4-5.

[57] 叶作军. 邓小平科技思想探析[J]. 毛泽东思想研究，1991(4)：103-106.

[58] 胡长生. 试论江泽民的科技思想[J]. 求实，2004(6)：19-22.

[59] 宋向阳. 胡锦涛科技发展战略思想初析[J]. 科学管理研究，2008，26(4)：1-5.

[60] 艾志强，刘佳. 胡锦涛科技思想探析[J]. 学理论，2015(36)：22-23.

[61] 李平辉，邱若宏. 习近平科技创新思想的科学内涵与时代特征[J]. 中共云南省委党校学报，2017，18(4)：55-58.

[62] 周晓敏. 习近平同志科技思想初探[J]. 毛泽东思想研究，2016，33(1)：60-63.

[63] 郭飞. 关于中国科技自立自强的若干思考[J]. 经济纵横，2021(2)：29-37+2.

[64] 胡旭博，原长弘. 关键核心技术：概念、特征与突破因素[J]. 科学学研究，2022，40(1)：4-11.

[65] 雷蒙德·W. 戈德史密斯. 金融结构与金融发展[M]. 周朔，郝金城，肖远企，等译. 上海：上海人民出版社，1996.

[66] 张杰. 金融中介理论发展述评[J]. 中国社会科学，2001(6)：74-84+206.

[67] 李扬，周莉萍. 信用创造[J]. 金融评论，2014，6(1)：1-12+123.
[68] 爱德华·肖. 经济发展中的金融深化[M]. 邵伏军，许晓明，宋先平，译. 上海：上海三联书店，1988.
[69] 罗纳德·麦金农. 经济发展中的货币与资本[M]. 卢骢，译. 上海：上海三联书店，1988
[70] 邱小剑. 加快实现高水平科技自立自强[J]. 红旗文摘，2024(2)：25-28.
[71] 王天友. 以高质量科技成果转化推进高水平科技自立自强[J]. 红旗文摘，2023(23)：17-20.
[72] 谢文帅，宋冬林. 中央企业引领高水平科技自立自强：内在依据、核心要义与实践路径[J]. 马克思主义与现实，2023(6)：124-133.
[73] 人民论坛"特别策划组". 高水平科技自立自强的重要支撑[J]. 人民论坛，2024(4)：6-7.
[74] 王刚，尚博文，潘敬轩. 提升银行服务科技自立自强质效[J]. 中国金融，2022(4)：30-31.
[75] 蔡昉，吕薇，洪永淼，等. 庆祝中国共产党成立一百周年笔谈——学习习近平总书记"七一"重要讲话精神[J]. 数量经济技术经济研究，2021(11)：3-20.
[76] 董志勇. 做好科技金融大文章 加快实现科技自立自强[N]. 光明日报，2023-12-19(11).
[77] 王景武. 金融支持高水平科技创新[J]. 中国金融，2021(15)：15-16.
[78] 史守林. 科技自立自强是国家强盛之基、安全之要[J]. 红旗文摘，2023(12)：45-48.
[79] 杨帆，李迪，赵东. 知识产权质押融资风险补偿基金：运作模式与发展策略[J]. 科技进步与对策，2017，34(12)：99-105.
[80] 姜浩. 商业银行普惠金融信贷服务模式创新[J]. 银行家，2018(7)：116-119.
[81] 王满四，范丽繁. 银投合作的风险分析与补偿机制研究[J]. 预测，2020，39(6)：76-82.
[82] 王刚，尚博文，潘敬轩. 提升银行服务科技自立自强质效[J]. 中国金融，2022(4)：30-31.
[83] 靳毅. 顺势而为的硅谷银行[EO/BL]. (2020-07-02)[2024-10-01]. https://mp.weixin.qq.com/s/ RfT95RCJMrXaUUyESYMOUA.
[84] 刘筱攸，梅菀. 多家银行跟进投贷联动试点三大模式受关注[N]. 证券时报，2016-03-15.
[85] 余剑. 探索政策性"股转债"助力科技自立自强[J]. 清华金融评论，2021(7)：67-68.
[86] 郝亚娟，张荣旺. "科技自立自强"的金融新机遇[N]. 中国经营报，2021-05-08.
[87] 马春阳. 建立多元包容共享的融资生态[J]. 中国中小企业，2021(11)：2.
[88] 王方圆. 商业银行精准滴灌"专精特新"企业[N]. 中国证券报，2021-11-16.
[89] 孙祁祥. 科技保险路在何方？[N]. 中国保险报，2017-08-22.
[90] 张英明. 国外互联网金融支持小微企业融资的实践——基于美国与英国的经验借鉴[J]. 财会通讯，2020(8)：156-162.
[91] 高永林. 我国商业银行投贷联动机制的探索[J]. 金融经济，2016(20)：117-120.
[92] 周家珍. 商业银行开展投贷联动业务的模式特征、问题与建议[J]. 西南金融，2021(4)：63-74.

[93] 向世文. 防控、隔离与分担：思考商业银行投贷联动业务风控机制[J]. 中国银行业, 2016(6)：20-22.

[94] 赵廷辰.知识产权质押融资研究：理论回顾、国际经验与政策建议[J]. 西南金融, 2022(9)：3-17.

[95] 张蕾, 侯洁, 王志敏. 浅析政府引导基金"寻租"风险防范[J]. 科技管理研究, 2011, 31(22)：37-39.

[96] 周围. 政府创业投资引导基金的运营管理研究[D]. 上海：复旦大学, 2013.

[97] 谢冰, 蔡洋萍, 欧阳飞雪. 新常态下科技型中小企业的融资：理论、策略与实践[M]. 北京：中国经济出版社, 2016.

[98] 王敏, 李华玉, 符磊, 等. 中国港口上市企业融资效率及影响因素研究[J]. 运筹与管理, 2023, 32(5)：204-210.

[99] 胡刘芬. 企业战略对融资约束的影响及机理研究[J]. 南开经济研究, 2021(1)：58-84.

[100] Hellmann T, Lindsey L, Puri M. Building Relationships Early：Banks in Venture Capital [J]. Review of Financial Studies, 2008, 21(2)：513-541.

[101] 王婵, 田增瑞. 我国商业银行与创业投资的投贷联动模式研究[J]. 企业活力, 2012(6)：5-10.

[102] 张诚. 基于投贷联动视角的科技型企业融资模式选择研究[J]. 金融理论与实践, 2018(3)：84-88.

[103] 廖岷, 王鑫泽. 商业银行投贷联动机制创新与监管研究[J]. 国际金融研究, 2016(11)：45-55.

[104] 敬志勇, 赵启程, 王周伟. 中国科创企业的异质资源、信用能力与投贷联动[J]. 金融经济学研究, 2019, 34(3)：67-82.

[105] 程京京, 王彧婧, 俞毛毛, 等. 投贷联动对企业创新的影响——来自上市公司的经验证据[J]. 统计与决策, 2021, 37(9)：180-183.

[106] 刘贯春, 段玉柱, 刘媛媛. 经济政策不确定性、资产可逆性与固定资产投资[J]. 经济研究, 2019, 54(8)：53-70.

[107] 陈作华, 方红星. 融资约束、内部控制与企业避税[J]. 管理科学, 2018, 31(3)：125-139.